HELIGA

Heliga Birgitta

Uppenbarelser

I urval och översättning av Alf Härdelin,
med kommentarer av Stephan Borgehammar
och med inledning av Birgitta Trotzig

SNILLE OCH SMAK

SVENSKA KLASSIKER
UTGIVNA AV SVENSKA AKADEMIEN
I SAMVERKAN MED
BOKFÖRLAGET ATLANTIS

Heliga Birgitta
Uppenbarelser.
Atlantis, Stockholm

INLEDNING: Birgitta Trotzig
och Svenska Akademien
URVAL OCH ÖVERSÄTTNING: Alf Härdelin
och Svenska Akademien
KOMMENTARER: Stephan Borgehammar
och Svenska Akademien

FORMGIVNING OCH TYPOGRAFI:
Anders Ljungman och Johan Melbi

OMSLAGSBILD:
Skulptur i Borgs kyrka

© FOTO:
Lennart Utgren / LIFE

OMSLAG:
Petter Antonisen / Huset vid pärontrådet AB

TRYCK:
AIT Nørhaven A/S
Danmark 2004

ISBN 91-7353-015-8

Innehåll

UR UPPENBARELSERNAS TREDJE BOK

UR UPPENBARELSERNAS FJÄRDE BOK

UR UPPENBARELSERNAS FEMTE BOK

UR UPPENBARELSERNAS SJÄTTE BOK

UR UPPENBARELSERNAS SJUNDE BOK

UR DE BIFOGADE UPPENBARELSERNA
(EXTRAVAGANTERNA)

UR FRÄLSARENS REGEL (REGULA SALVATORIS)

UR ÄNGELNS PREDIKAN (SERMO ANGELICUS)

Byggnaden

av Birgitta Trotzig

Byggnaden ligger där på marken, tung, ren, klar. En hemlighet – än blågröngrå av sjövattnets skuggor, än askgrå som den hårda fastan.

Klippa, sten, kristall?

Men fysisk sten är formad av naturens eget liv, den är avtryck av naturens egna rörelser, lagar. Med det väldiga stenväsendet där på jordkanten vid den djupa osäkra sjön förhåller det sig på ett annat sätt. Den klara evighetens stentecken är motsatsvärlden till den djupa sjöns oberäkneligt skimrande rörelsevärld, till tidens vandringar, kroppars födelse och upplösning. Stenvarelsens obevekliga sublima varande är ett skört segt människoredskaps, en outtröttligt jordisk lidelsefull trettonhundratalsmänniskas idé/utopi/vision i stenkroppen gestaltad.

Hur?

Birgitta fick aldrig i sin livstid se sin vision ta gestalt annat än i de inre synernas värld, i den inre världens drömlika sällsamhet.

Men sedan? Vem högg stenen, vem höll i mursleven?

I den fysiska världen blev förverkligandet århundradenas verk. Olika generationer och människor, skikt på skikt av stenarbetarbomärken på murarna. Sten för sten, valv för valv, altare för altare växte Blåkyrkan, Mariakyrkan, fram – idén/visionen förblev, dominerade, skapade, bemästrade människorna, arbetskollektiven, stenen, murbruket, bjälkarna. Generationer av byggmästare och murare följde den, präglades av den så starkt och tydligt som om den verkligen varit ett levande, viljestarkt, särskilt och säreget väsen. Ur stenarbetarmyllrets dagliga möda steg den enhetliga gestaltningens väsen fram, bönen i sten. Föddes cistercienser-varandets sträva renhetstyngd, sublimt anonym och på samma gång bild och avtryck av en särskild individs särskilda råmaterial.

Och hon som visionen och uppenbarelserna steg fram ur, Birgitta Birgersdotter, hörde till den art av stora mystiker, som medeltidens grymma livsvillkor då och då skulle kalla fram, färglysande i det obarmhärtiga mörkret. Präglade av verklighetskänsla, inte av senare epokers vita verklighetsflykt, instrument som spände över det mänskligas hela register. Hildegard av Bingen på 1100-talet såg in i naturens alla mysterier, växter, djur, musik, gav politiska råd åt furstar och påvar – Birgitta av Sverige öppnade sig utan rädsla för samma slags vidsträckta öde. Med fullkomlig oräddhet, den öppnaste nyfikenhet på allt, medkänsla för allt. Som barn? – kanske människor som helt enkelt är och förblir vad det verkliga barnet är. När jag läser Birgittas Uppenbarelser eller ser in i Hildegards i verklig mening surrealistiska bildvärld (illustrationerna till Sci Vias) tänker jag ofta att detta är den barnvärld vi har förlorat, underbar, vild, skön. Hildegard och Birgitta, dessa stora gestalter, varken vuxna eller barn, en ny sorts verklighet, paradisiskt förvandlad.

Vad vill då denna själs kropp uttrycka? – vad är det som byggnaden/idén, det väldiga tecknet, vill förmedla?

Somliga ser världen som kristall – fulländad, fullbordad. Som syn, vision, kan det vara verklighetsintuition. Som utopi – kan det bli kristallpalatset.

För andra är världen primärt kaos. (Men inne i kaos finns ändå alltid möjligheten av ordningens begynnelse.) Ser den som tillblivelse, den apokalyptiska Tillblivelsens början. Och liksom hela den historiska samtid av kaos som 1300-talsmänniskan Birgitta tillhörde (hundraårskriget, digerdöden, social nöd utan gräns, religionens förfall och kyrkans korruption, påvar och motpåvar) – bar hon bägge upplevelsesidorna i sig. Det ena jaget: den hårda kristallen, stenjaget, det klara cisterciensiska. Det andra: det nattliga födandet, djurdrömmarna, avgrunderna. Det är den döde riddarens värld – den praktfulle riddaren som när hans rustning öppnas visar ett dött kött, myllrande maskar, ett skrumpnat ansikte, käke och läppar bortfallna, en dürersk dödsvärld. Den förstörda byggnaden, den förstörda kroppen, kyrkans babyloniska fångenskap. Världen som blivit det förödda templet, den skändade brudkammaren.

Motmedlet mot detta: utopin, den renade livsformen. Att skapa bilden av den nya människan. Det himmelska Jerusalem, den nya byggnaden.

Denna arkitektur ville återge det innersta i tillvaron, den förlossade och verkliga tillvarons innersta struktur i dess nakenhet, i dess väsentliga kärna. En sorts själens funktionalism. Medlet var enkelhet, avklädnad, lydnad – klosterregelns fattigdom, ödmjukhet, lydnad. Byggnadens lydnad – vara till efter tillvarons helade och återställda lagar, efter en ödmjukhetens utopi om harmoni, riktighet. Birgittas ord: »Så att ingenting synes där som inte doftar av ödmjukhet.« Lydnad – att leva så tätt som möjligt intill strukturens hårdhet, följa tillvaron som den verkligen är. Begreppet fattigdom upplevt som både moralisk och estetisk livsprincip, utan åtskillnad dememellan.

Rösten säger till den lyssnande:

»Jag är alla tings Skapare och av ingen skapad.«

Denne skapare älskar sin skapade värld, och i den mest av allt människan. Också den varelse som har gjort honom mest sorg. »Bland alla varelser finns det ingen som till den grad uppväcker min vrede som människan: alla andra följa mina bud.«

Och avståndet mellan människovärlden som den nu är, som den har blivit, och en återställd botad värld – är en avgrund som kräver drastiska åtgärder för att överbryggas. En död. Frälsarordens, Birgittas ordens klosterregel, är en del av denna återförenande död. Tänkt som ett helt kontemplativt kloster, med det monotonas svåra stränghet.

Men utan fanatism, allt inriktat på det möjliga mänskliga. Till exempel – »ta hänsyn till sin kropp som till ett svagt arbetsdjur«.

(Och också till det mänskligas skapande möjligheter – Vadstena blev under senmedeltiden ett lärdomscentrum, nunnorna också specialister på bildbroderier.)

Angående det gudomliga, två visioner, två aspekter:

Det bortom-mänskliga, bortom-fysiska – mot det fysiska, mänskliga, i och genom det jordiska uppenbarade;

dvs. det gamla problemet, striden mellan det transcendenta och det immanenta

(som alltför ofta förvandlas till den fanatiska striden mellan det rena och det orena)

Ett är Sinairöstens »mitt ansikte kan du inte se, ty ingen människa kan se mig och leva.«

Ett annat – det är just detta ansikte. »Och de skola se hans ansikte, och hans namn skall vara på deras pannor.«

Det ena vetter åt öknen och tystnaden – den väsentliga avgrunden, det avklädda transcendentas rena rymd.
Det andra är ordet som blir kött, inkarnationens gestalt, nerstigandet i det dödliga föränderliga mänskliga.

Olika epoker, kulturer, olika psyken också, lever sig in i den ena eller andra visionen starkare. Än transcendensens syn av en Gud, som är »outtalbar, oförklarbar, osynlig, onåbar, evigt varande, ständigt densamme« – än är dominanten inlevelsen i Människosonen, den inkarnerades jordiska historia och fysiska lidande. Alla kristna mystiker, så även Birgitta, spänner över bägge. Det »cisterciensiska«, som präglade hennes bakgrund och värld (cistercienserklostren var Sveriges första lärdomscentra), ville det absoluta, det rena, det gudomliga naket. Både den villkorslösa stränghetens och Bernhard av Clairvaux' brinnande brudmystik. Kroppen och själen en varelse, en byggnad.

Byggnaden och sjön, den oroliga, samtalar.

Ur
Uppenbarelsernas första bok

Kapitel 1

Rövaren och den rätte Herren

»Jag är himmelens och jordens skapare, en enda i gudomen tillsammans med Fadern och den helige Ande, jag som talade till profeterna och patriarkerna och som de väntade på. För deras längtans skull och enligt mitt löfte förenade jag mig, utan synd och begärelse, med en mänsklig kropp, då jag gick in i det jungfruliga skötet, liksom den strålande solen genom den renaste ädelsten. Liksom solen inte skadar glaset då den tränger igenom det, så fördärvades inte heller jungfruns jungfrulighet då jag blev människa. Jag blev nämligen människa utan att lägga av det gudomliga, och jag blev inte mindre i gudomen tillsammans med Fadern och den helige Ande som styr allt och uppfyller allt, fastän jag med den mänskliga naturen var i jungfruns sköte. Ty liksom skenet aldrig kan skiljas från elden, så kan min gudom aldrig någonsin, inte ens i döden, skiljas från den mänskliga naturen.

Så ville jag att denna kropp, som var ren från all synd, för allas synders skull skulle såras ifrån fotbladet ända till hjässan och spikas fast vid korset. Dagligen offras den nu på altaret, för att människan desto mera skulle älska mig och desto oftare tänka på mina välgärningar. Men nu är jag helt bortglömd, försummad och föraktad och lik en kung som fördrivits från sitt eget rike; i hans ställe väljer och hyllar man den värste rövare.

Jag ville att mitt herravälde skulle vara upprättat i människan. Jag borde med rätta vara kung och herre över henne, ty jag har gjort henne och återlöst henne. Men nu har hon brutit och skändat den tro som hon lovade mig i dopet, hon har kränkt och föraktat mina lagar som jag förelade henne. Hon älskar sin egen vilja och avskyr att lyssna till mig. Dessutom håller hon den värste rövaren, djävulen, högre än mig och honom har hon givit sin tro. Denne är verkligen en rövare, ty människans själ som jag har återlöst med mitt eget blod, den rövar han till sig genom att locka henne till det onda och ge henne falska löften. Han rövar, inte därför att han skulle vara starkare än jag, ty jag har en sådan makt att jag kan göra allt med mitt ord, jag är så rättvis att jag inte skulle kunna göra det allra minsta mot rättvisan, även om alla heliga bad om det. Men eftersom människan, som fått fri vilja, ger djävulen sitt samtycke genom att med vett och vilja förakta mina bud, är det inte mer än rätt att människan får erfara hans tyranni. Ty denne djävul, som skapades av mig god men föll genom sin onda vilja, är liksom min tjänare för att straffa de onda. Men fast jag nu är så föraktad, är jag dock så barmhärtig att alla som ber om min barmhärtighet och som ödmjukar sig vill jag förlåta vad de brutit. Dem skall jag befria från den onde rövaren. De som framhärdar i sitt förakt för mig, dem skall jag hemsöka med min rättvisa, så att de som hör mina ord skall bäva och de som erfar dem skall säga: ›Ve, att vi någonsin blivit födda och blivit till, ve oss, att vi någonsin retat den majestätiske Herren till vrede.‹

Men du, min dotter, som jag har utvalt åt mig och med vilken jag talar genom min Ande, älska du mig av allt hjärta, inte som man älskar en son eller en dotter eller sina föräldrar, utan mer än någonting i världen. Ty jag som skapade dig, skonade inte någon del av min kropp från lidande för din skull. Och fortfarande älskar jag din själ med en så stark kärlek, att jag, om det vore möjligt, än en gång hellre skulle låta mig spikas fast vid korset för dess skull än avstå från den.

Efterlikna därför min ödmjukhet, ty jag, härlighetens och änglarnas Konung, blev klädd i enkla bindor, naken fick jag stå bunden vid en pelare, med mina öron fick jag höra alla dessa smädelser och förlöjliganden. Sätt min vilja framför din egen vilja, ty min moder, din härskarinna, ville ända ifrån början och intill slutet aldrig något annat än vad jag ville. Om du gör så, då skall ditt hjärta vara ett med mitt hjärta och upptändas av min kärlek, på samma sätt som ett torrt föremål lätt antänds av eld. Din själ skall uppfyllas av mig och jag skall vara i dig, så att allt i denna tiden blir bittert för dig och allt köttsligt begär som ett gift. Du skall vila i min gudoms armar, där inget köttsligt begär finns utan endast Andens glädje och fröjd. Den själ som till det inre och det yttre är präglad av den glädjen, tänker inte på och åtrår ingen annan glädje än den hon redan har.

Älska därför mig allena och allt vad du vill ha skall vara ditt i överflöd. Är det inte skrivet att änkans olja inte sinade, förrän Herren enligt profetens ord lät regn falla över jorden? Jag är den sanne profeten. Om du sätter tro till mina ord och uppfyller dem, skall du aldrig i evighet sakna oljan och glädjen och jublet.«

Kapitel 2

»Till min brud har jag utvalt dig«

»Jag är skaparen av himmelen och jorden, av havet och av allt som är i dem. Jag är ett med Fadern och den Helige Ande, inte såsom de gudar av sten eller guld som man förr talade om, inte heller är vi flera gudar, såsom man då menade, utan en enda Gud, Fader och Son och Helig Ande, tre till personerna, en enda till väsendet, som skapar allt men inte är skapad av någon, oföränderlig och allsmäktig, som förblir utan begynnelse och utan ände. Jag är den som föddes av Jungfrun, inte genom att lägga av den gudomliga naturen utan genom att förena den med den mänskliga, för att i en enda person vara Guds sanne son och Jungfruns son. Jag är den som hängde på korset, som dog och blev begraven, under det att gudomen förblev oskadd. Ty fastän jag dog till den mänskliga och köttsliga natur som jag som den ende Sonen antog, så levde jag likväl i den gudomliga natur, i vilken jag var en enda Gud tillsammans med Fadern och den Helige Ande. Jag är densamme som uppstod från de döda och uppsteg till himmelen, som nu tillsammans med min Ande samtalar med dig. Jag har utvalt dig och tagit dig till min brud, för att visa dig mina hemligheter, ty så är mitt behag.

På visst sätt blev du verkligen gjord till min redan då du vid din makes död lade din vilja i mina händer, då du vid hans begravning tänkte på och frågade dig hur du för min skull kunde bli fattig och ville lämna allt för min skull. Och så blev du verkligen gjord till min. För en så stor kärleks skull är det tillbörligt att jag sörjer för dig. Därför upptar jag dig till min brud och till att ha min lust i dig, såsom det anstår att Gud har med en ren själ.

Till en brud hör att vara beredd när brudgummen vill hålla bröllop, så att hon på tillbörligt sätt är prydd och ren. Då blir du verkligen renad, om du alltid tänker på dina synder, hur jag i dopet renade dig från Adams synd, hur jag, varje gång du syndade, skyndade till din hjälp och bar dig. En brud borde också ha sin brudgums tecken i sitt hjärta, det vill säga: noga betänka de underbara gärningar som jag gjorde för dig, hur ädelt jag skapade dig genom att ge dig kropp och själ, hur ädla gåvor jag skänkte dig då jag gav dig hälsa och timlig egendom, hur ljuvligt jag förde dig tillbaka då jag dog för dig och återgav dig arvet, om du vill ha det.

En brud bör även göra sin brudgums vilja. Vilken är min vilja, om inte att du vill älska mig över allting, inte vilja någonting annat än mig? Jag skapade allt för människans skull och lade allt under henne, men hon älskade allt utom mig och hatade ingenting utom mig. Jag köpte tillbaka åt henne hennes arv som hon hade förlorat, men hon blev mig så främmande och bortvänd i sitt förnuft att hon hellre ville ha den förgängliga ära som inget annat är än havsskum, som ena ögonblicket reser sig upp som ett berg och i nästa blir som ett intet, än ha den eviga ära i vilken det evigt goda finns.

Men du, min brud, om du inte åstundar något annat än mig, om du tar avstånd från allt för min skull, så skall jag ge dig inte endast söner och föräldrar utan även ära och rikedomar, jag skall ge dig den dyrbaraste och underbaraste skatt. Inte guld eller silver, utan mig själv skall jag ge dig till brudgum och lön, jag som är härlighetens Konung. Men om du skäms över att vara fattig och föraktad, så betänk att din Gud har gått före dig, ty mig övergav tjänare och vänner på jorden, eftersom jag inte sökte jordiska utan himmelska vänner. Om du fruktar och bävar för den tunga mödan och svagheten, så tänk på hur tungt det är att brinna i elden. Vad skulle du inte förtjäna, om du hade förolämpat en jordisk herre som du har gjort med mig? Ty fast jag älskar dig av allt mitt hjärta, så handlar jag ändå inte på en enda punkt emot rättvisan, utan såsom du har syndat i alla dina lemmar, så måste du göra bot med dem alla. Dock: på grund av din goda vilja och din föresats att bättra dig förvandlar jag rättvisan till barmhärtighet genom att för en liten bättrings skull efterskänka tunga straff. Omfamna alltså gärna den lilla möda det kostar, för att du renad måtte fort nå fram till den stora lönen. Det är tillbörligt att bruden tar på sig de tröttande mödorna tillsammans med brudgummen, för att med desto större tillförsikt få dela vilan tillsammans med honom.«

Kapitel 3

Magister Mathias' exempel

»Jag är den Gud och Herre som du dyrkar. Jag är den som med min makt uppehåller himmel och jord, ty av några andra ting eller pelare uppehålls de inte. Jag är den som dagligen såsom sann Gud och sann människa offras på altaret under brödets gestalt. Jag är densamme, den som har utvalt dig. Hedra min Fader! Älska mig! Lyd min Ande! Överlämna dig åt min moder, såsom åt din härskarinna! Hedra alla mina heliga! Håll dig till den rätta tro som han skall lära dig, han som i sig erfor en kamp mellan de två andarna, lögnens och sanningens, men segrade genom min hjälp. Bevara den sanna ödmjukheten! Vad är den sanna ödmjukheten, annat än att lova Gud för de goda gåvor han givit?«

Kapitel 5
Den förödda borgen

»Jag, härlighetens Konung och änglarnas Herre, är alltings Skapare. Jag byggde en förnämlig borg åt mig och i den samlade jag mina utvalda. Mina fiender underminerade dess grund och de blev mina vänner så övermäktiga att märgen trängde ut ur mina vänners fötter som de bundit fast i trästocken. Deras mun krossades med stenar och de plågades av hunger och törst. Till råga på allt förföljer man även deras herre. Nu ropar mina vänner och suckar efter hjälp, rättvisan ropar på hämnd, men barmhärtigheten talar för att man skall skona dem.«

Då sade samme Gud till den himmelska härskara som stod där: »Vad menar ni att jag skall göra med dem som har intagit min borg?« Med *en* röst svarade de alla: »I dig är all rättvisa och i dig ser vi allt. Du är till utan början och utan ände, du Guds Son. Åt dig är given all dom, du är deras domare.« Och han sade: »Fastän ni vet och ser allt i mig, så säg, för denna bruds skull som står här, vad som är er rättvisa dom!« Och de sade: »Detta är rättvisan: att de som har undergrävt muren skall straffas som tjuvar och de som framhärdar i ondska skall straffas som inkräktare och de som är fångar skall befrias och de som hungrar skall få äta sig mätta.«

Då sade Guds Moder Maria, som dittills hade tigit: »Min Herre och älskade son. Du, som är sann Gud och sann människa, var i mitt sköte. Du var mig nådig och helgade mig, som var ett jordiskt kärl. Jag bönfaller dig: Visa dem än en gång förbarmande!« Då svarade Herren sin moder: »Välsignat vare din muns ord! Likt den ljuvaste doft steg det upp till gudomen. Du är änglarnas och alla heligas härlighet och drottning, ty av dig får gudomen tröst och alla heliga glädje. Och eftersom din vilja alltifrån din tidigaste ungdom var som min, därför skall jag än en gång göra som du vill.« Men till härskaran sade han: »Eftersom ni kämpat tappert vill jag än en gång göra er till viljes. Se, för era böners skull skall jag åter bygga upp min mur. Jag skall rädda och hela dem som förtryckts med våld och jag skall hundrafalt hedra dem för den smälek de fått utstå. Men om de ber om barmhärtighet för våldsverkaren skall jag ge fred och barmhärtighet. De däremot som visar förakt skall få känna av min rättvisa.«

Därefter sade han till bruden: »Min brud, jag har utvalt dig och fört dig in i min ande. Du hör mina och mina heligas ord. Fast de heliga ser allt i mig har de talat, nämligen för din skull för att du skulle förstå, ty du som ännu befinner dig i köttet kan inte se i mig som de kan som är andar. Nu vill jag visa även dig vad detta betyder. Borgen, som jag förut talade om, är den heliga kyrkan som jag byggde upp av mitt och mina heligas blod och som jag fogade samman med min kärleks murbruk. I den lät jag mina utvalda och vänner bo. Dess grund är tron, den som tror att jag är den rättvise och barmhärtige domaren. Men nu är grunden underminerad, ty alla tror och förkunnar att jag är barmhärtig, men nästan ingen predikar och tror att jag är den som dömer med rättvisa. De anser mig vara en ondskefull domare, ty ondskefull vore den domare som av barmhärtighet lät de ondskefulla gå sin väg ostraffade, så att de ondskefulla ännu mera kunde förtrycka de rättfärdiga. Men jag är den rättvise och barmhärtige domaren, ty jag lämnar inte den minsta synd ostraffad och det minsta goda utan lön.

Genom att underminera denna mur trädde de in i den heliga kyrkan, dessa som syndar utan att frukta, som förnekar att jag är rättvis och plågar mina vänner lika svårt som dem som sitter i stocken. Dessa mina vänner får ingen glädje eller tröst, utan man tillfogar dem skymf och smärta, som om de vore besatta av demoner. Om de talar sanningen om mig, säger man emot dem och kallar dem för lögnare. De har en våldsam törst efter att höra och tala det rätta, men ingen finns som lyssnar till dem, eller talar det rätta till dem. Mig, Gud och Skapare, hädar man. De säger nämligen: ›Vi vet inte om Gud finns. Och om han finns, bryr vi oss inte om det.‹ Mitt baner kastar man omkull och trampar man under fötterna och säger: ›Varför led han? Vilken nytta har vi av det? Om han ville låta oss ha vår vilja för oss själva, vore det nog för oss. Må han ha sitt rike och sin himmel!‹ Även jag vill gå in till dem, men de säger: ›Hellre dör vi än lämnar ifrån oss vår vilja.‹

Se, min brud, sådana är de! Jag gjorde dem och med ett enda ord kan jag utplåna dem. Hur förhäver de sig inte mot mig! Men för de böners skull som min moder och alla mina heliga bär fram är jag så barmhärtig och tålmodig, att jag vill sända dem mina ord, de som gått ut ur min mun, och erbjuda dem min barmhärtighet. Om de vill ta emot dem skall jag skona dem, om inte skall de få känna på min rättvisa. Som tjuvar skall de offentligt inför änglar och människor få skämmas och de skall förkastas av alla. [...] Mina vänner däremot skall räddas och få tröst av de ord som går ut ur min mun. De skall få se min rättvisa tillsammans med barmhärtigheten. Jag skall kläda dem i min kärleks vapen, och jag skall göra dem så starka, att trons motståndare skall falla baklänges i smutsen och skämmas för evigt, då de ser min rättvisa, eftersom de missbrukade mitt tålamod.«

Kapitel 7

Barmhärtighet och rättvisa

»Jag är Maria, som födde den sanne Guden och den sanna människan, Guds Son. Jag är änglarnas drottning. Min Son älskar dig av allt hjärta. Må du därför älska honom! Du bör vara klädd i anständiga kläder. Vilka och hurudana de bör vara skall jag visa dig. Liksom du förr hade linne och dessutom klänning, skor, kappa och ett smycke på bröstet, så bör du nu andligen ha alla dessa. Linnet är ångern, ty liksom linnet är närmast kroppen, så är ångern och bekännelsen det första steget på omvändelsens väg till Gud. Genom dem renas den själ som hade sin glädje i synden och tyglas den smutsiga kroppen. De två skorna är de två strävandena, nämligen viljan att gottgöra det man förbrutit och viljan att göra det goda och avstå från det onda. Din klänning är hoppet till Gud, ty liksom klänningen har två ärmar, så bör det i hoppet finnas rättvisa och barmhärtighet, så att du hoppas på Guds barmhärtighet på ett sådant sätt att du inte glömmer hans rättvisa. Och ha en sådan tanke om hans rättvisa och dom att du inte glömmer barmhärtigheten, ty han visar ingen rättvisa utan barmhärtighet och ingen barmhärtighet utan rättvisa.

Kappan är tron, ty liksom kappan täcker allt och allt omsveps av den, så kan människan genom tron omsluta och nå allt. Denna kappa bör vara besatt med tecken på din brudgums kärlek, på hur han skapade dig, återlöste dig, gav dig att äta och förde dig in i sin Ande och gav dig andliga ögon. Smycket är betraktandet av hans lidande. Detta må alltid vara fäst på ditt bröst: hur han hånades och gisslades, hur han levande hängde på korset, blodig och med alla senor genomborrade, hur hela kroppen darrade av den svåra smärtan i dödslidandet och hur han anbefallde sin ande i Faderns händer. Må detta smycke alltid vara i ditt bröst. Må du på huvudet alltid ha en krona, nämligen den kyska hängivenheten, så att du hellre vill utstå gisselslag än att än en gång orena dig. Må du alltså vara försynt och blygsam. Tänk inte och åstunda inte något annat än Gud, din Skapare, ty då du har honom, har du allt. Iförd de prydnaderna skall du invänta din brudgum.«

Kapitel 8
Hur Himmelens drottning bör prisas

»Jag är himmelens drottning. Du är full av oro över hur du bör prisa mig. Må du vara helt viss om, att varje lovsång till min son är en lovsång till mig. Och den som vanhedrar honom vanhedrar mig, ty jag älskade honom så brinnande, och han mig, att vi var som *ett* hjärta. Och mig, som var ett jordiskt kärl, visade han en så väldig ära att han upphöjde mig över alla änglar. Du bör alltså lovsjunga mig så:

›Välsignad vare du, Gud, alltings Skapare, du som ville stiga ner i Jungfru Marias sköte. Välsignad vare du, Gud, som utan att betunga henne ville vara tillsammans med Jungfru Maria och hämta en obefläckad kropp utan synd från henne. Välsignad vare du, Gud, som till glädje för hennes själ och för alla hennes lemmar kom till Jungfrun och till glädje för alla hennes lemmar utan synd trädde fram ur henne. Välsignad vare du, Gud, som efter din himmelsfärd gladde Jungfrun Maria, din moder, med ständig tröst och besökte henne för att trösta henne med dig själv. Välsignad vare du, Gud, som tagit upp Jungfru Marias, din moders, kropp och själ till himmelen och hedrat henne genom att ställa henne över alla änglar, invid din gudom. Förbarma dig över mig för hennes böners skull!‹«

Kapitel 11

Kroppens alla lemmar

Guds Son talade till Bruden och sade: »Jag är himmelens och jordens Skapare, och min sanna kropp är det som konsekreras på altaret. Älska mig av allt hjärta, ty jag älskade dig och överlämnade mig av fri vilja i mina fienders händer, och mina vänner och min moder stannade kvar hos mig under bitter pina och gråt. Då jag såg lansen, spikarna, gisslet och de andra pinoredskapen ligga där redo, gick jag ändå med glädje mot lidandet. Då mitt huvud på alla sidor var blodigt av kronan och blod rann ner överallt, så hade jag, även om mina ovänner skulle ha förgripit sig på mitt hjärta, hellre låtit det styckas och såras än jag hade velat mista dig.

Du är därför verkligen otacksam, om du inte för en sådan kärleks skull älskar mig. Om mitt huvud genomstungits och böjts ned på korset för din skull, bör ditt huvud böjas till ödmjukhet. Och eftersom mina ögon blev blodsprängda och fyllda av tårar, bör dina ögon avhålla sig från det som är behagligt att skåda. Och eftersom mina öron fylldes av blod och hörde ord som förlöjligade mig, bör du vända dina öron bort från gyckel och opassande tal. Eftersom min mun fick en bitter dryck och inte en god dryck, bör din mun avhålla sig från att tala ont och öppnas för det goda. Och eftersom mina händer hölls utsträckta med spikar, bör dina gärningar, som betecknas av armarna, vara uträckta mot de fattiga och mot sådant som mina bud befaller. Må dina fötter, dvs. din hängivna kärlek, med vilka du går vägen fram mot mig, vara korsfästa och så hindrade från att gå njutningarnas väg, så att, liksom jag led i alla lemmar, alla dina lemmar är beredda att tjäna mig. Ty jag begär en större tjänst av dig än av andra, eftersom jag har givit dig en större nåd.«

Kapitel 14
Tre slags människor

Det finns tre slags människor som tjänar mig i denna världen: Först de som menar att jag är Gud och den som är mäktigare än någon annan, när det gäller att ge. Dessa tjänar mig med den avsikten att de skall få timliga ting och timlig ära, men himmelska ting är för dem ingenting och dem försakar de gladeligen för att få sådant som hör den innevarande tiden till. Enligt sin egen önskan får de i allt del av världslig framgång. Så går de miste om det eviga, men jag skall vedergälla dem med timliga förmåner för allt det goda som de har gjort mot mig, intill det sista öret och det sista ögonblicket. De andra är de som tror att jag är en allsmäktig Gud och en sträng domare, och dessa tjänar mig av fruktan för straff men inte av kärlek till den himmelska härligheten. Om de inte fruktade mig, skulle de inte tjäna mig. De tredje är de som tror att jag är alltings skapare och den sanne Guden, som tror att jag är rättfärdig och barmhärtig, och dessa tjänar mig, inte av fruktan för något straff utan med gudomlig kärlek. De skulle hellre vilja bära varje straff, om det vore möjligt, än en enda gång framkalla min vrede. Dessa förtjänar verkligen att bli hörda i sina böner, ty deras vilja står i överensstämmelse med min vilja.

Kapitel 20
Bröllopsgåvorna

Modern sågs säga till Sonen: »Du är härlighetens Konung, min son, du är herren över alla herrar, du har skapat himmelen och jorden och allt som är i dem. Må alltså all din åstundan ske, må all din vilja ske!« Sonen svarade: »Ett gammalt ordspråk säger att vad en ung man lär i sin ungdom, det bevarar han i sin ålderdom. Så, min moder, lärde du dig alltifrån ungdomen att följa min vilja och att för min skull avstå från din egen vilja. Därför gjorde du väl i att säga: ›Ske din vilja!‹ Du är ju som dyrbart guld som man tänjer ut och bultar på ett hårt städ, ty i alla bedrövelser blev du slagen och i mitt lidande led du mer än andra, ty när mitt hjärta brast på korset på grund av den väldiga smärtan, var det som om ditt hjärta sårades av ett mycket vasst järn, och du hade gärna tillåtit att det skurits upp om det hade varit min vilja. Men sannerligen: även om du hade kunnat hindra mitt lidande och begära att jag skulle få leva, hade du inte gjort detta, om det inte varit min vilja. Därför gjorde du väl i att säga: ›Ske din vilja!‹«

Därefter talade Maria till bruden: »Min sons brud, älska min son, ty han älskar dig! Hedra hans helgon, som står vid hans sida! Dessa är nämligen som oräkneliga stjärnor, vilkas ljus och glans inte kan jämföras med något ljus i tiden, ty liksom ljuset i världen är något annat än mörkret, så är ännu mycket mera helgonens ljus något annat än det ljus som världen har. Sannerligen, jag säger dig, att om man skulle se helgonen som de är i sin klarhet, skulle inget mänskligt öga uthärda det utan förlora kroppens ljus.«

Därefter talade Jungfruns son till sin brud och sade: »Min brud, fyra ting bör du ha. Först bör du vara beredd till bröllopet med min gudom. Där finns ingen köttslig lusta utan endast den ljuvaste andliga glädje, en sådan som det anstår Gud att ha tillsammans med den kyska själen. Ingen kärlek till dina barn, eller till gods, eller föräldrar må hålla tillbaka din kärlek till mig. Må det inte ske med dig som med de oförståndiga jungfrurna, de som inte var beredda när Herren ville kalla dem till bröllopet och som därför stängdes ute.

För det andra bör du tro mina ord, ty jag är sanningen och från min mun går aldrig någonsin något annat ut än sanningen och i mina ord kan ingen finna något annat än sanning. Ibland har mina ord en andlig betydelse, ibland skall de förstås bokstavligt, och dessa mina ord skall tagas i all sin nakenhet och ingen kan överbevisa mig om någon lögn.

För det tredje bör du vara lydig: ingen kroppsdel som du syndat med skall du undandra från värdig bot och bättring. Ty fast jag är barmhärtig, glömmer jag inte rättvisan. Du bör därför ödmjukt och glatt lyda dem du har skyldigheter mot så att du, även om det tycks dig nyttigt och förnuftigt, inte gör något mot lydnaden. Det är alltså bättre att du för lydnadens skull avstår från din egen vilja, även om den är god, och följer den befallandes vilja, om det inte motverkar själens frälsning eller på annat sätt är oförnuftigt.

För det fjärde bör du vara ödmjuk, ty du är förenad i ett andligt äktenskap. Du bör därför vara ödmjuk och blygsam inför din brudgums ankomst. Må din tjänarinna vara måttfull och tyglad. Det innebär: må din kropp vara återhållsam och disciplinerad. Du skall ju bära frukt till mångas gagn genom en andlig säd. Liksom nämligen ympkvisten, om den inympas på den förtorkade grenen, kommer grenen att blomstra, så bör du genom min nåd bära frukt och blomma och denna nåd skall berusa dig, så att hela den himmelska härskaran gläder sig av det ljuvliga vin som jag skall ge dig.

Misströsta inte om min godhet! Du bör vara viss om, att liksom Sakarias och Elisabet med en outsäglig glädje i sitt inre gladde sig över löftet om att de skulle få avkomma, så bör också du glädja dig över min nåd, som jag vill skänka dig och som dessutom genom dig skall skänka glädje åt andra. Till dem båda – Sakarias och Elisabet – talade en ängel, men den som talar med dig är jag, änglarnas Gud och Skapare, och din Gud. Dessa båda födde åt mig min vän, den käre Johannes, och jag vill genom dig föda många barn åt mig, inte köttsliga utan andliga. Sannerligen, jag säger dig att denne Johannes var lik ett rör fullt av ljuv honung, ty i hans mun gick aldrig något orent in och den tog inte omåttligt emot mera än det som var nödvändigt för livet. Och aldrig gick någon sädesvätska ut ur hans kropp och därför kan man med rätta kalla honom för ängel och jungfru.«

Kapitel 30

Missbruket av skapelsen

»Jag är Gud som skapat allt till människans nytta för att allt detta skulle tjäna människan och bygga upp henne. Men allt som jag skapat till hennes nytta missbrukar hon till sitt fördärv. Hon bryr sig till på köpet inte alls om Gud och älskar honom mindre än skapelsen.

I mitt lidande gjorde judarna mig illa med tre redskap: för det första med träet som de fäste mig vid gisslad och törnekrönt, för det andra med järnet som de fäste mina händer och fötter med, för det tredje med ättiksdrycken som de gav mig att dricka. Därefter anklagade de mig för att vara en dåre för den döds skull som jag gärna tog på mig, och de kallade mig för en lögnare för min läras skull. Sådana finns det nu många av i världen, men få som ger mig någon tröst. Genom sin vilja att synda fäster de mig vid träet, genom sin brist på tålamod gisslar de mig, ty inte en enda kan tåla ett enda ord för min skull. Och med högmodets törnen bekransar de mig, ty de vill stå högre än jag. Med förhärdelsens järn genomborrar de mina händer och fötter, ty de berömmer sig av sina synder och förhärdar sig för att inte behöva frukta mig. Som lön för ättikan skänker de mig bedrövelse och som lön för det lidande som jag gick till med glädje, kallar de mig för lögnare och dåre.

Jag kunde dränka dem och hela världen för deras synders skull, om jag så ville, men om jag dränkte dem, skulle de som blev kvar tjäna mig av fruktan. Men detta vore inte rätt, ty mig borde människan tjäna av kärlek. Och om jag skulle komma till dem i synlig gestalt, skulle deras ögon inte uthärda att se mig och deras öron att höra mig. Ty hur kan en dödlig människa se den odödlige? Hellre ville jag gärna dö en gång till för människan, om det vore möjligt.«

Då uppenbarade sig den saliga jungfrun Maria och Sonen sade till henne: »Vad vill du, min moder, min utvalda?« Och hon svarade: »Förbarma dig över din skapelse, min son, för din kärleks skull!« Och han svarade: »För din skull vill jag än en gång visa barmhärtighet.« Därefter talade Herren till sin brud och sade: »Jag är din Gud och änglarnas Herre. Jag är Herren över döden och livet. Jag själv vill bo i ditt hjärta. Se, vilken stor kärlek jag har till dig! Himlarna och jorden och allt som är i dem kan inte famna mig, men ändå vill jag bo i ditt hjärta, som inte är något mer än ett litet stycke kött. Vem kan du väl frukta och vad kan du mera sakna, då du i dig har den mäktige Gud i vilken är allt gott?

I det hjärta, som är min boning, bör det finnas tre ting: en säng där vi kan vila, en stol där vi kan sitta, ett ljus som kan lysa oss. Må det alltså i ditt hjärta finnas en säng för att vila och vara stilla, så att du kan vila från onda tankar och världens lidelser. Och tänk alltid på den eviga glädjen! Stolen är viljan att förbli hos mig, även om du ibland får lov att gå ut ett slag. Att alltid stå är emot naturen. Den är alltid stående, som alltid har viljan att vara tillsammans med världen, men aldrig att sitta tillsammans med mig. Ljuset, eller lampan, bör vara tron med vilken du tror att jag förmår allt och har makt över allting.«

Kapitel 31

Ädelstenarna i Gudsmoderns krona

Bruden såg himmelens drottning, Guds moder, med en dyrbar, ovärderlig krona på sitt huvud och med hår av underbar skönhet utbrett över sina axlar, med en gyllene klädnad som strålade med en outsäglig glans och med en kappa av azur eller med himlens klara färg. Då bruden greps av en väldig häpnad över denna vackra syn och i denna sin stora häpnad liksom svävade av ett slags inre förundran, visade sig för henne strax den salige Johannes Döparen som sade till henne: »Lyssna noga på vad detta betyder! Kronan betyder att hon är drottning och härskarinna och moder till änglarnas konung, det utslagna håret att hon är en den allra renaste, en obefläckad jungfru, den himmelsfärgade kappan att allt timligt var liksom dött för henne, den gyllene klädnaden betyder att hon brann och glödde av gudomlig kärlek, både invärtes och utvärtes.

I hennes krona satte hennes son sju liljor och mellan dessa liljor satte han sju ädla stenar. Den första liljan betecknar hennes ödmjukhet, denna andra hennes gudsfruktan, den tredje hennes lydnad, den fjärde hennes tålamod, den femte hennes orubblighet, den sjätte hennes mildhet, ty i sin mildhet ger hon åt alla som ber henne, och den sjunde betecknar hennes barmhärtighet mot de behövande, ty i vilken nöd en människan än befinner sig kommer hon att räddas, om hon av allt hjärta ropar till henne.

Bland dessa strålande liljor satte hennes son sju stenar av det allra dyrbaraste slag. Den första stenen betecknar hennes enastående dygdighet, ty det finns ingen dygd i någon själ eller i någon kropp som inte hon äger i ännu högre grad. Den andra stenen betecknar hennes fullkomliga renhet, ty denna himmelens drottning var så ren att en enda syndens fläck aldrig någonsin kunde upptäckas hos henne, ända från hennes inträde i världen och till hennes dödsdag. Inte ens alla djävlar tillsammans kunde upptäcka så mycket orenhet hos henne som man kunde sätta på en nålspets. Hon var verkligen den allra renaste. Ärans konung anstod det nämligen inte att vila någonstans, utom i det allra renaste kärl, i henne som var den utvalda före alla änglar och människor. Den tredje stenen betecknade hennes skönhet, ty Gud lovprisas ständigt av sina helgon för hans moders skönhets skull och för hennes skönhets skull fylls alla heliga änglar och alla heliga själar av glädje. Kronans fjärde ädelsten betecknar den jungfruliga moderns vishet, ty hon är fylld av all gudomlig vishet tillsammans med Gud och all vishet uppfylls och fullkomnas av henne. Den femte stenen betecknar styrka, ty – tillsammans med Gud – är hon så stark att hon kan underkuva allt som är skapat. Den sjätte stenen betecknar hennes klarhet som är så klar att änglarna, som har ögon klarare än solen, blir upplysta av henne och demonerna inte vågar blicka in i hennes klarhet. Den sjunde stenen betecknar fullheten av all glädje och all andlig ljuvlighet, som så helt uppfyller henne att det inte finns någon glädje som inte förmeras av henne, ingen ljuvlighet som inte förökas och fullkomnas av henne och av det saliga skådandet av henne, ty mer än alla andra heliga är hon uppfylld av nåd. Hon är nämligen det rena kärl i vilket änglarnas bröd vilade och i vilken är all ljuvlighet och all skönhet.

Dessa sju stenar satte hennes son mellan de sju liljor som fanns i hennes krona. Hedra därför henne, du som är hans sons brud, och prisa henne av allt ditt hjärta, ty hon är sannerligen värd allt lov och all ära!«

Kapitel 33

Kunskapens rätta bruk

»En del av mina vänner är som mina lärjungar som äger tre ting: för det första förstånd och insikt utöver den som hjärnan ger, för det andra en visdom som inte kommer av någon människa, ty jag är den som själv ger dem en inre undervisning, för det tredje är de fulla av en ljuvlighet och en gudomlig kärlek, varmed de besegrar djävulen.

Men nu får människorna kunskap på motsatt vis. För det första vill de ha kunskap för att kunna skryta och så att de får anseende som lärda klerker. För det andra vill de ha kunskap för att kunna skaffa sig rikedomar. För det tredje vill de ha kunskap för att vinna ära och värdighet. När de sålunda söker upp sina skolor och träder in i dem går jag bort ifrån dem, ty de skaffar sig kunskap för att högmodas, men jag undervisade dem om ödmjukheten. De träder in i dem av vinningslystnad, men jag hade ingen plats där jag kunde vila mitt huvud. De träder in där för att få ärebetygelser, de avundas dem som har en högre ställning än de själva, men jag blev dömd av Pilatus och förhånades av Herodes. Därför går jag bort ifrån dem, ty de lär sig inte min lära. Men eftersom jag är mild och god ger jag åt var och en vad han ber mig om. Den som ber mig om bröd skall få det. Den som ber mig om halm skall få det.

Mina vänner ber om bröd, ty de söker och vill ha undervisning i den gudomliga vishet i vilken min kärlek är. Men andra ber om halm: den världsliga visheten, men liksom halm inte är till någon nytta och är föda bara för oskäliga djur, så är den världens vishet som de söker till ingen nytta, den ger ingen näring åt själen och är ingenting annat än ett ord utan innehåll och kraft. Då människan dör, blir nämligen all hennes visdom till intet och hon kan inte ses av dem som berömde henne.

Jag kan liknas vid en stor herre som har många tjänare som delar ut av sin herres egendom vad alla har behov av. Så står goda och onda änglar till mitt förfogande. De som har lärt känna min vishet och tjänar mig betjänas av goda änglar, som styrker dem med tröst och med ett arbete som är dem välbehagligt. Men de som är visa på världens sätt betjänas av onda änglar, som inger dem sådant som passar deras vilja och danar dem efter deras egen vilja och inger dem hugskott som kostar dem mycken möda.«

Kapitel 35
Ett enda hjärta

Maria talade: »Min dotter, betrakta min Sons lidande! Hans lemmar var för mig som mina egna lemmar och som mitt eget hjärta. Ty liksom andra barn brukar vara i sin moders inre, så var han i mig. Men han blev avlad genom den gudomliga hängivenhetens brinnande kärlek, andra genom köttets lusta. Därför säger Johannes, hans kusin, med rätta: ›Ordet blev kött.‹ Ty genom kärleken kom han och var han i mig. Det var Ordet och kärleken som lade honom i mig. Han var verkligen för mig som mitt eget hjärta. När han således föddes av mig, kände jag att det var som om hälften av mitt hjärta föddes och gick ut ur mig. Och då han led, kände jag att det var som om mitt eget hjärta led. Ty om något till hälften är utanför och till hälften innanför och det som är utanför blir stunget, känner även det som är innanför samma smärta. Så är det med mig: när min Son blev gisslad och stungen var det som om mitt eget hjärta blev gisslat och stunget.

Jag var närmare honom i hans lidande än någon annan och skildes inte från honom. Jag stod närmare hans kors, och liksom ett sting känns svårare ju närmare hjärtat det sker, så var hans smärta svårare för mig än för de andra. Och då han såg på mig från korset och jag på honom, då strömmade tårar från ögonen, som om de hade kommit från mina egna ådror. Och då han såg att jag var tillintetgjord av smärta, då kände han en sådan plåga av min smärta att all smärtan från hans sår blev till en sömn för honom för den smärtas skull som han såg hos mig. Därför är jag djärv nog att säga att hans smärta var *min* smärta, ty hans hjärta var *mitt* hjärta. Ty liksom Adam och Eva sålde världen för en enda frukt, köpte min Son och jag tillbaka världen med ett enda hjärta. Betänk sålunda, min dotter, hur jag var vid min Sons död, och det kommer inte att vara svårt för dig att lämna världen.«

Kapitel 38

Brudens tålamod och lydnad

Fadern talade till Sonen: »Med kärlek kom jag till Jungfrun och hämtade din sanna kropp från henne. Därför är du i mig och jag i dig. Liksom eld och värme aldrig kan skiljas åt, så är det omöjligt att skilja gudomen från den mänskliga naturen.« Sonen svarade: »All härlighet och ära vare dig, Fader! Må din vilja ske i mig och min i dig!« Då svarade Fadern: »Se, min son, jag ger dig denna nya brud som du skall leda och föda som ett får. Som ägare av fåret skall du ge henne ost till att äta och mjölk till att dricka och ull till att kläda sig med. Men du, brud, bör lyda honom. Dig tillkommer tre ting: du bör vara tålmodig, lydig och villig.«

Då sade Sonen till Fadern: »Din vilja är förenad med makt, makten med ödmjukhet, ödmjukheten med visdom, visdomen med barmhärtighet. Må din vilja ske, den som är och skall vara i mig utan början och utan slut! Jag tar henne till mig i min kärlek, i din makt och i den Helige Andes välde, men dessa är inte tre gudar utan en enda Gud.«

Då sade Sonen till sin brud: »Du hörde hur Fadern gav dig åt mig som ett får. Du bör alltså vara enkel och tålig som ett får och fruktsam när det gäller att åt andra ge mat och kläder. Om världen gäller tre ting: den är för det första helt naken, för det andra törstande, för det tredje hungrig. Det första betecknar min kyrkas tro, som är naken, ty alla skäms för att tala om tron och om mina bud. Och om det finns några som talar, blir de föraktade och betraktade som lögnare. Mina ord som går ut ur min mun bör kläda denna tro liksom med ull. Såsom nämligen ullen växer av värmen i fårets kropp, så tränger mina ord på grund av värmen i min gudomliga och mänskliga natur ut i ditt hjärta, de kläder min heliga tro med sanningens och visdomens vittnesbörd och bevisar att den är sann, den som nu anses vara värdelös. De som hittills varit tröga i att kläda tron med kärlekens gärningar blir, sedan de hört min kärleks ord, omvända och upptända till att – fulla av tro – tala, och – fulla av kraft – handla.

För det andra: att världen är törstande syftar på mina vänner, som på törstandes vis längtar efter att göra min ära fullkomlig och förskräcks av den vanära som visas mig. Av ljuvligheten i mina ord, som de hört, blir de druckna av en större kärlek till mig, och andra, som nu är döda i sina synder, skall tillsammans med dem upptändas till att älska mig, sedan de hört om den stora nåd som jag bevisar syndare.

För det tredje: att världen är hungrig syftar på dem som tänker så i sitt hjärta: ›Om vi kände till Guds vilja och hur vi kunde leva och fick en god undervisning om det goda livet, skulle vi gärna göra vad vi kunde.‹ Det är här fråga om dem som liksom hungrar efter att lära känna min väg, men ingen mättar dem ty ingen visar dem på ett fullkomligt sätt hur man bör handla. Och om man skulle visa dem detta, skulle ingen leva efter det. Orden tycks dem liksom döda, ty ingen lever efter dem. Därför skall jag själv visa dem vad de skall göra och jag skall mätta dem med min ljuvlighet. Ty de timliga ting som de ser och som nu nästan alla eftertraktar kan inte mätta människan utan väcker en allt större längtan efter att söka. Men mina ord och min kärlek mättar människorna och fyller dem med en överväldigande tröst.

Bemöda dig alltså, du min brud, du som är mitt får, att bevara tålamodet och lydnaden! Du har ju genom den fullkomliga rättvisan blivit gjord till min. Därför bör du följa min vilja. Den som vill följa en annans vilja bör ha tre ting: först bör han vara överens med den andre, för det andra göra gärningar som liknar hans och för det tredje överge hans fiender. Men vilka är mina fiender annat än högmodet och alla synderna? Dem bör du alltså överge, om du vill följa min vilja.«

Kapitel 42
Ödmjukhet, lydnad och kärlek

Modern talade: »Jag hade tre ting, som behagade min son: ödmjukhet, så att inget skapat, varken ängel eller människa, var ödmjukare än jag; för det andra hade jag lydnad, med vilken jag bemödade mig att lyda min son i allt; för det tredje hade jag en stor kärlek.

Därför hedrades jag på tre sätt av min son. Jag blev, för det första, hedrad mer än änglar och människor, så att det i Gud inte fanns någon kraft som inte strålade fram i mig, fast han är källan och alltings skapare. Jag är ju hans skapelse, åt vilken han gav sin nåd, mer än åt andra. Jag fick, för det andra, för min lydnads skull en sådan makt att det inte finns någon syndare som är så oren att han inte skall få förlåtelse, om han omvänder sig med föresatsen att bättra sig och har ett förkrossat hjärta. För det tredje står Gud för min kärleks skull mig så nära att den som ser Gud ser mig och den som ser mig, i mig liksom i en spegel kan se gudomen och den mänskliga naturen och kan se mig i Gud:

Var och en som ser Gud, ser i honom tre personer, och var och en som ser mig, ser liksom tre personer. Gudomen slöt nämligen in mig med själ och kropp i sig och uppfyllde mig med all kraft, så att det inte finns någon kraft i Gud som inte lyser fram i mig, fastän Gud är Fadern och givaren av all kraft.

Som två kroppar förenade med varandra – så att vad den ena mottar, det mottar också den andra – så gjorde Gud med mig. Det finns alltså ingen ljuvlighet som inte är i mig, liksom när en har kärnan och han låter den andre få en del av den.

Min själ och kropp är renare än solen och klarare än spegeln. Såsom man alltså i en spegel kan se tre personer om de står framför den, så kan man i min renhet se Fadern och Sonen och den Helige Ande. I mitt sköte bar jag ju Sonen tillsammans med gudomen. Nu kan man, som i en spegelbild, se honom, Gud och människa, i mig, ty jag har blivit förhärligad.

Du min sons brud, bemöda dig alltså om att efterlikna min ödmjukhet och att inte älska något annat än min son.«

Kapitel 48
Dom över svekfulla präster

En stor härskara sågs på himlen och till den sade Gud: »Se, för denna bruds skull som står här talar jag till er, mina vänner, ni som lyssnar till mig, ni som vet och förstår och ser allt i mig. Liksom när någon talar till sig själv, så talar min gudom till min mänskliga natur. Mose var med Herren på berget under fyrtio dagar och nätter. Då folket såg att han var borta så länge, tog de guld och kastade det i elden och av det smälta guldet gjorde de en kalv som de kallade sin gud. Då sade Gud till Mose: ›Folket har syndat. Jag skall förgöra det liksom när man i en bok raderar ut något som man har skrivit.‹ Mose svarade: ›Nej, min Herre! Tänk på att du förde ut dem genom Röda havet och gjorde underbara ting med dem. Om du utplånar dem, hur går det då med ditt löfte? Gör inte detta, ber jag dig, ty då säger dina ovänner: Israels Gud är ond, han som förde ut dem genom havet och sedan dödade dem i öknen.‹ Och av dessa ord lät Gud sig blidkas.

Jag är, bildligt talat, denne Mose. Min gudom talar till min mänskliga natur, liksom till Mose, och säger: ›Se vad ditt folk har gjort, se hur de har föraktat mig! Alla kristna skall dödas och deras tro skall utplånas.‹ Min mänskliga natur svarade: ›Nej, Herre, kom ihåg att jag ledde folket genom havet i mitt blod, när jag var sårad från foten och ända till hjässan. Jag lovade dem evigt liv. Förbarma dig över dem för mitt lidandes skull!‹ Då gudomen hörde detta, lät han sig blidkas av dessa ord och sade: ›Ske din vilja, ty all dom är överlämnad till dig!‹ Se, mina vänner, vilken väldig kärlek! Men nu måste jag klaga inför er, mina andliga vänner, jag menar: änglarna och helgonen, och inför er, mina kroppsliga vänner, ni som är i världen men ändå inte är i världen, annat än med er kropp: Mitt folk samlade ihop ved och tände på och kastade guld i elden och så reste de upp en kalv inför sig som de tillbad som sin gud. Denne står nu som en kalv på fyra fötter, den har huvud och hals och svans. Men då Mose dröjde kvar på berget sade folket: ›Vi vet inte vad som har hänt honom.‹ Och de gillade inte att han hade fört ut dem ur fångenskapen och de sade: ›Låt oss söka oss en annan gud som kan gå före oss!‹

Så handlar nu dessa fördömda präster mot mig. De säger ju: ›Varför skall vi föra ett strängare liv än andra?‹ Och: ›Vilken lön har vi för det? Det är bättre för oss att vi lever i fred med oss själva och efter vår egen vilja. Låt oss alltså älska världen, den kan vi lita på, men hans löfte kan vi inte lita på.‹ Därefter samlar de ihop ved, dvs. de använder alla sina sinnen till att älska världen. De tänder på, då de har hela sin vilja vänd mot världen. De brinner, då lusten glöder i deras sinne och går vidare till handling. Sedan kastar de på guld, dvs. all den kärlek och ära som de borde visa mig, den visar de för att få ära av världen. Då reser sig kalven, dvs. en fullständig kärlek till världen, som har fyra fötter, dvs. andlig tröghet, otålighet, omåttlig glädje och girighet. Dessa präster, som borde vara mina, är nu nämligen tröga när det gäller att visa mig ära, otåliga när det gäller att bära några bördor, omåttliga i sin glädje och aldrig nöjda med det de har vunnit.

Denna kalv har också huvud och hals, dvs. hela deras vilja står till frosseriet, så att den aldrig kan mättas, även om hela havet skulle rinna in i den. Svansen på denna kalv är deras ondska, ty om de så kunde, ville de inte tillåta någon att äga det som är hans. Genom sitt dåliga exempel och sitt förakt sårar de och kastar de omkull alla som tjänar mig. Sådan är den kärlekens »kalv« som är i deras hjärta. I sådant har de sin glädje och sin lust. Om mig tänker de som israeliterna om Mose och säger: »Han han varit borta länge. Hans ord tycks inte ha någon mening och de gärningar han begär är tunga. Låt oss följa vår egen vilja, låt vår egen kraft och lust vara vår gud!« De nöjer sig inte ens med det utan de glömmer mig helt och hållet och betraktar mig som en avgud.

De hedniska folken dyrkade träd och stenar och döda människor. Bland dem de dyrkade fanns en avgud som hette Beelsebul. Hans präster offrade rökelse åt honom och de gjorde knäfall inför honom och hyllade honom med lovsånger. Allt från deras offer som inte var till någon nytta lät de falla till marken och fåglar och flugor åt upp det. Allt som var nyttigt däremot behöll prästerna för sig själva. De stängde till och med igen porten till sin avgud och vaktade personligen över nyckeln, så att ingen skulle kunna komma in.

Så handlar prästerna mot mig nu för tiden. De offrar rökelse åt mig, dvs. de talar och predikar vackra ord till sitt eget pris och för att vinna något förgängligt, men de talar inte av kärlek till mig. Liksom doften av rökelsen inte kan uppfångas utan bara känns och syns, så åstadkommer alltså deras ord inte någon verkan i själarna, så att de kan slå rot i hjärtat och behållas av det, utan orden ljuder bara och tycks under någon tid vara angenäma. De frambär böneoffer, men de behagar mig inte på något sätt. Liksom de som med munnen uttalar lovord men tiger i hjärtat, så står dessa liksom vid min sida och ropar med munnen, men med sitt hjärta kretsar de kring världen. Om de däremot skulle tala med någon människa med makt, då skulle deras hjärta finnas i orden; de skulle inte löpa iväg i sitt talande så att man kunde ha anledning att anmärka på något. Men inför mig ber prästerna likt människor som är utom sig själva, som talar en sak med munnen men har något annat i hjärtat. Den som lyssnar till sådana ord kan inte vara säker på vad som menas. De böjer knä inför mig, dvs. de lovar mig ödmjukhet och lydnad, men deras ödmjukhet liknar Lucifers. Lydiga är de mot sina egna önskningar, inte mot mig.

De stänger till runt om mig och behåller nyckeln hos sig själva. De öppnar för mig och lovsjunger mig, då de säger: ›Ske din vilja såsom i himmelen, så ock på jorden!‹ Men de stänger mig inne, då de uppfyller sin egen vilja. Min vilja däremot är som en instängd och kraftlös människas, som varken kan ses eller höras. De behåller nyckeln hos sig själva, då de med sitt exempel vilseleder andra som vill göra min vilja. Och om de kunde det, skulle de gärna vilja hindra att min vilja blev känd och fullgjordes, annat än enligt deras egen vilja.

Vidare: vid offret behåller de allt som är nödvändigt och nyttigt för dem själva och utkräver all ära och allt vad man är skyldig dem, men den människokropp som faller till marken genom döden och för vilken de borde frambära det allra mäktigaste offer betraktar de som onyttig och överlämnar den åt flugorna, dvs. åt maskarna. Om vad de vore pliktiga att göra mot den människan eller om hennes själs frälsning bekymrar de sig inte det minsta.

Men vad var det som sades åt Mose? ›Döda dessa som tillverkat denna avgud!‹ Några blev då dödade, men dock inte alla. Så skall nu mina ord komma och döda dem, några till kroppen och själen genom en evig fördömelse, andra till liv så att de omvänder sig och lever, andra till en bråd död, ty dessa präster är mig helt förhatliga. Och vad skall jag likna dem vid? De liknar frukten från en törnbuske som till det yttre är vacker och röd, men till det inre är full av orenhet och taggar. Så träder de fram till mig likt människor som är röda av kärleken. Och i människornas ögon är de rena, men invärtes är de fulla av all orenhet. Om denna frukt läggs i jorden, så växer därur andra törnen. Så gömmer dessa präster i sina hjärtan, liksom i jorden, sina synder och sin ondska, och de blir därigenom så rotfästa i ondskan att de inte ens skäms för att träda fram och stoltsera över sin synd. Så kommer det sig att andra inte bara passar på att synda utan också allvarligt såras i sin själ. De tänker ju så i sitt hjärta: ›Om prästerna gör detta, är det ännu mera tillåtet för oss.‹ Dessa präster liknar inte bara frukten på törnbusken utan också dess taggar, ty de anser sig själva inte vara värda klander och förmaningar och inga anser de vara visare än de själva, utan de menar sig kunna göra allt vad de vill. Därför svarar jag i min gudomliga och mänskliga natur inför alla änglar som hör mig, att jag vill bryta upp den dörr som stängde in min vilja och den skall fullbordas, men deras vilja skall göras om intet och för evigt stängas inne till straff. Därför, som det för länge sedan blev sagt, skall jag börja min dom med prästerna och utifrån mitt altare.«

Kapitel 50

Sonens makt, visdom och kraft

Maria talade till Sonen och sade: »Välsignat utan ände vare ditt namn, min Son, tillsammans med din gudom, den som är utan begynnelse och utan ände! I din gudom är tre förunderliga ting, nämligen makt, visdom och kraft. Din makt är som en mäktigt brinnande eld inför vilken allt, hur fast och starkt det än är, räknas som torr halm i elden. Din visdom är som ett hav som är så stort att man inte kan tömma det, som stiger och svämmar över och övertäcker dalar och berg. Så är det med din visdom: man kan inte fatta den och inte begripa den. Hur vist skapade du inte människan och satte henne över allt vad du har skapat! Hur vist inrättade du inte fåglarna i luften, djuren på marken, fiskarna i havet och åt var och en av dem gav du deras tid och ordning! Hur underbart ger du inte liv åt allt och tar du inte bort det från allt! Hur vist ger du inte visdom åt de oförståndiga och tar du inte bort den från de högmodiga! Din kraft är som solens ljus som lyser på himlen och uppfyller jorden med sitt ljus. Så mättar din kraft det högsta och det lägsta och uppfyller allt. Må du därför vara välsignad, min son, du som är min Gud och min herre!«

Sonen svarade: »Min kära moder, dina ord är ljuvliga för mig, ty de framgår ur din själ. Du är som morgonrodnaden som går upp med sin klarhet. Du breder ut dina strålar över alla himlar, ditt ljus och din klarhet överträffar alla änglar. Med din klarhet drog du till dig den sanna solen, dvs. min gudom, så att min gudoms sol kom till dig och upprättade sin boning i dig. Av dess glöd har du, mer än alla andra, värmts genom min kärlek. Av dess glans har du, mer än alla andra, blivit upplyst av min visdom. Jordens mörker har flytt och alla himlar har blivit upplysta genom dig. Jag talar sanning när jag säger att din renhet, som behagade mig mer än alla änglar, drog min gudom till dig så att du skulle upptändas av Andens hetta. Så kom du att i ditt sköte innesluta den sanne Guden och människan, honom som upplyser människan och gläder änglarna. Må du alltså vara välsignad av din älskade son! Därför skall du heller inte rikta någon bön till mig som inte blir hörd, och genom dig skall alla få nåd som med viljan att bättra sig ber om barmhärtighet. Ty liksom hettan strömmar fram ur solen, så skall all barmhärtighet bli given genom dig, ty du är som en överflödande källa från vilken barmhärtighet strömmar över alla eländiga.«

Återigen svarade modern sin son: »Må all kraft och all härlighet vara din, min son! Du är min Gud och barmhärtigheten. Från dig kommer allt gott som jag har. Du är som säden som inte blir utsådd, men likväl växte och bar frukt hundrafalt och tusenfalt. Ty från dig kommer all barmhärtighet, den som, fastän den inte kan räknas och inte beskrivas, väl kan betecknas av talet etthundra som betyder fullkomlighet, ty från dig kommer allt som är fulländat och all fullkomlighet.«

Sonen svarade modern: »Sannerligen, moder, träffande liknade du mig med säden som inte blir utsådd och likväl växte, ty med min gudom kom jag till dig och min mänskliga natur blev inte utsådd genom kroppsligt umgänge, men likväl växte den i dig och ur den strömmade all barmhärtighet fram. Du talade alltså väl. Eftersom du med din muns ljuva ord kan locka barmhärtighet ur mig, så bed om vad du vill och det skall bli dig givet.«

Modern svarade: »Min son, eftersom jag har fått barmhärtighet av dig, ber jag om barmhärtighet och hjälp åt alla eländiga. Det finns ju fyra platser. Den första är himmelen, där änglarna och de heligas själar inte har behov av något, utom av dig som de redan äger. I dig har de allt gott. Den andra platsen är helvetet och de som bor där är uppfyllda av ondska och avskurna från all barmhärtighet. Därför kan inget gott längre komma till dem. Den tredje platsen är skärselden. De som är där har behov av tre slags barmhärtighet, ty de plågas av tre ting: De störs i sin hörsel, ty de hör inget annat än smärtfyllda rop från dem som straffas och är olyckliga. De störs i sin syn, ty de ser inget annat än sitt eget elände. De störs i sin känsel, ty de känner hettan från den outhärdliga elden och från den tunga straffdomen. Ge dem, min Herre och min Son, för mina böners skull din barmhärtighet!«

Sonen svarade: »Gärna vill jag för din skull ge dem tre slags barmhärtighet. Först vill jag lindra det som plågar deras hörsel, mildra det som plågar deras syn och lätta och lindra deras straff. Dessutom må från denna stund de som utstår skärseldens värsta plåga komma till den mellersta och de som är i den mellersta komma till den lättaste. Och må de som utstår det lättaste straffet komma över till vilan.«

Modern svarade: »Lov och ära vare dig, min Herre!« Och genast tillade modern och sade till sonen: »Den fjärde platsen är världen och dess invånare har behov av tre ting: först ånger över synderna, för det andra gottgörelse, för det tredje styrka att göra det goda.«

Sonen svarade: »Var och en som åkallar ditt namn och hoppas på dig och därmed förenar ett beslut att bättra det som brustit skall få dessa tre ting och dessutom himmelriket. Ty i dina ord är en så stor ljuvlighet att jag inte kan förvägra vad du ber om, ty du vill inte något annat än vad jag vill. Du är som en lysande och brinnande låga som man tänder slocknade ljus med och som ger kraft åt dem som brinner. Men för den kärleks skull som steg upp till mitt hjärta och drog mig till dig, skall de som är döda i sina synder få liv igen och de som är matta i sin kärlek till mig och liksom svarta av rök återigen få kraft.«

Kapitel 53

Maria – arken med staven, mannat och lagens tavlor

Maria talade till sonen: »Välsignad vare du, min son, min Gud och änglarnas herre! Du är den vilkens röst profeterna hörde, den vilkens kropp apostlarna såg, den som judarna och dina ovänner förnam. Du är med din gudomliga och mänskliga natur och med den Helige Ande en enda Gud. Ty profeterna hörde Anden, apostlarna såg gudomens härlighet, judarna korsfäste din mänskliga natur. Därför vare du den utan begynnelse och utan ände Välsignade!«

Sonen svarade: »Välsignad vare du, ty du är jungfru och moder. Du är den ark som fanns under lagen, i vilken fanns tre ting, nämligen staven, mannat och tavlorna. Med staven hände tre ting. Först förvandlades den till en orm, som inte hade något gift. För det andra delades med den havet. För det tredje framkallade den vatten ur klippan. Jag är, bildligt talat, den staven, jag som låg i ditt moderliv och som av dig fick min mänskliga natur. För det första är jag, liksom ormen för Mose, fruktansvärd för mina fiender. De flyr för mig, som om de såg en orm, de grips av förskräckelse och avsky för mig liksom för ormen, fast jag inte har något ondskans gift utan är full av all barmhärtighet. Jag låter mig fasthållas av dem, om de vill det, och jag vänder om till dem, om de söker mig. Jag skyndar till dem likt modern till en förlorad son som blivit återfunnen, om de kallar på mig. Jag visar dem min barmhärtighet och förlåter deras synder, om de ropar. Detta gör jag och ändå skyr de mig som en orm.

För det andra delades havet med staven när vägen till himmelen, som var stängd genom synden, öppnades genom mitt blod och min smärta. Då brast helt visst havet och blev till en väg, när alla mina lemmars smärta nådde fram till mitt hjärta och hjärtat brast på grund av den våldsamma smärtan. Sedan Mose hade fört folket genom havet ledde han dem inte genast till det utlovade landet utan till öknen, för att de där skulle prövas och fostras. På samma sätt leds nu inte folket, när det tagit emot tron och lagen, genast in i himmelen, ty det är nödvändigt att människorna prövas i öknen, dvs. i världen, för att man skall se hur mycket de älskar Gud. Men på tre sätt utmanade folket Gud i öknen. För det första, ty de gjorde sig en avgudabild och tillbad den. För det andra, eftersom de åtrådde det kött de hade i Egypten. För det tredje genom högmodet, ty de ville, utan att Gud ville det, träda upp för att kämpa mot fienderna.

På samma sätt syndar nu människan mot mig i världen. För det första dyrkar hon avgudabilden, ty hon älskar världen och vad som är i den mera än mig, jag som är deras skapare. Världen är tydligen deras gud, inte jag. Sade jag inte i mitt evangelium: ›Där människans skatt är, där är också hennes hjärta‹? Världen är alltså människans skatt, ty den trår hennes hjärta efter, inte efter mig. Liksom alltså de som var i öknen kroppsligen nedgjordes av svärd, så faller människorna nu andligen för den eviga fördömelsens svärd. I den fördömelsen skall de leva för evigt.

För det andra har de syndat genom begär efter kött. Jag gav människan allt som var nödvändigt för ett ärbart och måttfullt liv, men hon vill ha allt, måttlöst och utan urskillning. Om naturen förmådde det ville hon kopulera utan avbrott, dricka ohämmat och utan gränser ge sig hän åt sina lustar. Så länge hon kan synda vill hon inte upphöra med att synda. Därför drabbar det dem, liksom dem som var i öknen, att de dör en plötslig död. Vad är nämligen livet i denna tiden annat än ett steg på vägen till evigheten? Liksom genom en plötslig död kommer de sålunda att dö till kroppen – detta livet är ju kort – och leva utan ände, straffade till anden.

För det tredje syndade de i öknen genom högmod, ty utan att det är Guds vilja ville de gå ut för att strida. Så vill människorna i sitt högmod stiga upp till himmelen; de förtröstar inte på mig utan på sig själva, eftersom de följer sin egen vilja och vänder sig från min. Liksom alltså de som var i öknen nedgjordes av fienderna, så nedgörs människorna nu i sina själar av demonerna och deras plåga skall vara evig. På detta sätt hatar de mig som en orm, dyrkar avgudar i stället för mig, följer sin lusta snarare än mig, älskar sitt högmod i stället för min ödmjukhet. Men ännu är jag så barmhärtig, att om de omvänder sig till mig med förkrossat hjärta skall jag som en god fader vända mig till dem och ta emot dem.

Vidare gav han dem genom sin stav vatten ur klippan. Denna klippa är människans hårda hjärta. Ty om det slås av fruktan och av min kärlek strömmar genast ångerns och botens tårar fram ur det. Ingen är så ovärdig, ingen så ond, att hans ansikte inte väts av tårar och alla hans lemmar inte rörs till andakt om han vänder sig till mig, om han i sitt inre betraktar mitt lidande, om han tänker på min makt, om han besinnar min godhet, hur jorden och träden bär sin frukt.

Det andra som låg i Mose ark var mannat. Så, min moder och jungfru, låg änglarnas och de heliga själarnas och de på jorden rättfärdigas bröd i dig. Dem behagade inget utom min ljuvlighet, dem för vilka hela världen är död, de som gärna, om det skulle vara min vilja, skulle vara utan kroppslig föda. Vidare låg i arken lagens två tavlor. Så vilade alla lagars herre i dig. Må du därför vara välsignad mer än alla skapade varelser som är i himmelen och på jorden.«

Därefter talade han till bruden och sade: »Säg tre saker till mina vänner! Då jag kroppsligen var i världen, avpassade jag mina ord så att de goda av dem skulle bli ännu starkare och ännu mera brinnande. De onda blev bättre, som man kan se i Magdalena, Matteus och många andra. Jag avpassade också mina ord så att mina fiender inte skulle kunna beröva dem deras kraft. Må därför de, med vilka mina ord sänds, glöda av iver så att de goda av mina ord blir ännu mera brinnande och de onda omvänder sig från det onda, och må de ta sig i akt för mina fiender, så att mina ord inte hindras. Jag gör ju inte någon större orätt mot djävulen än mot änglarna i himmelen, ty om jag ville skulle jag ju kunna säga mina ord så att hela världen hörde dem. Jag vore även i stånd att öppna helvetet så att alla såg dess plågor, men detta vore inte rättvist, ty då skulle människan tjäna mig av fruktan, men hon borde tjäna mig av kärlek. Ty endast den som har kärlek skall träda in i himmelriket. Då skulle jag verkligen göra orätt mot djävulen, om jag skulle ta emot någon som med rätta blivit hans, utan att denne hade gjort några goda gärningar. Likaså skulle jag göra orätt mot en ängel i himmelen, om jag jämställde honom som är ren och glödande i kärleken med en oren människas ande. Ingen skall sålunda få komma in i himmelen, annat än den som likt guld renats i skärselden, eller som i världen länge så övat sig i goda gärningar att ingen fläck finns på honom som han borde renas från.

Om du är okunnig om med vilka mina ord borde sändas, så skall jag säga dig det. De är värdiga att ha mina ord som med goda gärningar vill göra sig förtjänta av att komma till himmelriket. För dem skall mina ord öppna sig och i dem skall de gå in. De som har smak för mina ord och som ödmjukt hoppas att deras namn är skrivna i livets bok, de håller mina ord. De som inte har smak för dem betraktar väl orden, men de kastar dem genast ifrån sig, eller spyr genast upp dem.«

Kapitel 54

De tre andarna

En ängel talade till bruden och sade: »Det finns två andar: en oskapad, en skapad. Den oskapade har tre egenskaper: han är för det första varm, för det andra ljuvlig, för det tredje ren. För det första värmer han, inte genom några skapade ting, men av sig själv, ty tillsammans med Fadern och Sonen är han alltings skapare och har all makt. För det andra är han ljuvlig, när själen inte har behag i något annat, inte finner något annat ljuvligt än Gud och åminnelsen av hans gärningar. För det tredje är han ren så att man inte kan finna någon synd i honom, ingenting som är vanställt, ingenting som är fördärvligt eller föränderligt. Men han värmer inte på det sätt som den materiella elden gör, eller som den synliga solen då den kommer något att smälta, utan hans värme är själens inre kärlek och den längtan som uppfyller själen och förenar den med Gud. Han fyller själen med ljuvlighet, inte som ett efterlängtat vin eller som begärelsen eller något annat världsligt, utan denne andes ljuvlighet kan inte jämföras med någon timlig ljuvlighet; den är omöjlig att uttänka för dem som inte förnimmer den. Denne ande är för det tredje så ren som solens strålar, i vilka man inte kan finna några skönhetsfel.

Den andre anden, som är skapad, har likaledes tre egenskaper. Han är brinnande, han är bitter och han är oren. För det första brinner och förtär han som en eld, eftersom han helt upptänder den själ som han har tagit i besittning med begärelsens och den förvända lystnadens eld, så att själen inte kan tänka på något annat och inte önskar något annat än att tillfredsställa honom och för hans skull kan sätta sitt liv, all heder och all anständig glädje på spel. För det andra är han bitter som ättika, ty han upptänder själen så med sin njutning att den kommande glädjen tycks den ingenting vara och det eviga goda något löjeväckande. Allt som kommer från Gud och allt som man borde göra för honom får en bitter och vedervärdig smak, det är ingenting annat än spyor och galla. För det tredje är han oren, ty han gör själen så fördärvad och benägen till synd att den inte skulle rodna över någon synd och inte avhålla sig från någon synd, om den inte mera fruktade att få skämmas inför människor än inför Gud. Denne ande är brinnande som eld, eftersom han brinner av längtan efter det onda och efter att få andra att brinna tillsammans med sig själv. Han är bitter, eftersom allt gott är bittert för honom och eftersom han vill dela sin bitterhet med andra. Han är oren, eftersom han har sin glädje i orenheten och söker efter att få andra med sig.

Men nu kan du fråga och säga till mig: ›Är inte du själv, liksom han, en skapad ande? Varför är du då inte som han?‹ Jag svarar dig: jag är i sanning skapad av samme Gud som han, ty det finns endast en Gud, Fadern och Sonen och den Helige Ande, och dessa är inte tre gudar utan en enda Gud. Båda är vi skapade väl och till det goda, ty Gud har inte skapat något annat än vad som är gott. Men jag är som en stjärna, eftersom jag står kvar i den godhet och den kärlek till Gud som jag skapades till. Denne däremot är som ett kol, eftersom han har avlägsnat sig från Guds kärlek. Liksom alltså en stjärna inte är något annat än klarhet och glans, och kol ingenting annat än svarthet, så är en god ängel lik en stjärna som strålar av den Helige Ande. Allt vad den har, har den alltså från Gud, från Fadern och Sonen och den Helige Ande. Med hans kärlek värmer den, av hans glans strålar den, honom håller den sig alltid nära, och med hans vilja vill den vara ett, aldrig någonsin vill den någonting annat än Gud. Det är därför den brinner och det är därför den är ren.

Djävulen däremot är som ett fult kol, fulare än alla andra skapade varelser, ty liksom han en gång var vackrare än de andra så är det tillbörligt att han blev fulare än andra, eftersom han uppreste sig mot sin skapare. Men liksom Guds ängel strålar av Guds ljus och oupphörligt brinner av hans kärlek, så brinner och våndas en demon av sin egen ondska. Hans ondska är omättlig och på samma sätt är den Helige Andes godhet och hans nåd outsägligt väldiga. Ty ingen i världen är så rotad i djävulen att den gode anden inte någon gång besöker och rör vid hans hjärta. Ingen är heller så god att djävulen inte gärna nalkas honom för att beröra honom med sin frestelse. Många goda och rättfärdiga frestas med Guds tillåtelse av djävulen. Detta sker, inte för att skada dem utan för att deras härlighet skall bli desto större. Guds son, han som i sin gudom är ett med Fadern och den Helige Ande, frestades i den mänskliga natur han hade tagit på sig. Hur mycket mera skulle det då inte gälla om hans utvalda, för att de skulle få en desto större lön? Men även många goda faller ibland i synd och deras samvete kan förmörkas av djävulens bedrägeri, men med den Helige Andes kraft reser de sig starkare än förr och förblir de stående fastare än förr.

Det finns sannerligen ingen som inte i sitt samvete fattar, huruvida en djävulens ingivelse kommer att leda till att synden får vanställa en, eller till att det goda sker, om man bara vill tänka efter och undersöka saken. Därför behöver du, min Herres brud, inte hysa några tvivel beträffande den ande som är i dina tankar, huruvida den är god eller ond. Ditt samvete säger dig, vad du bör underlåta och vad du bör välja att göra. Men vad skall den göra som är full av djävulen? I honom kan ju inte den gode anden gå in, eftersom han är full av den onde. Tre ting bör han göra: han måste avlägga en ren och fullständig syndabekännelse. Fast den inte genast framgår ur ett förkrossat hjärta på grund av dess hårdhet är den ändå nyttig, ty för dess skull viker djävulen undan och ger plats åt den gode anden. För det andra må han ödmjuka sig så att han föresätter sig att göra bättring för de synder han begått och göra det goda som han kan göra. Då börjar djävulen att vika undan. För det tredje bör han, för att åter få den gode anden, med ödmjuk bön åkalla Gud och med sann kärlek förkrossas över de synder han begått, ty kärlek till Gud förgör djävulen. Denne vill nämligen hellre hundra gånger dö än att människan skall frambära till sin Gud det minsta lilla av kärlekens goda. Så avundsjuk och ondskefull är han nämligen.«

Därefter talade den saliga Jungfrun till bruden och sade: »Du min sons nya brud: ta på dig dina kläder, sätt på dig ditt bröstsmycke, som är min sons lidande!« Hon svarade henne: »Sätt på det du, min härskarinna!« Och hon sade: »Det vill jag göra.«

Kapitel 59
Bonden och hans herdar

»Jag är en som aldrig sagt något osant. I världen hålls jag för en enkel bonde, vilkens namn bara är värt förakt. Mina ord anses för vettlösa och mitt hus betraktas som en tarvlig hydda. Denne enkle bonde hade en hustru som ingenting annat ville än hans vilja, som hade all egendom tillsammans med mannen och som höll honom för sin herre och lydde honom i allt som sin herre. Denne enkle bonde hade också många får och för att vakta dem lejde han en herde för fem guldmynt, för att denne med dem skulle skaffa sig sitt livs nödtorft. Denne herde, som var god, använde guldet till sin nytta och till föda för att uppehålla sitt liv. Efter denne herde kom så småningom en annan och sämre. [...]

Det är jag, Herren, som är denne enkle bonde, ty av människorna hålls jag inte för något mer än en åsna som vuxit upp i ett stall och tagit efter fårens seder. [...] Men vad skall vi nu göra, min hustru; med min hustru menar jag de goda kristna? På tre ställen ser jag får som ännu lever. Några av dem ser ut som döda får som av fruktan inte vågar andas. [...] Andra får håller sig gömda och vågar inte komma fram. [...] Andra får, slutligen, ligger i smutsen. Det är de kristna som befinner sig i dödssynd. Av fruktan för straffet skulle de gärna vilja resa sig upp, men på grund av sina svåra synder och eftersom de inte har kärlek kan de inte det.

Hjälp mig alltså, min hustru, ni goda kristna! Ty liksom hustru och man anses vara ett enda kött och en enda lem, så är den kristne min lem och jag hans, ty jag är i honom och han i mig. Därför, kära hustru, ni goda kristna, spring tillsammans med mig till de får som ännu andas och låt oss resa upp dem och ge dem styrkan åter. Lid med mig, ty jag köpte fåren mycket dyrt! Låt oss föra dem tillbaka, du med mig och jag med dig! Håll dem du om ryggen, låt mig stödja huvudet. Jag håller dem med glädje i mina händer. En gång bar jag dem alla på min rygg, när den hel och hållen var sårad och fäst vid skampålen. O mina vänner, så innerligt älskar jag dessa får att jag, om det vore möjligt, än en gång vore beredd att lida för vart och ett, liksom jag en gång led på korset för alla; jag ville hellre återlösa dem än mista dem.

Därför ropar jag av allt hjärta till mina vänner att för min skull inte spara någon möda eller några ägodelar. Om jag inte blev förskonad från några smädelser medan jag var i världen, så må de inte skona sig själva utan säga sanningen om mig. Jag skämdes inte för att dö en föraktlig död för dem. Liksom jag föddes naken, stod jag naken inför mina ovänners ögon. Jag blev slagen med knytnäve på munnen. Man drog mig i håret med sina fingrar och gisslade mig med sina gissel. Jag spikades fast på trädet med deras verktyg och fick hänga på korset mellan tjuvar och rövare.

Därför, mina vänner, spar ingen möda för min skull, jag som

av kärlek för er skull har utstått allt detta! Ansträng er med kraft och skaffa hjälp åt de nödlidande fåren! Jag svär i min mänskliga natur, som är i Fadern och Fadern i mig, [...] att de som anstränger sig och bär mina får tillsammans med mig, skall jag skynda till mötes på halva vägen och jag skall ge dem den dyrbaraste lön, nämligen mig själv, till deras eviga glädje.«

Ur
Uppenbarelsernas andra bok

Kapitel 4

De gamla och de nya vännerna

Guds moder talade till Sonen och sade: »Se, min son, din brud gråter eftersom dina vänner är så få och dina fiender så många.« Sonen svarade: »Det är skrivet att rikets barn skall kastas ut och att de som inte är rikets barn skall få arvet. Det är också skrivet att en drottning från jordens yttersta ändar kom för att se Salomos rikedomar och lyssna till hans visdom. När hon såg detta blev hon utom sig av beundran. Men de som bodde i hans rike brydde sig inte om hans visdom och hyste ingen beundran för hans rikedomar.

Jag är bildligt talat denne Salomo, men jag är långt rikare och visare än han, ty all visdom kommer från mig och om någon är vis är det min gåva. Mina rikedomar är det eviga livet och den outsägliga härligheten. Dem har jag lovat de kristna och erbjudit dem som mina söner, för att de, om de vill efterlikna mig och sätta tro till mina ord, skulle äga dem utan ände. Men de bryr sig inte om min visdom, de föraktar mina gärningar, de räknar mitt löfte och mina rikedomar som ingenting.

Vad skall jag då göra med dem? Jo, eftersom sönerna inte vill ha arvet, skall främlingar, dvs. hedningarna, få det. Liksom drottningen utifrån skall främlingarna, med vilka jag menar de otrogna själarna, komma och förundras över min härlighets och kärleks rikedomar – om de bara vill överge otrons ande och låta sig uppfyllas av min ande. Vad skall jag då göra med rikets barn? Jag skall göra med dem som den kloke krukmakaren: då han såg att den sak han förut hade gjort av leran inte var god och användbar, kastade han den till marken och slog sönder den. Så skall jag göra med de kristna: De skulle vara mina, ty jag hade skapat dem efter min bild och återlöst dem med mitt blod, men de har på ett föraktligt sätt vanställt sig. Därför kommer de att trampas under fötterna och sänkas ner i helvetet.«

Kapitel 5
Davids tre söner

»Jag är Gud, inte en av sten eller trä eller av något annat skapat, utan alltings skapare, jag är till utan början och utan slut. Jag är den som kom till Jungfrun och fanns tillsammans med Jungfrun, utan att dock skiljas från gudomen. Men jag som i min mänskliga natur fanns i Jungfrun tillsammans med gudomen, jag härskade genom gudomen tillsammans med Fadern och den Helige Ande i himmelen och på jorden. Genom min Ande upptände jag Jungfrun, inte så att min Ande som upptände henne skildes från mig, utan samme Ande som upptände henne var i Fadern och i mig, Sonen, och Fadern och Sonen var i den och de är en enda Gud, inte tre gudar.

Jag är lik kung David, som hade tre söner. En av dem kallades Absalom; han traktade efter sin faders liv. Den andre av dem, Adonia, traktade efter sin faders rike. Den tredje, alltså Salomo, fick riket.

Den förste betecknar judarna. Det är de som traktade efter mitt liv och min död och föraktade mitt råd. När jag nu tänker på deras lön kan jag säga som David om sin döde son: ›Absalom, min son‹. Det betyder: O Juda söner, var är nu er längtan, vad hoppas ni nu på? O mina söner, var är nu ert mål? Jag känner nu med er, eftersom ni längtade efter att jag skulle komma, den som ni genom så många tecken har hört att han redan kommit. Ni längtar efter det flyktiga, sådant som allt redan är förgånget. [...] Nu säger jag: O Juda söner, fast ni hade en ond vilja mot mig och gjorde så mycket ni kunde mot mig, så ville jag, om det vore möjligt och det behagade Fadern, än en gång dö för er, ty jag lider med er i er olycka, den som ni själva, då rättvisan utkrävdes, har dragit på er. Jag sade er ju med ord och visade genom exempel vad ni skulle göra. Som en höna gick jag framför er och omslöt er med kärlekens vingar, men ni föraktade allt. Därför flydde allt som ni längtade efter bort från er. Elände är ert slut och ett intet är all er möda.

Med Davids andre son betecknas de onda kristna. Denne lämnade ju sin fader på hans ålderdom. Han tänkte så för sig själv: ›Min fader är gammal och hans krafter håller på att ta slut. Om jag talade hårt mot honom, skulle han inte svara. Om jag gjorde något mot hans vilja, skulle han inte hämnas. Om jag tog mig något före mot honom, skulle han tåligt uthärda det. Därför gör jag vad jag vill.‹ Tillsammans med några av Davids tjänare gick han upp till lunden för att härska där. Så gör nu de kristna mot mig. De tänker så inom sig: ›Guds tecken och domslut är inte så tydliga som förut. Vi kan tala vad vi vill, ty han är barmhärtig och fäster sig inte vid det. Vi kan göra vad vi behagar, ty han förlåter gärna.‹ De misstror min makt – som om jag nu vore svagare i min handlingskraft än förr. De tror att min kärlek är mindre – som om jag inte ville förbarma mig nu som jag gjorde med deras fäder. De visar förakt för mina domslut och betraktar min rättfärdighet som ett intet. Därför stiger de upp till lunden tillsammans med några av Davids tjänare, för att där kunna härska oinskränkt.

Vilken är denna lund, där det brukar finnas några få träd, om inte den heliga kyrkan, hon som framträder i de sju sakramenten liksom i några få träd? I denna kyrka träder de in, men med bara några få av Davids tjänare, dvs. med bara få goda gärningar i hopp om att ändå få Guds rike. De gör få goda gärningar och till dem sätter de sin lit. Vilken synd de än befinner sig i och vilken de än har gjort, är de säkra på att de skall få arvsrätt till himmelriket. Men liksom Davids son, som mot Davids vilja ville få riket, stöttes ut med vanheder eftersom han handlat orättfärdigt och var orättfärdig, och riket gavs åt en som var visare och bättre, så skall också dessa drivas bort från mitt rike och skall det ges åt dem som gör Davids vilja, ty ingen kan få riket till del som inte har kärleken. Inte heller kan någon närma sig mig, den renaste, som inte är ren och låter sig ledas av mitt hjärta.

Davids tredje son var Salomo. Han betecknar hedningarna. Då Batseba hörde att en annan än Salomo, åt vilken David hade lovat att han skulle regera efter honom, blivit vald av några, trädde hon in till David och sade: ›Min herre, du svor inför mig att Salomo skulle regera efter dig. Men nu har en annan blivit vald. Om det går så, kommer jag som en äktenskapsbryterska att dömas till elden och min son att vara oäkta.‹ Då David hörde detta reste han sig upp och sade: ›Jag svär vid Gud att Salomo skall sitta på min tron och regera efter mig.‹ Och han befallde sina tjänare att lyfta upp Salomo på rikets tron och förklara honom vara den konung som David utvalt. De fullgjorde sin herres bud och satte med stor kraft Salomo på tronen och alla de andra som hade sammansvurit sig med hans broder drevs på flykten och blev gjorda till slavar.

Vem är denna Batseba – som skulle anse sig vara äktenskapsbryterska om en annan valdes till kung – om inte hedningarna med deras tro? Ty inget värre äktenskapsbrott finns än att skilja sig från Gud och den rätta tron och tro på en annan gud än den som skapat allt. Men liksom Batseba kommer hedningar med ödmjukt och förkrossat hjärta till mig och säger: ›Herre, du lovade att vi i framtiden skulle få vara kristna. Uppfyll nu ditt löfte! Om en annan kung, om en annan tro återigen skulle resa sig över oss, om du skulle skilja dig från oss, skulle vi brännas som eländiga och dödas som en sköka, som i stället för sin äkta man hade tagit en äktenskapsbrytare. Och fastän du lever i evighet skulle du dö från oss och vi från dig, om du med din nåd avlägsnade dig från våra hjärtan och vi genom vår misströstan satte oss upp mot dig. Uppfyll alltså ditt löfte och styrk vår svaghet och upplys vårt mörker! Om du skulle skilja dig, om du skulle avlägsna dig från oss, skulle vi förgås.‹

Då jag hör detta vill jag som en annan David resa mig upp genom min nåd och min barmhärtighet. Jag svär alltså genom min gudom som är tillsammans med min mänskliga natur och genom min mänskliga natur som är i min Ande, och genom min Ande som är i min gudom och i min mänskliga natur – och dessa tre är inte tre gudar utan en enda Gud – att jag skall uppfylla mitt löfte. Jag vill sända mina vänner, som skall föra min son Salomo, dvs. hedningarna, in i lunden, dvs. in i kyrkan, den som framträder i de sju sakramenten liksom i sju träd, nämligen i dopet, i boten, i konfirmationens smörjelse, i altarets och prästadömets sakrament, i äktenskapet och smörjelsen, och de skall vila på min tron, dvs. den heliga kyrkans rätta tro. Men de onda kristna skall bli deras tjänare. De förra skall glädje sig över det eviga arvet och över den ljuvlighet som jag har i beredskap för dem. De senare däremot skall klaga i sitt elände, det som tar sin början för dem i denna tiden och som skall vara för evigt. Eftersom det nu är en vakans tid må mina vänner inte sova, inte förtröttas, ty en härlig lön skall följa på deras möda.«

Kapitel 12
Riddarna förmanas

[Kristus talar:] »Eftersom jag är rättfärdig och barmhärtig förmanar jag nu dem som kallas riddare att de måtte söka min barmhärtighet, så att de inte ställs inför min rättfärdighet. Den är fast som berg, brinnande som eld, fruktansvärd som ett åsknedslag, plötslig som en båge spänd för att skjuta sin pil. Jag har tre förmaningar till dem: för det första manar jag som en fader sina söner att de måtte vända tillbaka till mig, ty jag är deras fader och skapare. Må de vända tillbaka och jag skall ge dem deras arv, det som tillkommer dem enligt faderlig rätt. Må de vända tillbaka, ty fast jag föraktas skall jag motta dem med glädje och skynda dem till mötes med kärlek. Jag ber dem, för det andra, som deras broder att de måtte tänka på mina sår och mina gärningar. Må de vända tillbaka och jag skall motta dem som en broder. Jag ber dem, för det tredje, som deras herre att de måtte vända tillbaka till sin herre, honom som de skänkt sin tro, som de borde tjäna och som de med ed har bundit sig vid.

Alltså, ni riddare: vänd tillbaka till mig, er fader, jag som har uppfostrat er med kärlek! Tänk på mig, er broder, jag som för er skull har blivit gjord till er like! Vänd tillbaka till mig, er barmhärtige herre! Mycket ohederligt är det ju att avlägga trohetsed till en – och tjäna en annan. Ni har avlagt trohetsed till mig, att ni skulle försvara min kyrka, att ni skulle skynda de eländiga till hjälp. Men nu tjänar ni min ovän, mitt baner kastar ni till marken och min fiendes baner reser ni mot höjden!

Vänd alltså tillbaka till mig, ni riddare, med all ödmjukhet, ni som har avvikit från mig genom ert högmod! Om ni anser det vara tungt att lida något litet för mig, så tänk på vad jag har gjort för er! För er skull gick jag med blödande fötter mot korset, för er skull blev mina händer och fötter genomstungna, jag skonade inte en enda kroppsdel för er skull. Allt detta glömmer ni genom att gå bort ifrån mig. Kom därför tillbaka, och jag skall ge er tre slags hjälp! Först styrka mot era kroppsliga och andliga fiender, för det andra ett upphöjt sinnelag så att ni inte fruktar något annat än mig och så att ni finner det angenämt att arbeta för mig. För det tredje skall jag ge er vishet så att ni fattar innebörden i den sanna tron och i Guds vilja. Kom alltså tillbaka och stå fasta! Jag som förmanar er är den som änglarna tjänar, som befriade era lydiga fäder, som dömde de olydiga och förödmjukade de högmodiga. Jag var den förste i striden, den förste i lidandet. Följ alltså efter mig, så att ni inte löses upp som vax av elden! Varför sliter ni sönder ert löfte? Varför föraktar ni den ed ni har avlagt? Jag är väl inte obetydligare och mindre värd än er jordiske vän, till vilken ni håller den trohetsed ni svurit? Det löfte ni avlagt till mig, som skänker liv och ära, som bevarar hälsan, det håller ni däremot inte.

Därför, ni goda riddare, håll ert löfte och om ni inte kan uppfylla det i handling, så försök åtminstone att göra det med viljan! Jag som hyser medlidande med den slavtjänst som djävulen förtrycker er med, jag vill räkna er vilja som vore den gärning. Om ni vänder tillbaka till mig med kärlek, så arbeta för min kyrkas tro och jag skall som en barmhärtig fader skynda er till mötes med hela min härskara. Som lön skall jag ge er fem goda ting. För det första skall den eviga äran aldrig vika från er hörsel, för det andra skall Guds ansikte och härlighet aldrig vika från er syn, för det tredje skall lovsången till Gud aldrig vika från er mun, för det fjärde skall er ande äga allt den kan önska sig och aldrig önska något annat än vad den redan äger, för det femte skall ni aldrig skiljas från er Gud, utan glädjen skall vara er utan ände och utan ände skall ert liv vara fyllt av glädje.

Se, mina riddare, sådan skall er lön vara om ni försvarar min tro och är mera angelägna om min än om er egen ära. Om ni har något förstånd, så tänk på att jag har tålamod med er, trots att ni tillfogade mig en stor skymf, en sådan som ni inte skulle vilja utstå från era egna. Men fast jag har makt att göra allt och fast min rättfärdighet ropar på hämnd mot er, skall ändå min barmhärtighet, som har sin grund i visheten och godheten, skona er. Sök därför barmhärtigheten! Av kärlek skall jag skänka det som man ödmjukt ber mig om.«

Kapitel 13

Riddarvigning

[Kristus talar till bruden:] »Jag liknar en mäktig kung som med sin här kommer till en stad och fyller alla utrymmen och tar allt i anspråk. Så fyller min nåd alla dina lemmar och ger kraft åt dem alla. Jag är alltså i dig – och utanför dig. Fast jag talar med dig är jag ändå den som jag alltid är i härligheten. Vad skulle vara svårt för mig som med min kraft uppehåller allt, inrättar allt med min vishet och härskar över allting med min kraft? Jag som tillsammans med Fadern och den Helige Ande utan början och utan slut är en enda Gud och som för människornas frälsnings skull, i den mänskliga natur som jag antagit och med den gudomliga naturen oskadd, i sanning har lidit, uppstått och uppstigit till himmelen, jag är den som nu samtalar med dig.

Jag har tidigare talat med dig om riddarståndet, som en gång i tiden var mig mycket kärt; med kärlekens band var det knutet till mig. De hade med löfte förbundit sig att ge sin kropp för min kropp och sitt blod för mitt blod. Jag var ense med dem och knöt dem samman med mig med ett gemensamt band och i en enda gemenskap. Men nu klagar jag över dessa riddare som skulle vara mina men som nu vänt sig bort. Jag är ju deras skapare och återlösare, jag är också deras hjälpare. Jag har skapat deras kropp och lemmar. Allt som finns i världen gjorde jag till deras nytta. Jag återlöste dem med mitt blod. Med mitt lidande köpte jag ett evigt arv åt dem. I alla faror försvarar jag dem. Jag ger dem kraft att handla och att anstränga sig. Men nu har de vänt sig bort från mig. Mitt lidande betyder ingenting för dem, de försummar mina ord som borde vara deras själars glädje och näring. De föraktar mig och väljer att med sin själ och all sin hängivenhet utge sin kropp och såra den för att få människors lov, att utgjuta sitt blod för att tillfredsställa sina begär och att villigt dö för världsliga, djävulska och fåfängliga ords skull. Men fast de har vänt sig bort ifrån mig är min barmhärtighet och rättfärdighet ännu hos dem, ty med min barmhärtighet vakar jag över dem så att de inte överlämnas åt djävulen och med min rättfärdighet uthärdar jag dem med tålamod, och jag skall med glädje ta emot dem och med fröjd skynda dem till mötes, om de ännu skulle vilja återvända.

Säg alltså till den som skulle vilja omvända sitt ridderskap till mig, att denne med hjälp av följande ordning återigen skulle kunna behaga mig! Var och en som vill bli riddare bör alltså med sin häst och sin rustning bege sig till kyrkogården. Där bör han lämna hästen, ty den är inte skapad till människors högfärd utan till att vara till nytta i livet, och till vårt försvar och till att tjäna oss i kampen mot Guds fiender. Så bör han ta på sig manteln och dess band bör han lägga över sin panna. På samma sätt som en diakon tar på sig stolan som ett tecken på lydnad och gudaktigt tålamod, så bör den som vill bli riddare ta på sig en mantel och lägga bandet över pannan, till ett tecken på löfte om ridderskap och på den lydnad han påtar sig vid försvaret av Kristi kors. Framför honom bör föras den världsliga maktens baner, för att han skall veta att han bör lyda den världsliga makten i allt som inte är emot Gud. När han trätt in på kyrkogården må klerker gå honom till mötes med kyrkans baner. På det skall vara en bild av Kristi lidande och hans sår, till ett tecken på att han skall försvara Guds kyrka och rätta sig efter dess prelater. Men då han träder in i kyrkan skall den världsliga maktens baner lämnas utanför och Guds baner bäras framför honom in i kyrkan, till ett tecken på att den gudomliga makten går före den världsliga och att han mera bör vårda sig om andliga än om världsliga ting.

Sedan mässan lästs fram till ›O Guds lamm‹ skall en förman – kungen eller någon annan – träda fram till riddaren vid altaret och säga: ›Vill du bli riddare?‹ Sedan denne svarat ›Jag vill‹, tillfogar han: ›Lova Gud och mig att försvara den heliga kyrkans tro och att lyda hennes prelater i allt som hör Gud till!‹ Sedan han svarat ›Jag vill‹, skall han sätta ett svärd i hans händer och säga: ›Jag överlämnar ett svärd åt dina händer, för att du inte skall skona ditt liv för Guds kyrka, för att du skall undertrycka Guds fiender och för att du skall försvara Guds vänner.‹ Därefter skall han överlämna en sköld och säga: ›Se, jag ger dig en sköld, för att du skall försvara dig mot Guds ovänner, för att du skall hjälpa änkor och faderlösa och för att du i allt skall föröka Guds ära.‹ Därefter skall han lägga sin hand på hans nacke och säga: ›Se, du har nu lagts under kyrkans lydnad och makt. Se då till, att du i gärning uppfyller vad du genom löfte har förpliktat dig till!‹ Sedan skall han iföra honom manteln och bandet, så att han dagligen kommer ihåg vad han har lovat Gud och att han inför kyrkan mer än andra har förbundit sig att försvara Guds kyrka.

Sedan allt detta skett och prästen som celebrerar mässan sagt ›O Guds lamm‹, må han överräcka åt honom min kropp för att han måtte försvara den heliga kyrkans tro. Jag skall så vara i honom och han i mig. Jag skall skänka honom hjälp och styrka och upptända honom med min kärleks låga, så att han inte vill något annat än mig, inte fruktar något utom mig, sin Gud.«

Kapitel 15
Kristus i världens öken

»Du är förvånad över att jag talar sådant och visar dig sådana ting. Du tror väl inte att det är bara för din egen skull? Så är det verkligen inte, utan det sker för att andra skall uppbyggas och bli frälsta. Ty världen var liksom ett slags öken där det bara fanns en enda väg, och den ledde till en väldig avgrund. Men i den avgrunden fanns två platser. Den ena var så djup att den under sig inte hade någon botten. De som steg ner till den, steg aldrig upp igen. Den andra var inte så djup som den första, inte heller så fruktansvärd, utan de som steg ner i den hoppades på hjälp, de längtade och väntade men de våndades inte, de erfor mörker men inte något straff. De som vistades på denna andra plats ropade dagligen till den goda stad som låg i närheten och som var full av allt gott och härligt. De ropade högljutt, ty de kände till den väg de skulle gå för att komma till staden. Men öknen och skogen var så oländig och trång att de på grund av tätheten inte kunde gå igenom den, eller ens börja vandringen, och inte heller hade de kraft att bygga någon väg. Men vad ropade de då? Så ropade de: ›O Gud, kom och ge oss hjälp, visa vägen och lys för oss som väntar på dig! Hos ingen annan än dig finns någon räddning för oss.‹ Detta rop steg upp till himmelen och nådde mina öron, det bevekte mig till barmhärtighet. Blidkad av ett sådant rop gick jag ut i öknen som en pilgrim.

Men innan jag började vandringen och mödan, ljöd en röst framför mig som sade: ›Yxan är redan riktad mot trädet.‹ Vilken var denna röst, om inte Johannes Döparen, som före mig sändes ut till öknen och ropade: ›Yxan är redan riktad mot trädet.‹ Därmed ville han säga: ›Må människan nu vara beredd, ty yxan är nu beredd och den man är nu kommen som, bildligt talat, skall bygga en väg till staden och undanröja alla hinder.‹ Men då jag kom arbetade jag från solens uppgång till dess nedgång, dvs. ända från mitt människoblivande och ända till döden på korset arbetade jag på människans frälsning. Ända från den stund då jag inträdde i denna ödemark måste jag fly på grund av mina fiender, dvs. för Herodes som förföljde mig, och jag blev frestad av djävulen och fick utstå förföljelser från människor. Därefter fick jag utstå många mödor, jag åt och drack och fullgjorde utan synd andra naturens nödvändigheter, för att undervisa om tron och visa att jag verkligen antagit mänsklig natur. Då jag därefter beredde en väg till staden, dvs. den himmelska, och skaffade undan hindren som stod i vägen, blev jag stungen i min sida av vassa törnen och taggar och vassa spikar sårade mina händer och fötter. [...]

Så brann jag med en så stor kärlek till själarna att när jag såg och erfor alla de bittra plågorna, så brann jag ännu mera efter att få lida för själarnas frälsning, ju mera människan var ivrig att döda mig. Så gick jag alltså under mödor och umbäranden min väg fram i denna världens öken och beredde därigenom vägen genom mitt blod och min svett. Ty denna världen kan verkligen kallas en öken, eftersom all dygd hade försvunnit från den och en lasternas öken var vad som var kvar. I den fanns bara en enda väg, på vilken alla steg ner mot dödsriket: de fördömda till fördömelsen, men de goda till ett mörker. Då jag full av barmhärtighet hörde deras långvariga längtan efter den frälsning som skulle komma, kom jag som en pilgrim till mödorna, och liksom en vilkens makt och gudom man var okunnig om beredde jag en väg som ledde till himmelen. Då mina vänner såg denna väg och betänkte alla mina svårigheter och mödor och min andes villighet, följde de mig under en tid och med glädje.

Men nu har den röst förändrats, den som ropade: ›Var beredd!‹ Min väg har också förändrats och återigen har tistlar och törnen vuxit upp och man har slutat att träda in på den vägen. Men helvetets väg är öppen och bred och många går på den. För att min väg dock inte skulle bli alldeles bortglömd och obrukad, går några få vänner av längtan efter det himmelska fäderneslandet fortfarande fram på den, liksom fåglar som flyger från buske till buske, och de tjänar mig liksom i det fördolda och under fruktan, ty lyckan och glädjen tycks för alla vara att gå fram på världens väg.

Eftersom alltså min väg har blivit så smal och världens väg så bred, ropar jag nu i öknen, dvs. i världen, till mina vänner att de måtte rycka upp törnena och tistlarna på den väg som leder till himmelen och göra min väg känd för dem som vill träda in på den. Ty som det är skrivet: ›Saliga de som inte har sett mig och tror.‹ På samma sätt är de saliga som nu tror mina ord och omsätter dem i handling. Jag är nämligen som en moder som går en felande son till mötes. Hon räcker honom ett ljus på vägen, så att han ser var han skall gå. Av kärlek går hon honom till mötes på vägen, hon förkortar den och då han närmar sig omfamnar hon honom och gläder sig.

På det sättet vill jag med kärlek gå alla mina vänner till mötes som vänder tillbaka till mig. Jag skall upplysa deras hjärta och själ så att de får gudomlig vishet. Jag vill omsluta dem med all ära och leda dem in i den himmelska hovsalen. Den har ingen himmel ovanför sig och ingen jord under sig, ty där finns inget utom skådandet av Gud. Där finns inte mat och dryck, utan bara gudomlig glädje. För de onda skall vägen öppnas till helvetet. Ingen som träder in där kommer någonsin att stiga upp igen. De skall vara utan härligheten och glädjen och uppfyllas av olycka och evig skam. Därför talar jag dessa ord och visar så min kärlek, för att de skall vända tillbaka till mig som de vänt sig bort ifrån och komma ihåg mig, deras skapare, som de hade glömt bort.«

Kapitel 22
Två slags vishet

Maria talade: »Det är skrivet att ›den som vill vara vis, må lära sig vishet av den vise‹. Därför vill jag genom ett exempel säga dig att det fanns en som ville lära sig vishet. Han såg två mästare stå framför sig och han sade till dem: ›Mycket gärna skulle jag vilja lära mig vad visheten är, om jag visste vart hon skulle föra mig, vilken nytta jag skulle ha av henne och vilket som är hennes mål.‹ Den ena av mästarna svarade: ›Om du vill följa efter min vishet, kommer hon att föra dig till ett mycket högt berg, men under vägen kommer det att vara hårda stenar under dina fötter och uppstigandet kommer att vara besvärligt och brant. Om du vill anstränga dig med denna vishet, skall det yttre vara mörkt men det inre ljust. Om du håller fast vid henne, skall du få vad du vill. Hon kretsar runt omkring dig som en cirkel och drar dig närmare och närmare till sig, hon blir allt ljuvligare och ljuvligare, intill dess att du – när tiden är inne – genomströmmas av glädje från alla håll.‹

Den andre mästaren sade: ›Om du följer min vishet, skall hon föra dig in i en blomstrande dal som är rik på alla jordens frukter. Mjukt är det under dina fötter på vägen och det är inte särskilt mödosamt att stiga ner i den. Om du stannar kvar i denna vishet skall du få det som utvärtes är lysande, men som kommer att fly undan från dig då du vill njuta av det. Du skall få det som inte har någon varaktighet och som snart tar slut. Och då boken har blivit läst, skall både boken och det du läst upplösas och du skall lämnas kvar tom.‹

När han hade hört detta tänkte han för sig själv: ›Jag hör två egendomliga ting: om jag stiger upp på berget, kommer mina fötter att bli trötta och ryggen att bli nertyngd. Om jag vinner något som till det yttre är mörkt, vad har jag för nytta av det? Om jag anstränger mig med sådant som inte skall ha någon ände, när skall jag då få någon tröst? Den andre mästaren lovade något som till det yttre är lysande men som inte skall bestå, en vishet som skall ta slut med läsningen. Vilken nytta har jag alltså av dem, om de inte har någon beständighet?‹ Och då han tänkte så i sitt sinne, var där plötsligt ytterligare en man mellan de två mästarna och han sade: ›Även om berget är högt och svårt att bestiga, så finns det dock ovanför berget en ljus sky som kommer att ge dig svalka. Men även om det som utlovas till det yttre är mörkt, så kan det brytas itu och så kommer du att få det guld som finns dolt där inne och som du till din glädje skall äga för evigt.‹

Dessa två mästare betecknar två slags vishet, den andliga och den köttsliga. Den andliga handlar om att lämna den egna viljan åt Gud och med all åstundan och all gärning sucka efter det himmelska. Ingenting annat kan nämligen i sanning kallas för vishet än en gärning som överensstämmer med orden. Denna vishet för till det saliga livet. Men denna vishet är stenig under vägen och brant under uppstigandet, ty det tycks vara en hård och stenig väg att motstå sina böjelser, och det är en brant väg att trampa invanda njutningar under fötterna och att inte längre älska den ära som världen ger. Men fast det är svårt skall dock var och en som betänker att tiden är kort och att världen skall ha ett slut och som envist håller fast vid Gud ovanför detta berg få se en sky, nämligen den Helige Andes tröst. Hans tröst skall den människa vara värdig som inte söker någon annan tröstare än Gud. Ty hur skulle alla utvalda ha velat påbörja något så svårt och bittert, om inte Guds Ande hade samarbetat med människans goda vilja liksom med ett gott verktyg? Den goda viljan ledde denne Ande till dem, den gudomliga kärlek de hade till Gud inbjöd honom, ty de arbetade med vilja och längtan, ända tills de blev starka i sin gärning. Sedan de vunnit Andens tröst fick de också strax den gudomliga glädjens och kärlekens guld, varigenom de inte bara kunde tåla många motgångar utan också gladdes över att, med tanke på lönen, kunna tåla dem. Denna glädje ter sig mörk för dem som älskar världen, ty de älskar mörkret, men för dem som älskar Gud är den ljusare än solen och mera glänsande än guldet, ty de bryter sönder lasternas mörker och stiger upp på tålamodets berg, i det att de betraktar tröstens sky som inte har något slut utan har sin början i den innevarande tiden och kretsar liksom i cirklar intill dess att den når fram till fullkomningen. Världens vishet däremot leder till detta eländes dal, som kan tyckas blomstrande på grund av sitt överflöd av ting, skön i den ära den skänker och behaglig i sin vällust. Men denna vishet har ett snart slut och har ingen annan nytta med sig än den man kan se och höra.

Min dotter, sök alltså visheten hos den vise, dvs. hos min son. Han är nämligen den vishet från vilken all vishet kommer. Han är den cirkel som aldrig har något slut. Jag ropar till dig som en moder till sin son: älska den vishet som invärtes är som guld, utvärtes föraktlig och invärtes brinnande av kärleken, utvärtes mödosam och fruktbärande i gärning! Och om du förvirras av dess tyngd skall Guds Ande vara din tröstare. Gå framåt och ansträng dig likt en människa som fortsätter ända tills hon vant sig vid mödan! Ta inte ett steg bakåt, förrän du har nått fram till bergets topp! Ingenting är nämligen så svårt att det inte blir lätt genom att man tryggt och förnuftigt fortsätter. Ingenting är vid början av ett företag så hedervärt att det inte fördunklas genom ett ofullkomligt genomförande.

Träd alltså fram till den andliga visheten! Hon skall föra dig till kroppsliga mödor, till världsförakt, till en bedrövelse som är kort och en tröst som är lång. Världens vishet däremot är bedräglig och nålvass. Hon leder dig till en hop världsliga ting och till en tillfällig ära men vid slutet till den största olycka, om man inte ser sig noggrant för och aktar sig.«

Ur
Uppenbarelsernas tredje bok

Kapitel 3

En biskops plikter

Guds Moder talade: »Jag vill undervisa biskopen om, vad det åligger honom att göra för Gud och vad som menas med Guds ära. Varje biskop bör nämligen ha mitran väl skyddad mellan sina armar, inte sälja den för pengar, inte skänka den till andra för mänsklig vänskaps skull, inte förlora den på grund av försumlighet eller ljumhet. Ty vad betecknar väl den biskopliga mitran annat än den biskopliga fullmakten eller värdigheten, nämligen att ordinera klerker, välsigna krisma, tillrättavisa dem som gått vilse och med sitt föredöme uppmuntra de försumliga? Att han bör ha mitran väl skyddad mellan sina armar betyder att han ständigt bör tänka på hur och på vilket sätt han har mottagit den biskopliga fullmakten, hur han har förvaltat den, vilken som är dess frukt och vilket som är dess ändamål.

Om biskopen vill tänka på hur han mottog fullmakten, må han först tänka efter om han önskade biskopsämbetet för sin egen skull eller för Guds. Om han önskade det för sin egen skull, då var utan tvekan hans önskan köttslig, om det var för Guds skull, det vill säga för att Gud skulle äras, då var hans önskan förtjänstfull och andlig. Om biskopen vidare vill betänka för vilket ändamåls skull han mottog biskopsämbetet, var det helt visst för att han skulle vara en fader för de fattiga och en tröstare och en medlare för själarna, ty de goda ting som tillhör biskopsämbetet tillhör i själva verket själarna. Om de förbrukas utan att bära någon frukt och förskingras på ett slösaktigt sätt, skall dessa själar ropa på hämnd över den orättfärdige förvaltaren.

Hurudan den biskopliga värdighetens frukt bör vara skall jag säga dig. Den bör, som Paulus säger, vara dubbel, nämligen kroppslig och andlig: kroppslig, ty på jorden är han Guds ställföreträdare och därför bör han av människorna, för Guds skull, äras som Gud. I himmelen skall den frukten, för den äras skull som tillkommer kroppen och själen, vara både kroppslig och andlig, ty där skall tjänaren vara tillsammans med Herren, såväl för den biskopliga livsförings skull som han fört på jorden som för den föredömliga ödmjukhets skull varmed han har lockat andra med sig till härligheten. Men var och en som har en biskoplig dräkt och värdighet men försummar det liv som hör samman med dem, han är värd en dubbel smälek. Att den biskopliga fullmakten inte bör vara till salu betyder att en biskop inte med vett och vilja bör vara en simonist, inte heller bör utöva sin tjänst för pengars skull eller för att vara människor till behag, inte heller efter människors påtryckningar bör hjälpa fram sådana som han vet har en dålig livsföring. Att han inte bör skänka mitran åt andra för mänsklig vänskaps skull betyder att biskopen inte bör överse med de försumligas synder, inte lämna dem obestraffade som han kan och bör tillrättavisa, inte förtiga vänners synder för en köttslig vänskaps skull, inte heller lägga underordnades synder på sin egen rygg, ty en biskop är en Guds väktare. Att biskopen inte bör förlora mitran genom sin försumlighet, betyder att biskopen inte bör överlåta åt andra att göra det som det åligger honom att personligen och med större frukt själv göra, inte heller på grund av kroppslig lättja överlämna åt andra sådant som han själv bättre skulle kunna utföra, ty en biskops ämbete är inte vilsamt utan mödosamt. Inte heller bör biskopen vara okunnig om livsföringen och sederna hos dem som han givit ämbeten åt, utan ta reda på och efterforska hur de tjänar rättfärdigheten och om de klokt och oegennyttigt sköter sina uppdrag.

Dessutom vill jag att du skall veta, att eftersom en biskop har en herdes uppdrag bör han i sin famn hålla en bukett blommor, av vilkas doft de får som är nära och de som är långt borta lockas att med glädje springa efter. Denna blombukett betecknar den förkunnelse av det gudomliga som åvilar biskopen. De två armar som håller fast den gudomliga förkunnelsens blombukett är de två för en biskop nödvändiga gärningarna, nämligen de goda gärningar han offentligen gör och de han gör i det fördolda, för att de får som är nära honom i hans biskopsdöme och som ser den kärlek som finns i biskopens gärningar och som hör den kärlek som ljuder i hans ord skall förhärliga Gud i biskopen. Då de får som befinner sig fjärran hör om biskopens goda rykte grips de av lust att följa honom, ty detta är den ljuvliga blombuketten: att inte blygas för Guds sanning och ödmjukhet, att undervisa om det goda och att handla som man lär, att vara ödmjuk i äran och from i försmädelsen.

Då biskopen har fullbordat denna livsväg och nått fram till porten, är det nödvändigt att han har någonting i handen att räcka fram till den högste Konungen. Därför må han i sin hand ha ett kärl som är dyrbart för honom men som är tomt. Det bör han räcka fram till den högste Konungen. Detta tomma kärl som han skall räcka fram är hans hjärta. För att det skall vara tomt på all vällust och på all åstundan efter förgänglig berömmelse måste han anstränga sig både dag och natt. Då en sådan biskop skall föras in i härlighetens rike skall Jesus Kristus, sann Gud och människa, gå honom till mötes tillsammans med helgonens hela härskara. Då skall han höra änglarna säga: ›O vår Gud, vår glädje och allt gott! Denne biskop var ren i sitt kött, manlig i sin gärning. Det är alltså tillbörligt att vi för honom fram inför dig. Dagligen längtade han efter vår gemenskap. Uppfyll nu hans längtan och öka genom hans ankomst vår glädje.‹ Då skall också de andra heliga säga: ›O Gud, vår glädje kommer från dig och är i dig, och någon annan behöver vi inte. Ändå förökas vår glädje av den glädje som finns i denne biskops själ, han som längtade efter dig medan han kunde det. I sin mun bar han ju de allra ljuvaste blommor med vilka han förökade vårt antal. I sin handling bar han dem och med dem gav han näring åt dem som var nära och dem som var långt borta. Ge honom därför glädje tillsammans med oss och gläd dig på samma sätt också du över honom, som du längtade så mycket efter att du dog för honom.‹ Till sist skall härlighetens Konung säga till honom: ›O min vän, du har kommit för att överräcka till mig ditt hjärtas kärl, tomt på dig själv och på din egen vilja. Därför vill jag nu uppfylla dig med min glädje och min ära. Min glädje skall vara din och din ära skall jag aldrig någonsin ta ifrån dig.‹«

Kapitel 5
Styrmännen

[Kyrkofadern Ambrosius talar till Bruden och säger:] »Det är skrivet att Guds vänner en gång i tiden ropade till Gud och bad honom låta himlen rämna och stiga ner för att befria sitt folk Israel. På samma sätt ropar i dessa tider Guds vänner och säger: ›O allra nådigaste Gud, vi ser att oräkneliga människor förgås i farliga stormar, ty styrmännen är snikna och vill alltid styra mot de länder där de tror att de själva kan skaffa sig större förtjänster. De skeppar sig själva och folket dit, där vågorna är allra våldsammast i sina kast, och eftersom folket inte vet var den säkra hamnen finns, förgås en mängd människor på det ömkligaste sätt och få kommer fram till den goda hamnen. Därför ber vi dig, du all härlighets Konung, att du ville upplysa hamnen så att folket kan undvika farorna, undslippa de onda styrmännen och genom ditt välsignade ljus nå fram till den rätta hamnen.‹

Med dessa styrmän menar jag alla dem som här i världen har världslig eller andlig makt. Många bland dem älskar bara den egna viljan och bryr sig inte om att vara till nytta för de själar som är deras underordnade. Av fri vilja ger de sig in i världens vildaste stormar, jag menar: högmodet, girigheten och orenheten. Folket apar efter deras eländiga gärningar, i tron att de därmed håller sig till den rätta vägen. Men genom att följa vad deras vilja än eftertraktar, dödar de sig själva tillsammans med sina underlydande.

Med hamnen menar jag porten in till sanningen, den som inför många nu ligger så i mörker att om någon skulle tala om Kristi allraheligaste evangelium som vägen till det himmelska fäderneslandets port, så skulle de säga att han ljuger och hellre följa deras gärningar som vräker sig i synder än tro deras ord som förkunnar evangeliets sanning.

Med ljuset som Guds vänner ber om menar jag att en gudomlig uppenbarelse måtte ske i världen, så att Guds kärlek förnyas i människornas hjärtan och hans rättfärdighet inte glöms eller föraktas. Och för hans barmhärtighets och för hans vänners böners skull behagade det Gud att i den Helige Ande kalla dig till att andligen se, höra och förstå, för att du efter Guds vilja skall uppenbara för andra det som du hör i anden.«

Kapitel 8
Nöten

Modern talar: »Jag är den som av evighet fanns i Guds kärlek och alltifrån min barndom var den Helige Ande fullkomligt med mig. Och som du kan lära dig av nöten så utvidgar sig det yttre skalet, då den nöt som är där inuti växer. Nöten är alltså alltid full och inget tomrum finns i den som skulle kunna fyllas av något utifrån. På samma sätt var jag alltifrån min barndom full av den Helige Ande och allt eftersom jag växte till kroppen och åldern, uppfyllde mig den Helige Ande så fullt och helt att det inte fanns något tomrum i mig dit synden kunde komma in. Jag är alltså den som aldrig någonsin har begått någon förlåtlig eller dödlig synd. Jag var så brinnande av Guds kärlek att ingenting behagade mig annat än att fullkomligt lyda Guds vilja, ty den gudomliga kärlekens eld brann i mitt hjärta.

Vare Gud välsignad över allting, han som skapade mig genom sin makt och uppfyllde mig med den Helige Andes kraft, i det att han hade en brinnande kärlek till mig. För denna glödande kärleks skull sände han sin budbärare till mig som lät mig förstå vad som var hans vilja, nämligen att jag skulle bli Guds moder. Och då jag hade lärt känna vad som var den gudomliga viljan uttalade jag, på grund av den brinnande kärlek som jag i mitt hjärta hade till Gud, genast lydnadens ord. Jag svarade alltså budbäraren så: ›Må det ske med mig som du har sagt‹, sade jag. Och i samma ögonblick blev Ordet kött i mig och blev Guds son min son och så hade vi tillsammans en enda son, en som är bådadera, Gud och människa, liksom jag är både moder och jungfru. Då denne min son som är den visaste människa och sann Gud, Jesus Kristus, vilade i mitt moderliv lärde jag mig en så stor visdom av honom att jag inte bara kan förstå magistrarnas visdomsord utan även se deras hjärtan och avgöra, om deras ord kommer av gudomlig kärlek eller bara av boklig lärdom.«

Kapitel 20
Den helige Benedictus

Modern talar: »Dotter, det är skrivet att den som fick fem talenter tjänade ytterligare fem. Men vad menas med talent annat än en den Helige Andes gåva? Ty några får kunskap, andra rikedomar, andra närhet till de rika, och dock bör alla bära fram en dubbel vinst till Herren: av kunskapen, genom att leva så att man blir till nytta och till undervisning för sig själv och andra, av rikedomar och andra gåvor, så att man använder dem på ett förnuftigt sätt och bistår andra med barmhärtighet.

Så mångdubblade den gode abboten Benedictus den nådens gåva som han hade mottagit, då han föraktade allt som var förgängligt, då han tvingade sin kropp till att tjäna anden, då han inte satte något före den gudomliga kärleken. Vidare, eftersom han fruktade att hans öron skulle befläckas av fåfängliga ord och ögonen genom anblicken av åtråvärda ting, flydde han ut till ödemarken. Så efterliknade han honom som, innan han ännu var född, med jubel hälsade den barmhärtige Återlösarens ankomst. Denne Benedictus hade säkert vunnit himmelen, även om han inte hade gått ut i ödemarken, eftersom världen var död för honom och hans hjärta var helt uppfyllt av Gud. Men det behagade Gud att kalla Benedictus upp på berget för att han skulle bli känd för många och många genom hans exempel skulle lockas till fullkomlighetens livsväg. Denne salige mans kropp var som en säck som inneslöt den Helige Andes eld och som stängde ute den djävulska elden från hans hjärta. Liksom nämligen jordisk eld flammar upp av två ting, av vind och av en människas andedräkt, så träder den Helige Ande in i en människas själ genom personlig ingivelse eller genom att en mänsklig handling eller ett gudomligt ord lockar sinnet till Gud. På samma sätt besöker den djävulska anden de sina, men skillnaden är mycket stor, ty den Helige Ande värmer själen till att söka Gud, men han tillintetgör den inte. Han upplyser genom sin renhet och tukt, men han förmörkar inte sinnet med ondska. Den onde anden däremot upptänder sinnet till köttsliga ting och bereder det en outhärdlig bitterhet. Han förmörkar också själen, så att den inte blir varse sig själv och trycker ner den till det jordiska som inte kan skänka den någon tröst.

För att alltså den goda eld som var i Benedictus skulle upptända många, kallade Gud Benedictus till berget. Han kallade många gnistor till sig och av dem gjorde han genom Guds Ande ett stort bål och för dem sammanställde han genom Guds Andes ingivelse en regel, genom vilken många blev gjorda fullkomliga, liksom Benedictus själv. Nu däremot ligger många stickor utkastade från den helige Benedictus' bål. De ligger kringspridda överallt och de är kalla i stället för varma, svarta i stället för lysande. Om de däremot låg tillsammans i elden, skulle de ge ifrån sig ljus och värme.«

Kapitel 23

Den nya födelsen

[Bruden ber:] »O min ljuvaste Gud, jag ber dig för syndarna, till vilkas gemenskap också jag hör, att du ville förbarma dig över dem.« Gud Fadern svarade: »Jag lyssnar och jag känner din vilja. Därför skall din kärleks bön bli uppfylld. Som Johannes i dag säger i sitt brev, eller snarare jag genom Johannes: ›Det är tre som vittnar på jorden: Anden, vattnet och blodet, och tre i himmelen: Fadern och Sonen och den Helige Ande.‹ Det är alltså tre som ger dig vittnesbörd. Ty Anden, som vakade över dig i din moders liv, vittnar för din ande att du tillhör Gud genom dopets tro, den som dina föräldrar på dina vägnar bekände. Just detta dopets vatten vittnar för dig om att du är Kristi mänskliga naturs dotter genom den nya födelse som gottgjorde den första överträdelsen. Även Jesu Kristi blod, genom vilket du har blivit återlöst, vittnar för dig om att du är den gudomliga naturens dotter och genom kyrkans sakrament skild från djävulens makt. Och vi, Fadern och Sonen och den Helige Ande, som är tre till personerna men ett till väsen och makt, vittnar för dig om att du är vår genom tron, på samma sätt som alla som efterföljer den heliga kyrkans rätta tro.

Och till ett vittnesbörd om att du vill göra vår vilja, så träd fram och mottag ur prästens hand Kristi mänskliga kropp och blod, så att Sonen får vittna för dig om att du är hans, vilkens kropp du mottar till själens styrka. Så vittnar Fadern, som är i

Sonen, för dig om att du tillhör Fadern och Sonen. Så vittnar den Helige Ande, som är i Sonen och i Fadern och som är bådas Ande, för dig om att du genom den sanna tron och kärleken tillhör dessa som är tre och likväl en enda.«

Kapitel 29
Maria – Salomos tempel

[Bruden talar:] »Välsignad vare du, Maria, Guds Moder, du Salomos tempel, vars väggar var förgyllda, vars tak skinande, vars golv var täckt med de dyrbaraste stenar, vars hela uppbyggnad var strålande, vars inre i allt var väldoftande och skönt att skåda. Därför liknar du på allt sätt Salomos tempel, i vilket den sanne Salomo vandrade omkring och där han satt, i vilket han förde in härlighetens ark och ljusstaken till att lysa.

Du, välsignade Jungfru, är alltså templet för denne Salomo som slöt fred mellan Gud och människa, som försonade de skyldiga med sig, som gav livet för de döda och befriade de fattiga från fogden. Din kropp och själ blev ju gjorda till gudomens tempel, där taket var den gudomliga kärleken, under vilket Guds Son, som utgått från Fadern till dig, med glädje bodde tillsammans med dig. Golvet i det templet var din goda livsföring och din ständiga utövning av dygderna. Ingenting fattades i din värdighet, ty allt hos dig var fast, allt var ödmjukt, allt var gudfruktigt och allt var fullkomligt. Väggarna i templet var av kvaderstenar, ty du stördes inte av någon skymf och högmodades inte av någon ärebetygelse, du oroades inte av någon otålighet och gladdes endast över Guds ära och hans kärlek. Bilderna i ditt tempel var den Helige Andes ständigt flammande låga. Därav upplyfts din själ så mycket att ingen dygd fanns som inte var större och fullkomligare hos dig än hos någon annan skapad varelse.

I detta tempel vandrade Gud omkring, när han i dina lemmar utgöt sin besökelses sötma. Där vilade han, när den gudomliga naturen förenade sig med den mänskliga. Välsignad vare alltså du, saliga Jungfru, i vilken den store Guden blev ett litet barn, Herren sedan uråldriga tider blev en oansenlig son, den evige Guden och den osynlige Skaparen blev en synlig skapelse.

Eftersom du alltså är denna allra barmhärtigaste och mäktigaste Härskarinna ber jag dig: se till mig och förbarma dig över mig. Du är sannerligen Salomos moder, inte hans som var Davids son, utan hans som var Davids fader och Salomos herre, han som byggde upp det förunderliga tempel som var din sanna förebild. Må Sonen bönhöra sin moder, hon som är en så väldig moder. Bed alltså att sonen Salomo, som liksom sov i dig, måtte vaka tillsammans med mig så att ingen syndig lockelse måtte stinga mig, utan ångern över begångna felsteg måtte vara orubbad, kärleken till världen måtte vara död i mig, tålamodet beständigt och boten bära sin frukt. Ty någon annan kraft till min hjälp har jag inte än det enda ordet: ›Förbarma dig, Maria‹, ty mitt tempel är i allt en motsats till ditt. Det är nämligen mörkt av laster, gyttjigt av orenhet, vanhelgat av lastfullhetens maskar, vacklande av högmod, fallfärdigt av världslig fåfänga.«

Modern svarade: »Välsignad vare Gud, som har ingivit denna hälsning i ditt hjärta, så att du skulle förstå vilken stor godhet och vilken väldig ljuvlighet som finns i Gud. Men varför jämför du mig med Salomo och med Salomos tempel? Jag är ju hans moder vilkens födelse inte har någon början eller något slut, hans om vilken vi läser att han varken har fader eller moder, jag menar: Melkisedek. Om honom är det ju skrivet att han var präst, och till präster hör ju ett Guds tempel. Jag är alltså översteprästens moder och jungfru. Sannerligen säger jag dig att jag är bådadera: kung Salomos moder och den fredsstiftande prästens moder. Ty Guds Son, som är min son, är både präst och Konungarnas konung.

I mitt tempel klädde han sig andligen i de prästerliga kläder i vilka han frambar offret för världen. I den kungliga staden blev han krönt med den kungliga, men förvisso också obekväma kronan. Där utanför behärskade han som den starkaste kämpe stridsfältet och striden. Nu måste jag däremot klaga över att denne min son är bortglömd och föraktad av präster och kungar. Kungarna berömmer sig över sina palats, av sin krigsmakt och av världslig framgång och ära. Prästerna högmodas över de goda ting och jordiska egendomar som dock tillhör själarna. Ty liksom du sagt att templet var prytt med guld, så är prästernas tempel prydda med världens fåfänglighet och lockelser. Simonin härskar nämligen hos deras överhuvud, förbundsarken är flyttad, dygdernas ljus släckta, fromhetens bord övergivet.«

Bruden svarade: »O Barmhärtighetens moder, förbarma dig över dem och bed för dem.« Modern svarade henne: »Alltifrån begynnelsen älskade Gud de sina så att han inte bara lyssnade till deras böner för sig själva, utan också så att andra blev bönhörda för deras böner skull. Men för att böner för andra skall bli hörda är två ting av nöden, nämligen att man överger synden och att man har viljan att göra framsteg i det goda. För dem som har dessa två ting är mina böner till nytta.«

Ur
Uppenbarelsernas fjärde bok

Kapitel 4

Den gode och den onde andens råd

Gud säger till bruden: »Två andar viskar till människan och lägger sina tankar och ingivelser i deras hjärtan: den gode anden och den onde. Den gode anden råder människan att tänka på de kommande himmelska tingen och att inte älska de timliga. Den onde anden råder henne att älska det hon ser, polerar upp synderna, påminner henne om hennes svagheter och ställer fram de svaga som hennes förebilder. Jag skall ge dig ett exempel på, hur båda andarna upptänder hjärtat hos den drottning som du väl känner.

Den gode anden talar till henne och lockar henne med sina tankar. ›Rikedomar‹, säger han, ›är en börda, världslig ära som luft och köttets förnöjelser som en dröm, glädjen förgänglig och allt världsligt fåfängligt, den kommande domen oundviklig och plågaren i sanning en hård herre. Det tycks mig därför vara onödigt att behöva avlägga tung räkenskap för förgängliga rikedomar, att utstå andlig vanära för det som är luft, uthärda en långvarig plåga för en snabbt övergående njutning och stå till svars inför honom som vet allt redan innan det har skett. Det är därför tryggare att göra sig av med mycket och ha mindre att avlägga räkenskap för än att inveckas i en mängd ting och behöva stå till svars för mycket.‹

Den onde anden svarade med motsatta råd: ›Lägg bort sådana tankar, ty Gud är mild och lätt att beveka. Var inte rädd för ägodelar och spendera frikostigt av det du äger. Ty du är ju född för att ha rikedomar. Rikedomar har ju givits åt dig för att du skall äras och kunna skänka åt den som ber. Om du gör dig av med rikedomarna blir du en slav åt dem som betjänar dig, får du mindre ära och mera förakt, ty en fattig människa går sin väg utan någon tröst och det blir svårt för dig att anpassa dig till nya vanor, att tämja ditt kött med främmande seder och leva utan uppvaktning. Var därför den människa du blivit, håll fast vid din kungliga ställning, förvalta ditt hus med ära, så att du inte – om du skulle förändra din ställning – framstår som ombytlig. Nej, stå fast i vad du påbörjat och du skall få ära av Gud och människor.‹

Återigen viskar den gode anden i själen på denna drottning och säger: ›Jag vet två ting som varar för evigt, nämligen himmelen och helvetet. Var och en som älskar Gud över allting skall inte komma till helvetet. Den däremot som inte älskar Gud skall inte komma till himmelen. På himlavägen gick Gud själv, han som blev människa och gjorde den fast genom sina under och sin död. Hur fulla av härlighet är inte de himmelska tingen, men hur bittra, djävulska, onda och tomma är inte de jordiska! Denne Gud efterliknade hans moder och alla heliga, de som var beredda att uthärda varje straff och göra sig av med allt, ja till och med att förakta sig själva, hellre än att förlora det himmelska och eviga. Därför är det tryggare att i tid avstå från ära och rikedomar än att hålla fast vid dem intill slutet. Då smärtan vid slutet av ditt liv tilltar, riskerar du annars att minnet av dina synder avtar och att sådana som inte alls bryr sig om min frälsning rövar bort det som jag har samlat [åt dig].‹

Den onda ingivelsen gav ett motsatt svar: ›Låt dessa tankar fara. Vi är svaga människor, men Kristus är Gud och människa. Låt oss inte jämföra våra gärningar med helgonens, som har fått en mycket större nåd och som står så mycket närmare Gud. Må det vara nog för oss att hoppas på himmelen och leva som det passar vår svaghet och gottgöra våra synder med allmosor och böner. Ty det är barnsligt och omoget att lägga sig till med vanor som man inte kan leva upp till.‹ […]

Eftersom alltså denna drottning ansätts av dessa tankar, vill jag ge henne tre förmaningar. Den första är att hon drar sig till minnes till vilken ära hon blivit utvald, den andra vilken kärlek

Gud har visat henne i hennes äktenskap, den tredje hur barmhärtigt hon blivit bevarad i detta dödliga liv. Vidare vill jag ge henne tre varningar. Den första är att hon kommer att få avge räkenskap för alla sina ägodelar, ja för varje öre, hur hon förvärvat dem och hur hon spenderat dem, den andra att hennes tid verkligen är kort och att hon inget vet förrän hon faller, och den tredje att Gud inte är mera skonsam mot en drottning än mot en tjänsteflicka.

Därför ger jag henne tre råd: först att göra bot för vad hon brutit, att bära frukt genom att bättra det hon bekänt i bikten, att älska Gud av allt hjärta. För det andra råder jag henne att på ett förnuftigt sätt undfly skärseldens straff, ty liksom den som inte av allt hjärta älskar Gud är värd ett tungt straff, så är den som inte efter bästa förmåga bättrar de synder hon begått värd skärselden. För det tredje råder jag henne att för Guds skull under någon tid undvika de köttsliga vännerna och bege sig till den plats där himmel och död möts och man kan fly undan skärseldens straff. Där finns nämligen de avlater som lyfter upp och räddar själarna, de som heliga påvar har beviljat och helgonen har förvärvat genom sitt blod.«

Kapitel 12
Guds vänners prövning och tröst

Maria talar: »Guds vänner bör i världen än genomgå det som är en andlig prövning och än det som är en andlig tröst. Det är sannerligen en andlig tröst att den Helige Ande ingjuts i själen, att betrakta Guds väldiga gärningar, att förundras över hans tålamod och att se hur allt detta på ett förunderligt sätt fullbordas i gärning. Det är sannerligen en andlig prövning när orena och opassande tankar mot ens vilja förvirrar sinnet, när sinnet ängslas över att Gud vanäras och själar går förlorade, när själen för någon förnuftig saks skull tvingas att befatta sig med timliga bekymmer. Så kan också Guds vänner ibland hämta tröst ur timliga tröstekällor, exempelvis ur uppbyggliga ord, ur en oskyldig lek eller ur andra handlingar, i vilka inget finns som är nedbrytande eller oanständigt. Det kan du förstå av följande exempel.

Om en näve alltid hölls knuten, skulle senorna antingen dras samman eller handen förlamas. Så förhåller det sig också i det andliga livet. Om själen alltid ägnade sig åt kontemplationen, skulle hon antingen glömma sig själv och övermannas av högmodet, eller skulle hennes härlighets krona bli mindre. Därför tröstas Guds vänner ibland genom den Helige Andes ingjutande, ibland prövas de med Guds tillåtelse, ty genom prövningarna rycks synderna upp med rötterna och rotas rättfärdighetens frukt.

Gud, som ser hjärtana och förstår allt, mildrar helt visst sina vänners frestelser så att de leder till deras andliga framsteg, ty han gör och tillåter allt som händer, men på ett rättfärdigt sätt, med den rätta tyngden och det rätta måttet. Eftersom du alltså har kallats in i Guds Ande, så behöver du inte bekymra dig över Guds långmodighet, ty det är ju skrivet att ingen kommer till Gud om inte Fadern drar honom. Ty liksom en herde drar och lockar fåren in i fårstallet med en knippa blommor och sedan noga stänger till huset, men så att fåren ändå kan springa omkring men däremot inte komma ut, eftersom huset har fasta väggar, ett högt tak och stängda dörrar, och fåren så lär sig att äta hö, då de ju blivit tama och till och med äter hö ur herdens hand, så förhåller det sig också med dig: det som tidigare tycktes dig omöjligt och outhärdligt att bära har nu blivit lätt, eftersom ingenting nu kan behaga dig såsom Gud.«

Kapitel 13

Om de tårar och allmosor som behagar Gud

Sonen talar: »Du undrar över varför jag inte lyssnar på honom som du ser fälla så många tårar och skänka så många saker till de fattiga för min äras skull. Jag svarar dig på den första frågan: Där två källor bryter fram händer det ofta att de flyter samman och att vattnet från den ena, som är oroligt och fullt av gyttja, förorenar och fördärvar vattnet från den rena källan. Men vem kan dricka ett gyttjigt vatten?

Så är det också med mångas tårar. Somligas tårar väller nämligen fram, ibland ur en förödmjukelse över naturens svaghet, ibland ur en världslig prövning, eller ur en fruktan för gehenna. Tårarna hos sådana är gyttjiga och illaluktande, eftersom de inte väller fram ur någon kärlek till Gud. De tårar däremot är mig ljuvliga som väller fram ur betraktandet av Guds välgärningar och ur betraktandet av de egna synderna och ur kärleken till Gud. Sådana tårar lyfter själen från det jordiska till himmelen och föder människan på nytt till det eviga livet. Ty det finns två slags födelser: den kroppsliga och den andliga. Den kroppsliga födelsen föder människan från orenhet till orenhet, den gråter över kroppsliga svagheter och den uthärdar med glädje mödorna i världen. En son född ur sådana tårar är inte en tårarnas son, ty genom sådana tårar vinner man inte det eviga livet. En tårarnas son föder den människa som gråter över själarnas undergång, som bemödar sig om att sonen inte skall förolämpa Gud. En sådan moder står närmare sin son än en som föder på ett kroppsligt sätt, ty genom det förra slaget av födelse vinner man det eviga livet.

På den andra frågan, alltså att han ger allmosor åt de fattiga, svarar jag dig: om du köper en mantel åt din son för pengar som tillhör din tjänare, tillhör manteln då inte rätteligen honom som ägde pengarna? Så är det naturligtvis. Detta gäller också i andligt avseende. Ty var och en som betungar sina underordnade och sina medmänniskor för att med deras pengar bistå de egna käras själar, ökar min vrede snarare än mildrar den, ty pengar som med orätt tagits från några blir till gagn för de människor som tidigare var deras rättmätiga ägare och inte för dem åt vilka de ges.

Men eftersom denne man har gjort gott mot dig bör du göra gott mot honom, andligen lika väl som kroppsligen: andligen genom att utgjuta böner för honom inför Gud, ty ingen kan fatta hur mycket de ödmjukas böner behagar Gud, något som jag skall visa dig med ett exempel. Om någon skulle bära fram en stor silvergåva till en kung, skulle de som står runtom säga: ›Detta är då en stor gåva.‹ Men om denne läste ett Fader vår för kungen skulle man skratta ut honom. Men hos Gud är det tvärtom, ty var och som bär fram ett enda Fader vår för en annans själ är välbehagligare för Gud än en som bär fram en stor mängd silver. Detta framgår hos den gode Gregorius, som med sin bön till och med lyfte upp den otrogne kejsaren till ett högre trappsteg.

För det andra bör du säga honom detta: ›Eftersom du har gjort gott mot mig ber jag Gud, han som vedergäller alla, att han måtte vedergälla dig efter sin nåd.‹ Säg honom även detta: ›Käre vän, en sak råder jag dig och en sak ber jag dig om. Jag råder dig att du måtte öppna ditt hjärtas ögon genom att betrakta världens ostadighet och fåfänglighet, och genom att betänka hur Guds kärlek har kallnat i ditt hjärta och hur tungt straffet och hur fruktansvärd den kommande domen är. Men locka Guds kärlek in i ditt hjärta genom att använda all din tid, din egendom och dina gärningar, din kärlek och din tanke till Guds ära, överlämna dina barn åt Guds bestämmelse och försyn och låt dig inte för deras skull mattas i din kärlek till Gud.

För det andra ber jag att du i dina böner bönfaller om att Gud, som förmår allt, skall ge dig tålamod och uppfylla ditt hjärta med sin välsignade kärlek.›«

Kapitel 18

De heligas exempel

»O, ljuva Maria«, sade bruden, »välsignad vare du med en evig välsignelse, ty du var jungfru innan du födde, jungfru sedan du fött, jungfru tillsammans med din brudgum, och du var otvivelaktigt jungfru även när din brudgum tvivlade. Vare du därför välsignad, ty du är moder och jungfru, du allena den av Gud mest älskade, du mer än alla änglar den renaste, du allena tillsammans med apostlarna den av tro fullaste, du allena den av hjärtats sorg allra bittraste, den mer än bekännarna av återhållsamhet allra klarast lysande, den mer än alla jungfrur i avhållsamhet och kyskhet allra mest framstående. Därför välsignar dig alla i himmelen och på jorden, ty genom dig har Gud, Skaparen, blivit människa, genom dig finner den rättfärdige nåd, syndaren förlåtelse, den döde livet, den landsflyktige sitt fädernesland.«

Jungfrun svarade: »Det är skrivet att när Petrus gav sitt vittnesbörd om min son, att han var Guds son, fick han svaret: ›Salig är du, Simon, ty kött och blod har inte uppenbarat detta för dig.‹ Och nu säger jag: denna hälsning har inte din köttsliga ande uppenbarat för dig, utan han som var från begynnelsen och som är utan ände. Var därför ödmjuk och jag skall vara barmhärtig mot dig. Johannes Döparen skall, som han lovat, vara ljuv mot dig, Petrus skall vara mild mot dig, men Paulus stark som en hjälte. Johannes Döparen skall säga till dig: ›Min dotter, sätt dig i mitt knä.‹ Men Petrus skall säga: ›Min dotter, öppna din mun och jag skall ge dig ljuvlig mat att äta.‹ Och

Paulus skall kläda dig och beväpna dig med kärlekens vapen. Och jag, som är modern, skall föreställa dig för min son.

Sannerligen, min dotter, allt detta kan du även fatta på ett andligt sätt. Ty med Johannes, som betyder Guds nåd, betecknas den sanna lydnaden. Han var ju, och han är, ljuv: ljuv för sina föräldrar på grund av sin märkliga predikan, ljuv för Gud på grund av sitt heliga liv och sin lydnad. Han lydde i sin ungdom, han lydde i medgång och motgång, han lydde och bevarade sin ödmjukhet även när han hade kunnat skörda ära, han lydde även i döden. Lydnaden säger alltså: ›Sätt dig i mitt knä.‹ Det innebär: stig ner till ödmjukheten och du skall få det högsta, överge det bittra och du skall få det ljuvliga, lämna egenviljan om du vill vara som ett barn, förakta det jordiska och du skall bli himmelsk, förakta det jordiska överflödet och du skall ha ett andligt överflöd.

Med Petrus betecknas den heliga tron, den heliga kyrkans tro. Ty liksom Petrus förblev orubblig ända till slutet, så kommer också den heliga kyrkans tro att utan ände vara orubblig. Petrus, dvs. den heliga tron, säger alltså: ›Öppna din mun, och du skall få den bästa mat.‹ Det betyder: Öppna din andes förstånd och du skall i den heliga kyrkan finna den ljuvligaste mat, dvs. Herrens kropp i altarets sakrament, den nya lagen och den gamla, kyrkolärarnas förklaringar, martyrernas tålamod, bekännarnas ödmjukhet, jungfrurnas kyskhet och grunden till alla dygder. Sök alltså den heliga tron i den helige Petrus' kyrka och håll med ditt minne fast vid det du sökt och omsätt det i gärningar.

Med Paulus betecknas tålamodet. Han var ju brinnande mot dem som bekämpade den heliga tron, glad i bedrövelserna, uthållig i hoppet, tålig i svagheterna, medlidande med dem som sörjde, ödmjuk i sina dygder, gästfri mot de fattiga, barmhärtig mot syndarna, allas mästare och lärare, uthållig ända till slutet i Guds kärlek. Paulus, dvs. tålamodet, skall alltså beväpna dig med dygdernas vapen, ty det sanna tålamodet, det som är grundat i och hämtar sin styrka från de förebilder som finns i Kristi och hans heligas tålamod, tänder Guds kärlek i hjärtat, eggar själen till kraftfullt handlande, gör människan ödmjuk, mild, barmhärtig, brinnande i längtan efter det himmelska, angelägen om det som är nyttigt för en själv och uthållig i det som man begynt.

Varje människa som lydnaden ger näring i ödmjukhetens knä, som tron föder med den ljuvligaste mat, som tålamodet kläder med dygdernas vapen, skall jag, Barmhärtighetens moder, föra fram till min son, som skall kröna henne med sin ljuvlighets krona. I honom finns nämligen en gränslös styrka, en ojämförlig visdom, en outsäglig rikedom på dygder, en förunderlig kärlek. Ingen kan därför rycka henne ur hans hand.

Men tänk på, min dotter, att fastän jag talar till dig menar jag med dig alla som med kärlekens gärningar går i den heliga trons spår. Ty på samma sätt som den enda människan Israel betecknade alla israeliter, betecknar du alla troende.«

Kapitel 19
Maria, den nya skönheten

[Dottern, Birgitta, talar:] »O, ljuva Maria, du nya skönhet, du strålande skönhet! Kom du till min hjälp så att jag blir ren från min vanskapthet och upptänds i min kärlek! Din skönhet skänker huvudet tre ting. Först renar den minnet så att Guds ord kan finna en ljuvlig väg dit in, för det andra så att man med glädje håller kvar det man hört och för det tredje så att man blir ivrig att skänka det vidare till nästan. Även åt hjärtat skänker din skönhet tre ting. Först tar den bort ledans tunga börda om man betraktar din kärlek och ödmjukhet, för det andra ger den ögonen tårar om man betänker din fattigdom och ditt tålamod, för det tredje ger den hjärtat en ljuvlig inre värme om man med allvar håller din godhet i minnet.

Du, min Härskarinna, är i sanning den allra dyrbaraste skönhet, den mest åtråvärda skönhet, ty du är given de svaga till hjälp, de bedrövade till tröst, alla till en förmedlarinna. Alla som hört att du skulle födas och som vet att du nu är född, kan med fog utropa: ›Kom, du strålande skönhet, och upplys vårt mörker, kom, du allra dyrbaraste skönhet, och tag bort vår smälek, kom, du allra ljuvligaste skönhet, och mildra vår bitterhet, kom, du allra mäktigaste skönhet, och utplåna vår fulhet!‹ Välsignad och vördad vare denna stora och väldiga skönhet, som alla patriarker ville skåda, som alla profeter besjöng, som är alla utvaldas glädje!«

Modern svarade: »Välsignad vare Gud, min skönhet, han som ingivit dig att tala sådana ord. Därför säger jag dig att den gamla, eviga och sköna skönhet som gjort och skapat mig skall ge dig styrka; den uråldriga och nya skönhet, som förnyar allt, den som var i mig och framgick ur mig, den skall lära dig underbara ting; den över allt åtråvärda skönhet som fröjdar och gläder allt, den skall upptända din själ med sin kärlek. Ha därför förtröstan till Gud, ty när den himmelska skönheten uppenbaras skall all jordisk skönhet komma på skam och anses som avskräde.«

Därefter sade Guds son till modern: »O, du välsignade moder, du är som en guldsmed som förbereder ett vackert föremål. Alla som ser hans verk lyckönskar honom och erbjuder honom dyrbara stenar eller guld för att han skall göra sitt verk färdigt. Så är det med dig, älskade moder: Var och en som strävar efter att stiga upp till Gud hjälper du och ingen låter du gå bort tomhänt, utan din tröst. Därför har man rätt att kalla dig för blodet i Guds hjärta. Liksom nämligen kroppens alla lemmar får liv och styrka av blodet, så får alla som var döda i sina synder liv genom dig och bär de genom dig hem en rikare frukt till Gud.«

Kapitel 21

Moderns gåvor är Sonens gåvor

»Välsignad vare du, min Gud, som är tre och en: tre till personerna och en till naturen! Du är godheten och visdomen själv, du är skönheten och makten själv, du är rättfärdigheten och sanningen själv, genom vilken allt är till, lever och består. Du liknar sannerligen en blomma som växer ensam på fältet: alla som närmar sig den får som gåva från den en söt smak, lättnad i sinnet, glädje för ögat och styrka i alla sina lemmar. Så blir alla som närmar sig dig vackrare genom att överge synden, visare genom att följa din vilja och inte köttets, rättfärdigare genom att följa det som är till själens nytta och till Guds ära. Låt mig därför, gode Gud, älska det som gläder dig, med kraft motstå frestelserna, förakta allt världsligt och alltid ha dig i mitt minne.«

Modern svarade: »För denna hälsning har du att tacka den gode Hieronymus, han som övergav den falska visdomen och fann den sanna, han som föraktade världslig ära och vann Gud själv. En sådan Hieronymus är salig, saliga de som efterliknar honom i lära och liv. Han älskade änkorna, var en spegel för dem som gjorde framsteg och en lärare i all sanning och renhet. Men säg mig, min dotter, vad som är ditt hjärtas bekymmer!« Och hon svarade: »En tanke har drabbat mig som påstår: ›Om du är god, så må det vara nog för dig. Varför måste du döma och utmana andra och undervisa dem som är bättre än du själv? Det passar väl inte din ställning och ditt stånd?‹ Av denna tanke blir sinnet så hårt att det glömmer att bekymra sig för sig självt och helt och hållet svalnar i kärleken till Gud.«

Modern svarade: »Denna tanke lockar också många framskridna bort från Gud. Ty djävulen hindrar de goda från att tala till de onda, så att dessa inte skall känna ett sting i sitt hjärta.

Han hindrar dem även att tala till de goda, så att de inte skall lyftas upp till något ännu högre. Ty genom att lyssna till de godas läror, lyfts de goda upp till högre platser och till större förtjänster. Eunucken som läste Jesaja skulle ha kommit till ett mindre straff i helvetet, men så mötte Filippus honom och genom att lära honom vägen till himmelen lyfte han upp honom till en salig plats. Så blev Petrus sänd till Cornelius. Om Cornelius hade dött innan dess, hade han för sin tros skull kommit till en svalkans ort, men Petrus kom och förde honom till livets port. På liknande sätt kom även Paulus till Dionysius och förde honom till en salig vedergällning. Guds vänner bör alltså inte förtröttas i att tjäna Gud utan anstränga sig så att den onda människan blir bättre och den goda når fram till en större fullkomning.

Var och en som har viljan att viska i örat på alla som går förbi att Jesus Kristus i sanning är Guds son och som gör vad han förmår för att omvända andra, skall, även om inga eller få omvänds, inte desto mindre få samma lön som om alla hade blivit omvända. Det blir klart av detta exempel: Om två arbetare på sin herres befallning gräver i ett hårt berg och den ene finner äkta guld men den andre ingenting, så är båda, på grund av sin möda och sin vilja, värda samma lön. Så var det med Paulus som omvände många och de andra apostlarna som omvände färre. Alla hade de en och samma vilja, men den gudomliga planen var fördold. Man bör alltså inte ge upp även om få, eller inga alls, tar emot Guds ord. Liksom törnet är ett försvar för rosen och åsnan fraktar sin herre, så gagnar djävulen – syndens törne – genom sina förödmjukelser de utvalda – rosorna – så att de inte fördärvas genom hjärtats förhävelse. Som vore han en åsna fraktar djävulen dem till Gud, där de får tröst och en större lön.«

Kapitel 37

»Sänd några av dina vänner«

Sonen talar: »Min dotter, hur står det till i världen nuförtiden?« Och hon svarade: »Den är som en öppen säck som alla springer in i, den är som en människa som springer utan att bekymra sig över följderna.« Herren svarade: »Därför är det inte mer än rätt att jag går fram med min plog över världen, över hedningar och kristna, utan att skona varken gammal eller ung, varken fattig eller rik. Var och en skall dömas så som rättvisan fordrar och var och en skall dö i sin synd och husen skall överges och inga skall bo där, men dock skall jag ännu inte låta slutet komma.«

Hon sade: »O Herre, bli inte förargad på mig om jag talar! Sänd några av dina vänner som varnar och talar förmanande till dem om deras fara!« Men Herren sade: »Står det inte skrivet att den rike mannen i dödsriket, som misströstade om sin frälsning, bad att man skulle sända någon för att varna hans bröder så att inte också de skulle förgås? Men han fick svaret: ›Aldrig! De har Mose och profeterna som de kan hämta undervisning ifrån.‹ Så säger också jag nu: De har evangelierna och profeternas ord, de har kyrkolärarnas exempel och ord, de har förnuft och insikt. Må de dra nytta av dem, och de skall bli räddade. Om jag skickade dig skulle du inte kunna ropa så högt att du blev hörd. Om jag sände mina vänner – de är ju så få – och om de ropade skulle de knappt bli hörda. Dock, jag skall sända mina vänner till dem jag har behag till och de skall bereda vägen för Gud.«

Kapitel 58

Huset med de sju trappstegen

Sonen talar: »Jag är lik en herre som troget kämpade i främmande land och sedan med glädje återvände till det land där han föddes. Denne herre hade en mycket dyrbar skatt, vid vars anblick sjuka ögon återfick sin synförmåga, bedrövade fick tröst, sjuka blev friska och döda uppstod. Men för att denna skatt skulle bevaras hedersamt och tryggt byggde han också ett hus, ståtligt och härligt, som hade en ansenlig höjd och sju trappsteg, på vilka man steg upp till huset och skatten. Denna skatt överlämnade herren åt sina tjänare för att de skulle hålla den under uppsikt och förvalta den och troget och rent vaka över den. Så skulle herrens kärlek till sina tjänare bevisas och tjänarnas trohet mot sin herre läggas i dagen.

Men allt eftersom tiden gick började man att förakta skatten, huset besöktes sällan och väktarna blev alltmera ljumma och kärleken till deras herre tynade bort. Då rådslog herren med familjens medlemmar om vad man skulle göra med denna stora otacksamhet, och en av dem sade: ›Det är skrivet att de domare och väktare över folket som visar försumlighet skall hängas upp i solskenet, men din är både barmhärtigheten och domen, du som skonar alla, ty allt är ditt och du förbarmar dig över alla.‹

Jag är bildligt talat denne herre som i mänsklig natur likt en främling uppenbarade mig på jorden, fastän jag i min gudom var mäktig både i himmelen och på jorden. På jorden hade jag ju att utkämpa en så väldig strid att alla nervtrådarna i mina händer och fötter slets av på grund av den iver jag hade för själarnas frälsning. Då jag skulle lämna världen och stiga upp till himmelen – som jag dock i min gudom aldrig hade övergivit – överlämnade jag till världen den allra förnämligaste minnesgåva, nämligen min allra heligaste kropp, för att, liksom den gamla lagen berömde sig av arken, mannat och förbundets tavlor och över annat som hörde till gudstjänsten, så skulle den nya människan kunna glädja sig över den nya lagen, men inte – som tidigare – över en skuggbild utan över verkligheten, nämligen över min korsfästa kropp, den som förebildades i lagen. Men för att min kropp skulle hållas i ära och heder instiftade jag den heliga kyrkans hus, där den skulle bevaras och handhas, och där särskilda präster skulle vara dess väktare, som i sitt ämbete i en viss mening stod över änglarna, ty honom som dessa med en vördnadsfull bävan fruktar att komma vid, honom berör prästerna med händer och mun.

Med en sjufaldig heder har jag hedrat prästerna (detta är de sju trappstegen). Först bör de genom själens och kroppens renhet vara mina banerförare och särskilda vänner, ty renheten intar den första platsen inför Gud som inget befläckat får komma vid. Ty om det var tillåtet för prästerna under lagen att ha umgänge med kvinnor under den tid då de inte offrade, är detta inte underligt, ty de frambar höljet, inte nötens kärna. Men nu, sedan verkligheten kommit och skuggbilden flytt, måste man sträva efter renheten desto ivrigare ju ljuvligare nötens kärna är. Och som ett tecken på denna avhållsamhet blir de först tonsurerade för att inte liderligheten skall råda över själ och kropp.

På det andra trappsteget insätts de till klerker för att genom sin ödmjukhet bli änglalika män, ty genom själens och kroppens ödmjukhet går man in i himmelen och besegras den högmodige djävulen. Och som ett tecken på detta steg förordnas klerkerna till att fördriva demonerna, ty den ödmjuka människan lyfts upp till himmelen, varifrån den stolte demonen genom sitt högmod störtade ner.

På det tredje trappsteget insätts de till klerker sålunda: de skall vara Guds lärjungar genom en ständig läsning av de gudomliga skrifterna. Därför överlämnar biskoparna en bok åt dem, liksom också riddaren får ett svärd, för att de må veta vad man bör göra och med bön och meditation bemöda sig om att stilla Guds vrede mot Guds folk.

På det fjärde trappsteget insätts klerkerna som väktare över Guds tempel och till att vaka över själarna. Därför överräcker biskoparna nycklar åt dem, för att de skall ha omsorg om sina bröders frälsning och med ord och föredömen leda och locka de svaga till det som är fullkomligare.

På det femte trappsteget insätts de till att förvalta och vårda altaret och till att förakta världsliga ting, så att de, eftersom de gör tjänst vid altaret, också kan leva av altaret och inte behöver bekymra sig om världsliga ting annat än i den mån det anstår deras ställning.

På det sjätte trappsteget insätts de till att genom sin förkunnelse av sanningen och genom ett leverne som står i samklang med deras förkunnelse vara apostoliska män.

På det sjunde trappsteget insätts de till att vara medlare mellan Gud och människa genom offret av min kropp. På detta trappsteg står prästerna i en viss mening högre än änglarna.

Men nu måste jag klaga, ty dessa trappsteg är förstörda. I stället för ödmjukheten älskar man högmodet, i stället för renheten övar man orenhet, man ägnar sig inte åt den Heliga Skrift utan åt världens bok, altarena ger intryck av att vara övergivna, Guds visdom kallas för fånigheter, man bekymrar sig inte om själarnas frälsning. Och inte nog med detta, utan dessutom kastar man ifrån sig mina kläder och föraktar mina vapen. På berget visade jag för Mose de kläder som prästerna under lagen skulle använda; inte för att det finns något materiellt i Guds himmelska boning, men eftersom andliga ting inte blir fattbara annat än genom kroppsliga liknelser. Genom något kroppsligt visade jag alltså något andligt, för att man skulle veta vilken stor vördnad och renhet de borde äga som har att handskas med verkligheten själv, dvs. min kropp, när nu redan de som bara ägde skuggan och bilden hade en så stor renhet och vördnad.

Men varför visade jag för Mose vilken stor skönhet de materiella kläderna skulle ha, om inte för att man därigenom skulle få en bildlig kunskap om själens prydnad och skönhet? Ty liksom prästens kläder är sju, så bör den själ som träder fram till Guds kropp ha sju dygder. Själens första dräkt är ångern och bekännelsen, och den täcker huvudet. Den andra är den hängivna kärleken till Gud och till kyskheten. Den tredje är det mödosamma arbetet för att hedra Gud och tålamodet under motgångarna. Den fjärde är att inte fästa avseende vid människors beröm och förebråelser utan endast vid sådant som hedrar Gud. Den femte är kroppslig avhållsamhet i förening med ödmjukhet. Den sjätte är begrundandet av Guds välgärningar och fruktan för hans domslut. Den sjunde är att älska Gud över allting och att framhärda i det goda man påbörjat.

Nu är emellertid dessa kläder avlagda och föraktade. I stället för att bekänna sina synder ursäktar man dem och tar lätt på skulden, i stället för kyskheten ägnar man sig åt ständigt gyckel, i stället för att möda sig om själens frälsning strävar man efter det som är nyttigt för kroppen, i stället för att hedra och älska Gud fikar man efter världsligt beröm och högfärd, i stället för den prisvärda knappheten överflöd i allt, i stället för gudsfruktan förmätenhet och kritik av Guds domar, och i stället för kärlek till Gud över allting är nu klerkerna otacksamma mot alla. Därför skall jag, som jag har sagt genom profeten, komma med vrede och nöden skall ge dem förstånd.«

Då svarade Barmhärtighetens moder som stod där bredvid: »Välsignad vare du, min Son, för din rättfärdighets skull. Jag vill tala till dig, som vet allt, för denna din bruds skull som du vill undervisa om andliga ting, men som dock inte kan fatta det andliga annat än i liknelser. Du sade ju i din gudom, innan du hade antagit mänsklig natur av mig, att om det fanns tio rättfärdiga män i staden skulle du, för de tios skull, förbarma dig över hela staden. Men nu finns det fortfarande oräkneliga präster som blidkar dig genom att frambära din kropps offer. Förbarma dig då för deras skull över dem som inte har mycket gott att komma med. Detta ber jag om, jag som födde dig som människa. Detta ber alla dina utvalda om tillsammans med mig.«

Sonen svarade: »Välsignad vare du och välsignat vare ordet från din mun. Du ser att jag på trefaldigt sätt skonar dem för tre goda tings skull som offret av min kropp har. Liksom nämligen genom Judas' överträdelse tre goda ting blev uppenbara i mig, så kommer genom frambärandet av detta offer tre goda ting till själarna. Först och främst bör man prisa mitt tålamod, ty fast jag visste att han skulle förråda mig drev jag inte bort honom från mitt umgänge. För det andra, ty förrädaren och alla som var med honom föll till marken genom ett enda ord från min mun; så visade jag min makt. För det tredje, ty all hans och djävulens ondska förvandlade jag till frälsning för själarna och i detta blev den gudomliga visdomen och kärleken uppenbar.

Så kommer också tre goda ting av prästernas offer. Först och främst lovprisas där mitt tålamod av hela den himmelska härskaran, ty jag är densamme i goda såväl som i onda prästers händer, eftersom jag inte gör någon åtskillnad mellan personerna, ty det är inte människornas förtjänster utan mina ord som konsekrerar detta sakrament. För det andra, eftersom detta offer är till gagn för alla av vilken präst det än är framburet. För det tredje, eftersom det blir till gagn för dem som offrar hur onda de än är, ty liksom mina fiender kroppsligen föll till marken av ett enda ord som jag sade, nämligen: ›Det är jag‹, så flyr demonerna från de offrandes själar som de ville fresta då jag säger: ›Detta är min kropp‹, och de vågar inte på samma djärva sätt komma tillbaka till dem, försåvitt de offrande inte återigen vill synda.

Min barmhärtighet visar alltså skonsamhet i allt och uthärdar alla, men rättfärdigheten ropar på vedergällning, ty dagligen ropar jag, men hur många det är som svarar ser du väl. Dock skall jag fortsätta att sända ut min muns ord och de som hör dem skall sluta sina dagar i den glädje som är så ljuvlig att den inte kan nämnas, eller ens uttänkas. Men över dem som inte lyssnar skall, som det är skrivet, komma sju plågor i själen och sju i kroppen. Genom att betrakta och läsa om det som en gång skedde skall de finna vilka de plågorna är, så att de inte behöver bäva genom att själva erfara dem.«

Kapitel 60
En god bön

»Välsignad vare du, min skapare och återlösare! Må du inte förnärmas av att jag talar till dig som den sårade till läkaren, som den bedrövade till tröstaren, som den fattige till den som har rikedom i överflöd.

Den sårade säger ju: ›Du min läkare, må du inte känna vämjelse över mina sår, ty du är min broder!‹

Den bedrövade säger: ›Du min bäste tröstare, må du inte förakta mig, ty jag är orolig, men ge du mitt hjärta vila och mina sinnen tröst!‹

Den fattige säger: ›Du är den rike och saknar inget, vänd din blick mot mig, ty jag förgås av hunger, se på mig, ty jag är naken och ge mig kläder så att jag kan värma mig!‹

Så säger också jag: O du min allsmäktige och bäste Herre! Jag betraktar mina synders sår, som sårat mig alltsedan min barndom, och jag klagar, ty jag har låtit min tid gå till ingen nytta, mina krafter räcker inte längre till, ty de har runnit bort i fåfängligheter.

Eftersom du är all godhets och barmhärtighets källa ber jag

dig: förbarma dig över mig, berör mitt hjärta med din kärleks hand, ty du är min bäste läkare, trösta min ande, ty du är den gode tröstaren!«

Kapitel 65

Den belägrade borgen

Maria talar: [...] »Det var en gång en mäktig man som hade en kraftig borg. I den fanns fyra goda ting, nämligen färsk mat till att fördriva all hunger, friskt vatten som släckte all törst, väldoft som fördrev alla giftiga lukter, nödvändiga vapen som kunde slå ner varje fiende. När så borgherren en gång var upptagen med andra ting blev borgen belägrad. Då han blev varse detta sade han till sin tjänare härolden: ›Gå‹, sade han, ›och ropa så till mina soldater: Jag, herren, skall befria min borg, och var och en som med god vilja följer mig skall vara med mig i härligheten och bli lik mig i ära. Den som faller i strid, honom skall jag uppväcka till ett liv utan någon brist och utan något bekymmer och jag skall ge honom ständig ära och ett överflöd som aldrig tryter.‹ När tjänaren hade tagit emot denna befallning ropade han, men han var inte så ivrig i sitt ropande. Hans rop nådde därför inte ända fram till den allra tappraste soldaten och därför lät denne soldat bli att göra något. Vad skall då herren göra med den soldat som gärna hade velat göra sin insats, men inte hade hört häroldens rop? Borde han inte få sin lön för sin goda viljas skull? Men den slöe härolden skall inte gå fri från tillrättavisning.

Denna borg är den heliga kyrkan, grundad med min Sons blod, i vilken hans kropp finns, den som fördriver all hunger, vidare den evangeliska vishetens vatten, doften av hans helgons exempel och hans lidandes vapen. Denna borg är nu belägrad av fiender, ty i den heliga kyrkan finns många som med rösten förkunnar min Son men som med sitt leverne motsäger honom. Även om de talar om honom med rösten säger de emot honom med sin vilja, eftersom de inte bryr sig om det himmelska fäderneslandet, om de bara kan tillfredsställa sin lusta. För att alltså Guds fiender skall bli färre bör Guds vänner inte förtröttas, ty den lön de skall få kommer inte att vara något som hör denna tiden till, utan en som inte vet av något slut.«

Kapitel 67
Själen – Guds hustru

Sonen talar till bruden: »Jag är en enda Gud tillsammans med Fadern och den Helige Ande. I min gudoms förutseende har alltifrån begynnelsen och före världens skapelse allt blivit förutsett och stadgat och allt, såväl kroppsligt som andligt, har fått sin orubbliga bestämmelse och ordning, och allt består och löper i överensstämmelse med vad som är bestämt och förutsett i mitt förutvetande.

Detta kan du förstå genom tre liknelser. Den första av dem handlar om de levande varelserna, och här gäller att det är kvinnan som föder och inte mannen. Den andra handlar om träden, ty de söta bär en söt frukt och de bittra sin bittra frukt. Den tredje handlar om himlakropparna, ty solen och månen och allt annat på himlen rör sig i överensstämmelse med vad som är bestämt i min gudom. Så har det också blivit förutbestämt rörande de förnuftsbegåvade själarna; hurudana de skall bli är i förväg känt. Men detta mitt förutvetande är alls inget hinder för dem, ty deras vilja kan röra sig fritt, de har fri vilja och makt att välja vad de finner behag i.

Liksom alltså kvinnan föder och inte mannen, så bör den goda själen, Guds hustru, med Guds hjälp föda, ty själen är skapad till att göra framsteg i dygderna och till att, befruktad av dygdernas utsäde, växa så att hon kan läggas till vila i den gudomliga kärlekens armar. Den själ däremot som vansläktas och avlägsnar sig från sitt upphov och sin skapare och inte skänker honom någon frukt, handlar mot Guds anordning och är därför ovärdig Guds ljuvlighet.

Guds oföränderliga anordning visar sig för det andra i träden, ty söta träd bär söta frukter, men bittra träd gör det motsatta. Liksom det finns två ting i dadeln, nämligen sötma och en hård sten, så är det av evighet bestämt att där den Helige Ande bor, där förlorar allt världsligt sin lockelse, där är all världslig ära en börda och i detta hjärta ingjuter den Helige Ande en så stor styrka och en sådan hårdhet att det inte bryts itu av otålighet, inte kastas till marken av någon motgång och inte grips av högmod av någon framgång. På samma sätt är det av evighet förutsett att där djävulens törne finns, där finns en frukt som på utsidan är röd men inuti är full av allsköns orenhet och vassa taggar. Så tycks det i djävulens lockelser finnas en sötma, men den är av kort varaktighet och full av taggar och bedrövelser, ty ju mera man befattar sig med världen, desto mera nedtyngd blir man av dess tunga efterräkning. Liksom alltså varje träd bär en sådan frukt som överensstämmer med dess rot och stam, skall varje människa dömas efter den avsikt som styr hennes handlande.

För det tredje har alla elementen sin ordning och rör de sig på det sätt som av evighet är förutsett, nämligen enligt Skaparens vilja. Så bör också varje förnuftsbegåvad varelse vara beredd att röras efter Skaparens bestämmelse. Om hon handlar på ett motsatt sätt är det uppenbart, att hon missbrukar den fria viljan. Och där oförnuftet får bestämma hennes avsikter, där förfaller den förnuftsbegåvade människan och drar hon en tung dom över sig, eftersom hon inte gör bruk av sitt förnuft.

Människan bör alltså värna om sin vilja, ty jag skall inte göra någon större orätt mot djävulen än mot mina änglar. Ty liksom

Gud av sin brud kräver en kysk och outsäglig ljuvlighet, så väntar djävulen av sin brud törnen och taggar. Djävulen kan inte alls vinna, om inte viljan blivit förvänd till det onda.«

Kapitel 72
Syskonen i Betania

Sonen säger: »Det var två systrar, Marta och Maria, som hade en bror, Lasarus, som jag uppväckte från de döda åt dem. Sedan jag uppväckt honom tjänade han mig ännu mera än tidigare. Så var det också med systrarna. Fast de var mina förtrogna och hade tjänat mig ivrigt före broderns uppväckande, befanns de efteråt vara ännu mera ivriga och hängivna. På liknande sätt har jag nu gjort med er andligen, ty jag uppväckte er broder åt er, dvs. er själ, som under fyra dagar varit död och redan luktade. Den hade avlägsnat sig från mig genom att av ont begär, lust till världen och behag till synderna överträda mina bud.

Det var fyra ting som drev mig att uppväcka Lasarus. Det första var att han var en vän medan han levde. Det andra var systrarnas kärlek till honom. Det tredje var Marias ödmjukhet, ty eftersom hon inför alla gästerna förnedrade sig för min skull genom att tvätta mina fötter, förtjänade hon att i mångas åsyn få glädjas och hedras. Det fjärde var för att härligheten hos min mänskliga natur skulle bli uppenbar. Dessa fyra ting fanns inte hos er, ty ni älskade världen mer än de. Därför är min barmhärtighet större mot er än mot dessa systrar, ni som inte har förtjänat någon barmhärtighet med några egna förtjänster. Den är verkligen så mycket större som den andliga döden är farligare än den kroppsliga döden och själens uppståndelse mera ärofull än den kroppsliga uppståndelsen.

Eftersom alltså min barmhärtighet föregår era gärningar så bör ni, liksom dessa systrar, ta emot mig i ert hjärtas hus med en brinnande kärlek: genom att ingenting älska såsom mig, genom att ha en full förtröstan på mig, genom att ödmjuka er tillsammans med Maria och genom att dagligen begråta era synder, genom att inte skämmas över att leva ödmjukt bland de högmodiga och kyska bland de okyska, genom att i det yttre visa andra hur mycket ni i det inre älskar mig. Liksom dessa systrar bör ni också vara *ett* hjärta och *en* själ, kraftfulla i ert förakt för världen och ivriga i ert lovsjungande av Gud. Om ni gör så skall jag som uppväckte er bror, dvs. er själ, åt er, försvara den så att inte judarna dödar den.

Men vad hade det gagnat Lasarus att han stod upp från den timliga döden, om han inte genom att leva bättre i detta livet hade fått stå upp till ett andra och evigt liv? Och vilka är de judar som sökte efter att döda Lasarus, annat än de som förargar sig över att ni lever bättre än de själva, de som talar om höga ting men gör litet, som söker människors gunst och visar desto mera förakt för sina föregångares gärningar ju mindre de bryr sig om att förstå det som är sant och högt?

Det finns många som förstår sig på att disputera om dygderna men som inte håller sig till dem genom att leva ett dygdigt liv. Därför svävar deras själar i fara, ty deras ord är många, men några gärningar ser man inte till. Var det så mina predikanter gjorde? Ingalunda! De förmanade helt visst syndarna, inte genom stora ord utan genom få men kärleksfulla, beredda som de var att ge ut sina liv för deras själar. För deras kärleks skull fick också andra del av kärleken, ty glöden hos den som undervisar har större verkan än ord på de själar som lyssnar. Men nu är det många som talar högt och ljudligt om mig, men någon frukt kommer inte, ty blåst ensam tänder inte veden, för så vitt den inte samverkar med gnistor från elden.

Jag vill vaka över er och skydda er från dessa slag av ›judar‹ så att ni inte kommer bort ifrån mig, vare sig genom deras ord eller deras gärningar. Men jag vill inte försvara er så att ni förskonas från lidande, utan så att ni inte dukar under av otålighet. Räck ni fram viljan, så vill jag tända er vilja med min kärlek.«

Kapitel 74

Hästen och sadeln

[Maria talar genom Birgitta till hennes son Karl:] Återigen visade sig modern och sade: »Min son, du behöver också en häst och en sadel. Med hästen menas andligen dopet, ty liksom hästen med sina fyra fötter för människan framåt på vägen, så för dopet, som hästen betecknar, med sina fyra andliga verkningar människan fram inför Guds åsyn. Den första av verkningarna är att de döpta befrias från djävulen och förpliktas att följa buden och att tjäna Gud. Den andra är att de renas från ursprungssynden. Den tredje är att de görs till Guds barn och till hans arvingar. Den fjärde är att himmelen öppnas för dem.

Men det finns, Gudi klagat, många som, då de nått den ålder då de kan skilja mellan gott och ont, lägger betsel på dopets häst och styr in den på en orätt väg. Dopets väg är rätt och man håller sig till den på riktigt sätt när människan, redan innan hon når fram till den åldern, får lära sig goda seder och befästs i dem och, när hon uppnått denna ålder, noga betänker vad hon lovade när hon döptes och håller tron och kärleken till Gud okränkt. Men hon förs bort ifrån den rätta vägen och låter sig ledas av betslet, när hon föredrar världen och köttet framför Gud.

Hästens sadel beteckningar de verkningar som dopet har och som det har på grund av Jesu Kristi bittra lidande och död. Vad är nämligen vattnet annat än ett element? Men sedan Guds blod utgjutits kommer Guds ord och kraften av Guds utgjutna blod till elementet. Och på det sättet görs dopvattnet genom

Guds ord till en försoning mellan människa och Gud, till en barmhärtighetens port, ett bortjagande av demonerna, en väg till himmelen och till syndernas förlåtelse. Må alltså den som vill berömma sig av dopets kraft först betänka den bitterhet som gav åt dopet dess verkan, så att han, då den mänskliga själen upphäver sig mot Gud, betänker hur bitter återlösningen var, hur ofta han brutit doplöftet och vilket straff han förtjänade på grund av sitt återfall.

För att människan skall sitta säkert i de verkningar som dopets sadel har måste hon ha två stigbyglar, dvs. hon måste bedja på två sätt. Först bör hon bedja så: ›O, Herre Gud allsmäktig, välsignad vare du, ty du har skapat och återlöst mig. Och då jag var värd att förkastas, stod du ut med mina synder och ledde mig till boten. Inför ditt majestät, Herre, inser jag att jag till ingen nytta och på ett sätt värt fördömelse har förslösat allt vad du gav mig till min frälsning: botens tid gav jag till fåfängligheter, kroppen till tygellösheter, dopets nåd till högmodets gärningar. Allt detta älskade jag mera än dig, du som skapat och återlöst mig, du som närt och uppehållit mig. Därför ber jag om din barmhärtighet, ty av mig själv är jag eländig. Och eftersom jag inte insåg ditt goda tålamod mot mig, inte bävade för din fruktansvärda rättvisa, inte brydde mig om vilket svar jag gav dig på allt oräkneligt gott du givit mig, utan dag efter dag utmanade dig med mitt onda, så har jag bara ett enda ord att säga dig och det är: Förbarma dig, Gud, över mig för din stora barmhärtighets skull!‹

Må den andra bönen vara denna: ›O Herre, allsmäktige Gud, jag vet att jag har allt från dig och att jag ingenting är eller kan utom endast detta som jag själv har gjort, nämligen syndat. Därför åkallar jag ödmjukt din godhet, att du inte gör med mig efter mina synder utan efter din stora barmhärtighet. Och sänd mig din Helige Ande som upplyser mitt hjärta och ger det styrka att vandra på dina budords väg, så att jag blir uthållig i det som jag genom din ingivelse har insett och så att frestelserna inte skiljer mig från dig.‹ Låt oss därför, min son, eftersom du saknar dessa ting, bedja till dem som bittert fått fästa Guds lidande i sitt hjärta, att de av sin kärlek skänker dig dem.«

Sedan detta blivit sagt visade sig genast en häst, prydd med gyllene smycken. Och modern svarade och sade: »Dessa hästens prydnader betecknar den Helige Andes gåvor som skänks i dopet. Ty vare sig dopet förrättas av en god eller en ond tjänare blir därigenom det fäderneärvda brottet förlåtet, förökas nåden, förlåts varje synd, skänks den Helige Ande som en förstlingsgåva, får man änglar till skydd och himmelen som arvegåva.

Se, min son, dessa är en andlig riddares prydnader! Den som blir iförd dem skall få den outsägliga lön varmed man förvärvar evig glädje, ära i vilan, evigt överflöd, liv utan ände.«

Denne riddare var herr Karl, den heliga Birgittas son.

Kapitel 76
Kyrkans sanna rikedomar

[Jungfrun talar till bruden:] »Min dotter! Skulle inte Gud ha kunnat välja kungar och furstar till apostlar, ty då hade kyrkan genom dem blivit rik genom jordiskt arv? Det skulle han förvisso ha kunnat, men den rike Guden kom fattig till världen, för att visa att det jordiska är förgängligt och för att människan genom sin Herres föredöme skulle lära sig att inte blygas för fattigdomen utan skynda mot de sanna och himmelska rikedomarna. Därför började han sitt sköna kyrkbygge med en fattig fiskare och satte honom i sitt ställe, för att han i denna världen skulle leva av den lott som Herren gav och inte av arv.

Av tre goda ting hade alltså kyrkan sin början: för det första av en brinnande tro, för det andra av fattigdomen, för det tredje av kraftgärningar och underverk. Dessa tre ting fanns hos den salige aposteln Petrus, ty han hade en brinnande tro när han fritt bekände sin Gud och inte tvekade att dö för honom. Han hade också fattigdomen, när han gick som en tiggare och livnärde sig genom att arbeta med sina händer. Men i andligt avseende var han sannerligen rik (vilket är något förmer), när han åt en lam gav förmågan att gå (vilket ingen furste kunde); något guld eller silver att ge honom hade han inte.

Hade inte Petrus, som uppväckte döda, kunnat få guld om han hade velat det? Säkert, men han gjorde sig kvitt rikedomens bördor för att desto lättare kunna gå in i himmelen och som fårens lärare ge sina får ett föredöme i ödmjukhet, ty ödmjukhet och fattigdom är det sätt på vilket man andligen och kroppsligen går in i himmelen.

För det tredje fanns hos honom kraften att göra under, ty – om vi nu lämnar de större underverken åt sidan – sjuka blev helade redan av skuggan från Petrus. Eftersom Petrus alltså ägde dygdernas fullkomning och var nöjd med det allra nödvändigaste blev hans tunga gjord till nyckeln till himmelen och hans namn till välsignelse både i himmelen och på jorden. De däremot som på jorden har haft höga namn och älskat avskrädet, dvs. det jordiska, de har blivit bortglömda på jorden och med fasa beskrivits i rättfärdighetens bok.

Eftersom Gud ändå ville visa att varken Petrus' eller andra heligas fattigdom var påtvingad utan frivillig, sporrade han mångas själar att bistå dem. Men själva berömde de sig mera av fattigdomen än av rikedomens törntaggar. Och ju mera fattigdomen ökade hos dem, desto mera förökades deras fromhet. Och vad är det att förundras över? Hur skulle Gud kunna vara borta från dem som valt Gud och hans glädje? De däremot som eftertraktade världens fröjder, hur skulle Gud kunna vara ljuvlig för dem? I deras ögon var han snarare en främling.«

Kapitel 77

»Den minsta lilla myggan i ditt välde«

»Ära vare den allsmäktige Guden för allt skapat! Lov vare honom för alla hans kraftgärningar! Pris och heder vare honom för all hans kärlek! Jag, ovärdiga människa, som alltsedan min ungdom har gjort mycket ont mot dig, min Gud, tackar dig på nytt, min ljuvaste Gud, och i synnerhet för detta att ingen är så brottslig att du förvägrar honom din barmhärtighet, om han bara – tillsammans med föresatsen att bättra sig – med kärlek och sann ödmjukhet ber dig om barmhärtighet.

O käraste Gud, inget är ljuvligare än du! Vad du har gjort med mig är underbart för alla som hör om det. Ty när det behagar dig, då söver du min kropp, men inte med en kroppslig sömn utan med en andlig vila. Men min själ väcker du då upp liksom ur en dvala till att andligen se, höra och känna. O Herre Gud, o hur ljuvliga är inte orden från din mun! Så ofta som jag hör din Andes ord tycks det mig att min ande slukar i sig dem med en känsla av outsäglig ljuvlighet, som om de vore den ljuvligaste mat. Den tycks falla ner i min kropps hjärta med stor glädje och outsäglig tröst. Förunderligt är detta: då jag hör dina ord händer bådadera: jag känner såväl mättnad som hunger. Mättnaden kommer av att ingenting annat då behagar mig än dessa ord. Hungern kommer av att min aptit på dem ständigt ökar. Välsignad vare du, min Gud Jesus Kristus! Giv mig alltså, Herre, din hjälp så att jag under alla mitt livs dagar kan fullborda allt till ditt behag!«

Kristus svarade och sade: »Jag har ingen början och inget slut och allt har skapats genom min makt och fått sin gestalt av min vishet. Allt styrs av mitt domslut och inget är omöjligt för mig och alla mina verk är i sanning inrättade av kärlek. Därför är det hjärta verkligen hårt som inte vill älska mig och inte heller frukta mig. Jag är ju bådadera: såväl den som ger näring åt alla människor som den som dömer dem. Men djävulens vilja gör de, hans som är min drabant och den som förråder människorna. Han räckte världen ett gift som var så pestsmittat att den själ som begärligt smakat det inte kan leva utan faller ner död i helvetet och i evighet skall leva mitt i dess elände. Detta gift är synden. Fast den för många har en ljuvlig smak, blir den till slut outhärdligt bitter. Helt visst får man där varje stund dricka detta gift ur djävulens hand. Vem har någonsin hört talas om något mera egendomligt: Åt människorna räcks livet, men de väljer döden och tar den frivilligt i famn.

Men jag som har makt över allt, hyser medlidande med dem i deras olycka och stora nödläge. Jag gjorde som den rike och kärleksfulle kung som sände ett dyrbart vin till sina förtrogna tjänare och sade så: ›Räck detta vin till många, och inte bara till er själva, ty det är mycket hälsosamt. Det ger nämligen hälsa åt de sjuka, tröst åt de bedrövade och ett starkt hjärta åt de friska.‹ Tillsammans med vinet skickade han också ett kärl till att dricka ur. Sannerligen, detta var vad jag gjorde i detta rike. Till mina tjänare sände jag mina ord, som är att likna vid det bästa vin, och de gav dem vidare åt andra, ty de är hälsobringande.

Med detta kärl menar jag dig som hör mina ord. Du har gjort bådadera: du hörde mina ord och du gav dem vidare, ty du är mitt eget kärl som jag fyller när jag vill och ur vilket jag öser upp när det behagar mig. Och därför skall min Ande visa dig vart du bör bege dig och vad du skall tala. Du behöver inte frukta någon utom mig, men med glädje bör du bege dig dit jag vill och oförfärat säga det som jag befaller dig, ty mig kan inget motstå och jag vill stanna kvar hos dig.«

Därefter talade bruden och sade: »Det som jag hörde denna röst säga besvarade jag under tårar så: ›O, min Herre Gud, jag som är som den minsta lilla myggan i ditt rike, jag ber dig att du tillåter mig att svara dig.›« Men rösten svarade och sade: »Jag visste ditt svar redan innan du hade tänkt ut det. Men jag ger dig mitt tillstånd att tala.« Då sade bruden: »Jag svarade: ›Du som är all härlighets Konung, som ingjuter all visdom och åstadkommer alla dygdens gärningar, ja som är kraften själv, varför vill du ta mig i tjänst för ett sådant uppdrag, jag som har förstört min kropp genom synder, jag som vad beträffar vishet är lik en åsna och oförmögen att utföra några dygdens gärningar? Men du ljuvaste Gud, Jesus Kristus, bli inte vred på mig för att jag frågar dig på detta sätt! Man bör ju inte förvåna sig över något beträffande dig, ty du kan göra allt vad du vill, men förvåningen gäller helt och hållet mig, ty jag har förolämpat dig i mycket och bättrat mig föga.›«

Rösten svarade och sade: »Jag vill svara dig med en liknelse. Om man skulle skänka en samling mynt åt en rik och mäktig kung och han lät smälta ner dem och tillverka något av dem som han tyckte om – kanske kronor och ringar av guldmynten, fat och dryckeskärl av silvermynten, kittlar och pannor av kopparmynten – och kungen sedan använde dem till sin nytta och heder, inte skulle du väl förundra dig över att han gjorde så? Ännu mindre borde du förundra dig över att jag med glädje tar emot mina vänners hjärtan som de skänker mig och gör med dem efter mitt behag. Och fast några har ett större förstånd och andra ett mindre, så använder jag – eftersom de skänker mig sina hjärtan – några till *en* sak och andra till något annat, men dock alla till min ära och heder, ty den rättfärdiges hjärta är ett mynt som behagar mig mycket.

Det som alltså är mitt kan jag använda som jag vill. Och eftersom du är min så bör du inte förundra dig över det som jag vill göra med dig, utan vara fast och orubblig så att du härdar ut, och villig så att du gör vad jag än befaller dig. I alla situationer har jag ju makt att ge dig vad du behöver.«

Kapitel 78

Den fallfärdiga kyrkobyggnaden

I det ögonblicket uppenbarade sig för henne [Birgitta] den allra mest vördnadsvärda Jungfrun. När kvinnan betänkte sin egen svaghet blev hon förskräckt över den underbara synen och fruktade att det var fråga om ett djävulskt bedrägeri. Hon bad därför innerligt till den barmhärtige Guden att han inte skulle tillåta att hon föll för djävulska frestelser. Jungfrun som uppenbarade sig för henne sade då: »Var inte rädd för att det som du nu ser och hör kommer från den onde anden. Liksom två ting – nämligen ljus och värme, men däremot inte någon mörk skugga – beledsagar solens ankomst, så beledsagar på liknande sätt också två ting – nämligen den gudomliga kärlekens värme och en fullkomlig upplysning om den katolska tron – den Helige Andes ankomst till hjärtat. Och dessa två förnimmer du nu i dig, i det att du inte älskar något så mycket som Gud och inte brister i en enda punkt när det gäller den katolska tron. Men dessa två ting följer inte med den onde anden, som man kan likna vid den mörka skuggan.«

Jungfrun sade dessutom så till denna kvinna: »Å mina vägnar skall du sända mina ord till denne höge prelat.« På detta svarade kvinnan bedrövad: »O, min vördnadsvärda Jungfru! Han kommer inte att tro mig utan han kommer, tror jag, snarare att göra sig löjlig över orden än hålla dem för att vara gudomlig sanning.« Jungfrun svarade henne och sade: »Fast jag väl känner hans hjärtas inställning och det svar han kommer att ge och hur han kommer att sluta sitt liv, skall du ändå bära fram mina ord till honom.

Jag vill upplysa honom om att grunden till den heliga kyrkans högra sida är så skadad att det höga valvet har åtskilliga sprickor. Det kan bli så farliga ras att många som går under det kan förlora livet. Många av dess pelare som skulle resa sig mot höjden lutar sig ända ner mot marken och hela golvet är så sprucket att blinda som går där faller och skadar sig och att ibland till och med sådana som ser klart faller tillsammans med de blinda och skadar sig på grund av de farliga sprickorna i golvet. För dessa orsakers skull befinner sig Guds kyrka i ett farligt läge och vad som kan hända henne för den sakens skull tycks vara nära förestående. Hon kommer helt visst att störta samman, försåvitt hon inte snart får hjälp till restaurering. Och hennes fall kommer att vara så stort att det kommer att höras över hela kristenheten.

Allt detta bör man förstå på ett andligt sätt. Jag är den jungfru, i vilkens sköte Guds Son ville vila tillsammans med gudomen och den Helige Ande – dock utan att jag var smittad av den kroppsliga lusten. Denne Guds Son föddes ur mitt slutna sköte med gudom, mandom och helig Ande, till min stora tröst och utan någon smärta. Jag stod också vid korset, när han med sant tålamod segerrikt kämpade mot dödsriket och öppnade himmelen med sitt hjärtas blod. Jag var också på berget, då samme Guds Son, som också är min son, steg upp till himmelen. Jag har vidare fått en klar kunskap om hela den katolska tron, som han förkunnade och lärde alla dem som ville träda in i himmelriket. Nu står jag ovanför världen med ivrig bön till min älskade son, jag liknar regnbågen över himlens skyar, den som ses böja sig ner till jorden och med sina båda ändar beröra den.

Med regnbågen menar jag mig själv, ty jag böjer mig ner till världens inbyggare genom att med min ständiga bön beröra både goda och onda. Till de goda böjer jag mig för att de skall bli fasta i det som den heliga modern kyrkan befaller. Till de onda böjer jag mig för att de inte skall fortsätta med sin ondska och bli ännu sämre. Honom, till vilken jag sänder dessa ord, vill jag upplysa om att från den ena sidan reser sig otäcka och förskräckliga moln som döljer regnbågens klarhet. Med detta syftar jag på dem som med sin kropp lever otuktigt, som är omättliga och utan botten som det bråddjupa havet när det gäller begär efter penningar och som oförnuftigt och slösaktigt och för sin skrytsamhets och högfärds skull förskingrar egendom, liksom en forsande ström som låter vattnet rinna.

Dessa tre synder utövar nu många av den heliga kyrkans förmän, vilkas synder stiger upp mot himmelen, avskyvärda och vidriga inför Guds ansikte. De sker helt emot min bön och är som mörka skyar som skymmer den strålande regnbågen. De som tillsammans med mig skulle leva till Guds behag, de uppväcker nu alltså på det allvarligaste hans vrede mot sig själva. Sådana personer i den heliga kyrkan bör inte upphöjas utan nedtryckas. Var och en som skulle vilja anstränga sig för att kyrkans grund skall bli stadig och dess golv helt och som önskar att återupprätta den välsignade vingård som Gud själv har planterat och bevattnat med sitt blod, men som tror sig vara föga lämplig för detta, den människan vill jag, Himmelens Drottning, tillsammans med alla himmelens härskaror komma till hjälp. Vi vill rycka upp de skadade rötterna och kasta de förtorkade träden på elden och i deras ställe plantera fruktsamma plantor. Med denna vingård menar jag Guds heliga kyrka, i vilken två ting behöver förnyas, nämligen ödmjukheten och den gudomliga kärleken.«

Kapitel 82

Brudens mun, öron, ögon och hjärta

Sonen talar: »Du bör, likt en brud, ha en angenäm mun, rena öron, kyska ögon och ett stadigt hjärta. Så bör en själ vara beskaffad. Hennes mun är det rena sinnet. Där bör inget annat komma in än sådant som behagar mig. Munnen – sinnet – bör också vara angenämt genom doften från de goda tankar som kommer av den ständiga åminnelsen av mitt lidande. Sinnet bör vidare vara som en röd mun, nämligen brinnande av gudomlig kärlek, så att det handlar i överensstämmelse med sin kunskap. Ty liksom ingen vill kyssa en blek mun, så behagar ingen själ mig, om den inte gör det goda endast därför att viljan är god. Sinnet bör också, liksom munnen, ha två läppar, det vill säga två böjelser, en som längtar efter det himmelska och en som föraktar allt jordiskt. Själens nedre del bör vara fruktan för döden, då själen skall skiljas från kroppen. Hur bör den då vara beskaffad? Men den övre delen bör vara fruktan för den omskakande domen.

Mellan dessa båda bör själens tunga röra sig. Vad är nämligen själens tunga annat än det oupphörliga betraktandet av min barmhärtighet? När du alltså tänker på min barmhärtighet, hur jag skapade dig och återlöste dig, hur jag led för dig, betänk då även vilken sträng domare jag är, jag som inte kommer att låta något förbli ostraffat, och betänk hur oviss dödsstunden är.

Må själens ögon vara menlösa som de duvor som ger akt på höken där den flyger över vattnet. Det betyder: må du alltid fästa din tanke vid min kärlek och mitt lidande och vid mina utvaldas gärningar och ord. Därigenom skall du förstå hur djävulen kan lura dig och att du aldrig kan vara säker på dig själv.

Må dina öron vara rena, så att du inte får lust att lyssna till lättsinnigheter och sådant som bara är värt ett grin. Må ditt hjärta vara stadigt, så att du genom att bevara tron inte fruktar döden, inte skäms för världens hån, inte blir rädd för att för min skull, jag som är din Gud, skadas till kroppen.«

Kapitel 83

Själen – tjänare, son och brud

Sonen talar: »Jag älskar dig som en herre sin tjänare, som en fader sin son och som en man sin hustru. Ty en herre säger till en tjänare: ›Jag skall ge dig kläder, tillräckligt med mat och lagom mycket arbete.‹ Men till en son säger en fader: ›Allt mitt är ditt.‹ Till sin hustru däremot säger en man: ›Min vila är din vila och min glädje är din glädje.‹

Vad kommer väl de tre att svara på en så stor kärlek? Kommer inte tjänaren, om han är god, att säga till sin herre: ›Eftersom det är min lott att vara tjänare, vill jag tjäna dig hellre än någon annan.‹ Men sonen kommer att säga till sin fader: ›Eftersom jag har allt gott från dig, vill jag aldrig skiljas från dig.‹ Hustrun däremot kommer att säga till mannen: ›Eftersom det är genom ditt arbete som jag har mitt uppehälle och jag har värme från ditt bröst och hör ljuvliga ord från dig, vill jag hellre dö än skiljas från dig.‹

Jag, Gud, är denne man. Min brud är själen som jag vill skänka glädje i min vila, mätta med maten från min gudom och vilken det tillkommer att uthärda alla vedervärdigheter hellre än att skiljas från mig, ty utan mig har hon varken någon glädje eller någon berömmelse. Men till ett äktenskap hör två ting: först de goda ting som makarna lever av, och för det andra en son som kan ta emot arvet från dem. (En tjänare däremot finns där för att tjäna.) Om Abraham kan vi ju läsa att han var bedrövad över att han inte hade någon son.

Själen har sålunda goda ting att leva av när den är full av dygder. Hon har en son, när hon har urskillningsförmåga så att hon kan skilja dygder från laster och när hon urskiljer på samma sätt som Gud gör. Hon har vidare en tjänare, nämligen en böjelse i sin kropp, som inte lever som köttets lustar bjuder utan som det är nyttigt för kroppen och så att det länder till själens fullkomning.

Jag älskar dig alltså som en man sin hustru, ty min vila är din vila. Det tillkommer dig att hellre villigt uthärda alla prövningar än att reta mig till vrede. Jag älskar dig också som en fader sin son, ty jag har givit dig urskillningsförmåga och fri vilja och jag älskar dig som en herre sin tjänare, ty jag bjöd att du skulle ha vad du behöver och lagom med arbete. Denna tjänare – kroppen – är dock så oförnuftig att den hellre vill tjäna djävulen än mig. Men djävulen skänker aldrig någon vila från världens bekymmer.«

Kapitel 86
Nådens honung

Modern talar: »Jag är Barmhärtighetens drottning och moder. Min son, han som är alltings skapare, hade en sådan ljuvlig kärlek till mig att han gav mig en andlig insikt i fråga om allt skapat. Jag liknar alltså en blomma från vilken bina främst hämtar sin söta honung, men som ändå har kvar sin sötma, hur mycket de än hämtar från den. Det innebär: Jag kan utverka nåd åt alla och av den har jag i överflöd. I sanning: Även mina utvalda är som bin, ty i sin hängivenhet längtar de efter att ära mig. Liksom bina har de två fötter: De har nämligen en ständig längtan efter att öka min ära och de anstränger sig genom sin möda att åstadkomma detta. De har även två vingar, ty de anser sig ovärdiga att ära mig, men av lydnad gör de allt som länder till min ära. Vidare har de en gadd och om de mister den dör de. Så har mina vänner många bedrövelser i världen och för att de skall vaka över sina dygder skall de bedrövelserna inte tas ifrån dem förrän detta livet når sitt slut. Men jag, som har tröst i överflöd, skall i rikt mått skänka dem tröst.«

Kapitel 87
Dygdernas skönhet

Sonen talar till bruden: »Jag har tidigare sagt dig att du bör ha klara ögon, så att du ser det onda som du har gjort och det goda som du har underlåtit att göra. Må din mun, dvs. din själ, vara ren från allt ont. Läpparna är i sanning de två begär som du bör ha, nämligen begäret att lämna allt för min skull och viljan att förbli hos mig. Och dessa läppar bör vara röda, ty den färgen är vackrare och syns på längre avstånd än andra. Den färgen betecknar skönheten och all skönhet ligger i dygderna, ty ingen offergåva är Gud mera behaglig än offret av det som människan älskar mest och som mer än något annat kan bygga upp andras själar. Därför bör människan i sin vilja och i sin gärning skänka Gud det som är henne kärast. Man kan ju läsa att Gud gladde sig över sina fullkomliga verk. Så gläder sig Gud också när en människa helt och hållet frambär sig själv till honom och både i plågan och i glädjen vill det som Gud vill. [...]

Jag har tidigare också sagt dig att jag vill bli älskad med en brinnande kärlek, ty jag är som en eld av gudomlig kärlek. I min eld finns i sanning tre förunderliga ting. Det första är att den brinner och aldrig har blivit tänd, det andra att den aldrig släcks ut, det tredje att den alltid brinner och aldrig kommer att förtäras.

Sådan var min kärlek till människan i min gudom alltifrån begynnelsen och den brann ännu mera då jag antog den mänskliga naturen. Nu brinner den så starkt att den aldrig kan slockna; den gör själen brinnande men förtär den inte, utan skänker den ständigt ny styrka. Detta kan du lära av fågeln Fenix som, fastän tyngd av ålderdom, samlar ved på det högsta berg. När veden har antänts av solens hetta kastar fågeln sig i elden, dör och får liv igen. Så är det också med själen som tänds av den gudomliga kärlekens eld och står upp ur den, såsom Fenix, skönare och starkare än förut.«

Kapitel 89

Den andlige riddarens vapen

Sonen talar: »Må var och en som vill strida vara storsint och stå upp igen om han faller, inte förtrösta på sina egna krafter utan på min barmhärtighet. Den som misströstar om min godhet och tänker så för sig själv: ›Om jag skulle företa mig något och då tyglar min kropp med fastor och mödosamma nattliga vakor, skulle jag inte kunna hålla ut och inte hålla mig borta från lasterna, ty Gud skulle inte hjälpa mig.‹ Den som tänker så, han förtjänar att falla.

Må alltså den som vill strida andligen förtrösta på mig och på vad han kan uträtta med min nåds hjälp. Må han vidare ha viljan att göra det goda och undvika det onda och stå upp igen så snart han faller; må han för den skull läsa denna bön: ›Herre, allsmäktige Gud, som leder alla till det goda. Jag, syndare, har alltför länge genom mina synder hållit mig borta från dig. Jag tackar dig för att du har fört mig tillbaka till den rätta vägen. Jag ber dig, barmhärtige Jesus, att du förbarmar dig över mig, du som stod fäst på korset, blodig och lidande. Och jag ber dig genom de fem såren och genom den smärta som genom dina genomstungna ådror nådde ända till hjärtat, att du i dag ville bevara mig så att jag inte faller i synd. Ge mig även kraft att motstå fiendens pilar och manligt så upp igen, om det skulle hända att jag föll i synd.‹

Men för att under striden kunna framhärda i det goda, må han bedja så: ›O, Herre Gud, för vilken inget är omöjligt och som förmår allt, ge mig styrka att göra goda gärningar och hålla ut i det goda.‹

Härefter må han fatta svärdet i sin hand, dvs. den rena bekännelsen, som bör vara grundlig och klar: grundlig, så att han noggrant rannsakar sitt samvete, hur och hur mycket och var han har felat och av vilken orsak; klar, så att han inte blygs för något, inte döljer något, eller framställer sina synder på ett oriktigt sätt. Detta svärd bör ha två vassa eggar, nämligen viljan att inte mera synda och viljan att gottgöra det han brutit. Må spetsen på detta svärd vara ångern. Med den dödas djävulen när människan, såsom hon tidigare hade sin glädje i synden, nu sliter sönder och begråter den därför att hon med den retade mig, Gud, till vrede. Detta svärd bör även ha ett fäste, dvs. betraktandet av Guds stora barmhärtighet. Denna barmhärtighet är så väldig att ingen är en så stor syndare att han inte får förlåtelse, om han ber om den med viljan att bättra sig.

Med detta medvetande – nämligen att Gud är oändligt barmhärtig – må man fatta bekännelsens svärd, men för att handen inte måtte såras av eggen må den skyddas av det järn som finns mellan eggen och fästet. Och för att svärdet inte måtte falla ur handen måste där finnas en hindrande svärdsknapp. Denna liknelse betyder: Må den som har bekännelsens svärd och som för Guds barmhärtighets skull hoppas på förlåtelse och rening från synderna akta sig, så att han inte faller genom att förmätet ta förlåtelsen för något givet. Det är därför en svärdsknapp bör sitta i vägen, dvs. gudsfruktan, så att man hyser fruktan för att Gud skall dra undan sin nåd och i stället vredgas för den stora förmätenhetens skull. Men för att handen genom sitt ivriga men okloka arbete inte skall såras och förlora sin kraft, måste den skyddas av det järn som finns mellan handen och eggen, dvs. genom betraktandet av Guds rättvisa, ty fastän jag, Gud, såtillvida är rättvis att jag inte lämnar någonting utanför rannsakningen och domen, visar jag dock en sådan barmhärtighet och billighet att jag inte fordrar mera än vad naturen kan bära och efterskänker jag det största straff och förlåter jag en stor synd för en mycket liten gottgörelse.«

Kapitel 94

Dagliga böner

Guds Son talar till bruden och säger: »Den yttre skönheten betecknar den inre skönhet som en människa bör ha. Säg därför, när du tar på dig doket eller slöjan som håller samman håret: ›O Herre Gud, jag tackar dig ty du har burit mig i min synd. Och eftersom jag, för min bristande avhållsamhets skull, inte är värdig att se dig gömmer jag mitt hår.‹« Och Herren tillade: »Så mycket är den bristande avhållsamheten föraktlig inför mig, att även en jungfru inför mig inte är en jungfru om hon har viljan att leva okyskt, för så vitt hon inte bättrar denna vilja genom att göra bot.

När du höljer pannan skall du säga: ›O Herre Gud, du som har skapat allt väl och människan till något förnämligare än allt annat, nämligen efter din bild, förbarma dig över mig! Och eftersom jag inte har bevarat mitt ansiktes skönhet för att du skulle få äran, beslöjar jag min panna.‹ Och när du sätter på dig skorna skall du säga: ›Välsignad vare du, min Gud, som befaller mig att bära skor för att jag skall vara stark och inte trög i din tjänst. Stärk mig alltså, så att jag kan gå på dina budords väg.‹ Må du i dina övriga klädesplagg visa ödmjukhet och i alla dina kroppsdelar en måttfull värdighet.

När du går till bords skall du säga: ›O Herre Gud, om du ville hålla oss vid liv utan mat (något som vore möjligt för dig), ville jag gärna be dig att göra det. Men eftersom du befaller oss att äta måttfullt ber jag dig: Ge mig återhållsamhet i ätandet, så att jag genom din nåd kan äta det som är nödvändigt för min natur och inte som kroppens lust begär.‹

När du går till sängs för att sova skall du säga: ›Välsignad vare du, Gud, som inrättar växlingen av tiden till vår själs och vår kropps hälsa och vederkvickelse! Jag ber dig att under denna natt skänka vila åt min kropp och bevara mig oskadd från ovännens makt och bedrägeri.‹«

Kapitel 97
Kvarnhjulet

Sonen talar genom bruden till en viss prelat och säger till honom: »Du är lik ett kvarnhjul som är orörligt, och eftersom det står stilla och inte rör sig blir heller inte kornen i kvarnen malda. Detta hjul betecknar alltså din vilja som borde röra sig, inte efter din egen vilja och åstundan utan efter min; allt borde du lämna i mina händer. Men detta hjul är alltför orörligt för min vilja, ty det världsliga tänkandets vatten driver alltför mycket ditt sinne. Det är som om betraktandet av mina gärningar och mitt lidande vore dött i ditt hjärta, och därför har du inte någon smak eller någon känsel för själens mat.

Må du därför öppna vägen för den tilltäppta vattenströmmen, så att vattnet kan flöda. När det strömmar blir hjulet rörligt och kornen kan då lätt malas. Det hinder som håller tillbaka vattnet är sinnets högmod och självhävdelse, varigenom den Helige Andes nåd hämmas och allt det goda som skulle skänka frukt åt själen hejdas. Tillägna dig alltså den sanna ödmjukheten i din själ, ty genom den strömmar den Helige Andes ljuvlighet in i din själ och det världsliga tänkesättet strömmar ut. Genom den blir också din vilja rörlig och fullkomnas den efter min vilja, och då börjar du att betrakta dina egna gärningar som korn och att hålla mina gärningar för något stort.

Vad är då den sanna ödmjukheten? Helt visst inte att bry sig om människors gunst eller ogunst utan att träda in på min väg, den glömda och försummade, inte att söka överflödet utan att hålla sig till det som är enkelt och anspråkslöst. Om du älskar den vägen, då får du smak för de andliga tingen, då blir mitt lidande och mina heligas väg ljuvliga för ditt sinne, då skall du förstå hur mycket du är skyldig de själar som du har åtagit dig att styra. Eftersom du har stigit upp till hjulets högsta punkt med två fötter, nämligen med makten och äran, har du blivit girig av makten och högmodig av äran. Stig nu alltså ner genom att ödmjuka dig i sinnet och genom att be de ödmjuka om att be för dig. Ty till dig vill jag sända min rättvisa, som är lik en kraftigt forsande flod, och jag vill utkräva av dig den yttersta skärven, dvs. räkenskap för din kärlek, ditt tal och din gärning. Jag vill även utkräva de själar som jag har anförtrott åt din vård, dem som jag själv har återlöst med mitt blod.«

Kapitel 101
Vägar till Guds hjärta

Guds moder talar: »Min sons hjärta är sött som honung och rent som den renaste källa, ty allt vad dygd och godhet heter strömmar fram ur det som ur en källa. Han är också ljuvlig, ty vad kan vara ljuvligare för en tänkande människa än att betrakta hans kärlek i skapelsen och återlösningen, i hans möda och hans lära, i hans nåd och hans tålamod? Hans kärlek är ju ingalunda flytande som vatten utan utsträckt och fast, ty hans kärlek förblir hos människan ända till slutet så att syndaren, om han så stod vid gränsen till förtappelsen, skulle kunna räddas – om han bara ropade på honom och hade viljan att bättra sig.

Det finns två vägar att nå fram till Guds hjärta. Den första är ödmjukheten i den sanna ångern, och den leder människan in i Guds hjärta och till det andliga samtalet med honom. Den andra vägen är betraktelsen av min Sons lidande, som tar bort hårdheten ur människans hjärta och får människan att med glädje skynda till Guds hjärta.«

Kapitel 110

De två andarna

Sonen talar: »Hur skall man känna igen min ande? Det finns ju två andar, nämligen en god och en ond. Det skall jag säga dig: Min ande är varm och åstadkommer två ting. För det första åstadkommer han att man inte längtar efter något utom Gud, och för det andra skänker han stor ödmjukhet och förakt för världen. Den onde anden däremot är kall *och* varm: kall, ty han gör allt som hör Gud till bittert, varm, ty han böjer människan till att följa kroppens lust och till världslig högfärd och han uppeggar henne till att söka sitt eget beröm. Han nalkas inställsam som en vän, men han är som en bitsk hund. Han närmar sig som en ljuvlig tröstare, men han är den allra eländigaste bedragare. Säg därför till honom när han kommer: ›Jag vill inte ha med dig att göra, ty ditt slut är ont.‹ Men då den gode anden kommer, säg då till honom: ›Kom, Herre, som en eld och tänd mitt hjärta! Ty även om jag är ovärdig att ha dig, så behöver jag från min sida dig, ty du blir inte bättre av mig och behöver inte mig, men jag blir bättre genom dig och utan dig är jag ingenting.‹«

Kapitel 111

Den andliga lagen

Sonen talar till bruden och säger: »Det finns tre lagar: en är kyrkans, den andra är kejsarens och den tredje är samhällets. Alla dessa lagar är skrivna på skinn från döda djur. Men det finns också en annan lag, en andlig, som inte skrivs på skinn utan i livets bok, en lag som aldrig någonsin förgår och aldrig fördärvas av ålderdom, som aldrig uppväcker leda och som det inte är svårt att bli ägare av.

Varje god lag bör syfta till själens frälsning och till att Guds bud efterlevs, de onda begärelserna undflys och de goda gärningar blir eftertraktade som man med klokhet bör förverkliga. [...] Detta gäller också om den andliga lagen. Ty den andliga lagen består i att känna och älska Gud och att njuta honom, och i denna lag finns ära och andliga rikedomar. Den säger att man bör byta ut allt skapat mot Skaparen, överge egenviljan för Guds skull, älska dygderna och för himmelens skull låta världen vara.

Dessa rikedomar kan man vinna på fyra sätt. Först och främst genom kärleken, ty liksom en jordisk herre av kärlek ger gåvor åt någon utan att denne har förtjänat det, så skapade jag människan och återlöste henne på grund av min godhet och bevarar och hedrar jag henne dagligen, trots att hon visar mig otacksamhet. Dessutom skall var och en som älskar mig av allt hjärta och inte längtar efter något utom efter mig, på jorden få den dygd som med Guds finger inskrivs i hjärtat och i himmelen få den ära som står skriven i livets bok och som är evigt liv.

För det andra får man andlig ära genom arv. Genom mitt människoblivande och lidande förvärvade jag ju himmelen åt människan och öppnade den för henne med arvsrätt. Ty liksom man kan säga att människan sålde sitt gudomliga arv åt djävulen genom att byta bort den eviga glädjen mot en liten frukt, livets träd mot förbjuden föda, sanningen mot bedrägeriet, så slet jag genom lydnaden mot Fadern sönder olydnadens brev, genom mitt hjärtas bittra lidande gottgjorde jag för fruktens sötma, genom min död förvärvade jag livets träd åt människan, genom tron på min mänsklighet ledde jag människan tillbaka och upprättade jag sanningen. Var och en som alltså tror på min sannings ord och efterliknar mig skall genom arv få del av andliga rikedomar och min nåd.

För det tredje får man andlig ära genom uppdelning, när en människa genom en uppdelning skiljer sig från all den förnöjelse som köttsliga glädjeämnen ger och vänder sig bort från den köttsliga lusten till avhållsamheten, från rikedomarna till fattigdomen, från äran till föraktet, från de jordiska föräldrarna till umgänget med Guds vänner, från betraktandet av världen till skådandet av Gud.

För det fjärde får man andlig ära genom att utföra ödmjukhetens och tjänandets gärningar, när en människa i Guds tjänst kämpar med tålamod som en stark riddare i strid, när hon tjänar i ödmjukhet och trohet som en god tjänare, när hon barmhärtigt och rättvist som en god förvaltare utför det värv som anförtrotts henne och som en god spanare är vaksam mot frestelser. Denna människa är värdig att få den ära och de andliga rikedomar som inte står skrivna på skinn utan finns i själen, ty den skrivna lagen i dess tre gestalter är nyttig till att fullkomna rättvisan, men genom den andliga lagen skördar man en ljuvlig frukt.

Alltså, min dotter, sök att genom kärleken vinna den andliga äran, nämligen genom att inte älska något såsom mig; sök att vinna den genom arv, alltså genom att fast tro vad kyrkan bjuder dig att tro; sök att vinna den genom ödmjukhetens gärningar, nämligen genom att göra allt för min äras skull. Du är ju kallad att leva i min lag. Må du därför hålla fast vid min lag, ty liksom en god klerk lever enligt kyrkans lag, så må även du leva enligt min ödmjukhets lag genom att bli lik mina vänner. All världslig lag är ju till en del inriktad mot att man skall få världslig ära och till en del mot att man skall förakta den. Men min lag har bara ett enda syfte: den inriktar sig mot det himmelska, ty före mig och efter mig har ingen såsom jag – och den jag vill uppenbara det för – fullt fattat hurudan och hur härlig himmelrikets ljuvlighet är.«

Kapitel 119

Sonens sju goda ting

Modern talar: »Min son har sju goda ting. Han är den allra mäktigaste – som en eld som förtär allting. För det andra är han allra visast; hans vishet kan man lika litet fatta som man kan tömma havet på vatten. För det tredje är han allra starkast – som ett berg som man inte kan flytta. För det fjärde är han allra dygdigast – som en blomma som drar bin till sig. För det femte är han den allra skönaste – som den strålande solen. För det sjätte är han den allra rättvisaste – som en kung som inte skonar någon som står emot rättvisan. För det sjunde är han den allra godaste – som en herre som ger sitt liv för sin tjänare.

Som motsats till detta fick han utstå sju ting: För sin makts skull blev han gjord till en mask, för sin vishets skull betraktades han som den ovisaste, för sin styrkas skull bands han som ett barn i bindor, för sin skönhets skull blev han sedd som en spetälsk, för sin dygdighets skull fick han stå naken och bunden, för sin rättvisas skull blev han betraktad som en lögnare, för sin godhets skull blev han dödad.«

Kapitel 123

Bruden och hennes syskon

Sonen talar till bruden: »Jag är som en brudgum som har förmält sig med en brud, vilken fadern och modern, systern och brodern fordrar tillbaka. Fadern säger: ›Ge mig tillbaka min dotter, ty hon är född av mitt blod.‹ Modern säger: ›Ge tillbaka min dotter, ty jag har närt henne med min mjölk.‹ Systern säger: ›Ge tillbaka min syster, ty vi uppfostrades tillsammans.‹ Brodern säger: ›Ge tillbaka min syster, ty det tillkommer mig att härska över henne.‹

Brudgummen svarade dem: ›O, du fader, om hon fötts av ditt blod bör hon nu uppfyllas av mitt blod. O, du moder, om du närt henne med din mjölk vill jag nu nära henne med min glädje. O, du syster, om hon har blivit uppfostrad i enlighet med dina seder skall hon nu hålla sig till mina. O, du broder, om du ända till nu har härskat över henne tillkommer det nu mig att härska över henne.‹

Så har skett med dig. Om din fader, dvs. den köttsliga lusten, fordrar dig tillbaka, tillkommer det mig att uppfylla dig med min kärlek. Om din moder, dvs. världsliga omsorger, fordrar dig tillbaka, tillkommer det mig att nära dig med trösten av min mjölk. Om din syster, dvs. de världsliga umgängessederna, fordrar dig tillbaka, bör du nu hellre hålla dig till mina seder. Om din broder, dvs. egenviljan, fordrar dig tillbaka, åligger det dig nu att göra min vilja.«

Kapitel 124
Dygdernas krona

Agnes talar till Kristi brud och säger: »Kom, min dotter, och sätt på dig denna krona som är gjord av sju ädla stenar. Vad är nämligen kronan annat än det beprövade tålamodet, som flätas av prövningar och pryds av Gud med dessa smycken?

Den första stenen i din krona är alltså jaspis. Den sattes dit av honom som föraktfullt sade till dig att du inte visste med vilken ande du talade och att det vore nyttigare för dig att du på kvinnors vis ägnade dig åt att spinna än att du samtalade om Skriften. Liksom alltså jaspis skärper blicken och tänder glädje i själen, så tänder Gud genom prövningarna glädje i själen, upplyser förståndet till att fatta andliga ting och dödar de oordnade rörelserna i själen.

Den andra stenen är safiren. Den sattes dit av honom som

talade berömmande om dig framifrån men bakom din rygg förtalade dig. Liksom alltså safiren har himlens färg och håller kroppens lemmar friska, så prövar ondskans människor den rättfärdige så att han blir himmelsk och bevarar själens olika lemmar så att den inte förhäver sig av högmod.

Den tredje stenen är smaragden. Den sattes dit av honom som påstod att du hade sagt sådant som du varken tänkt eller sagt. Liksom alltså smaragden i sig är skör och dock vacker i sin gröna färg, så blir lögnen snabbt tillintetgjord men gör dock själen vacker genom den belöning som tålamodet utverkar.

Den fjärde stenen är pärlan. Den sattes dit av honom som i din närvaro talade illa om en Guds vän. Av förtalet av honom blev du mera bestört än om det hade gällt dig själv. Liksom alltså pärlan är vit och vacker och lättar hjärtats plåga, så för kärlekens smärta Gud in i själen och hämmar vredens och otålighetens lidelser.

Den femte stenen är topasen. Den sattes dit av honom som talade bittra ord till dig men som du däremot välsignade. Liksom alltså topasen har guldets färg och bevarar kyskheten och skönheten, så är inför Gud ingenting vackrare och honom mera välbehagligt än att man älskar den som skymfar en och att man ber för dem som förföljer en.

Den sjätte stenen är diamanten. Den sattes dit av honom som gjorde dig en kroppslig skada, som du bar med tålamod utan att vilja vanhedra honom. Liksom alltså diamanten inte krossas genom slag men däremot av blod från en bock, så är det välbehagligt för Gud när en människa för Guds skull glömmer och överser med en kroppslig skada och i stället alltid tänker på vad Gud gjort för människan.

Den sjunde stenen är karbunkeln. Den sattes dit av honom som kom till dig med falska nyheter – nämligen att din son Karl skulle vara död – och du tåligt bar detta och överlämnade din vilja åt Gud. Liksom alltså karbunkeln lyser i huset och är den skönaste stenen på ringen, så lockar den som är tålig – då han förlorar något som han älskar – Gud till att älska honom och lyser han själv behagfullt, likt en dyrbar sten inför de heligas blickar.

Stå alltså fast, min dotter, ty för att din krona skall bli ännu rikare är ytterligare några stenar nödvändiga. Abraham och Job blev ännu bättre och mera kända och ryktbara genom att de prövades och Johannes Döparen blev ännu heligare genom sitt vittnesbörd för sanningen.«

Ur
Uppenbarelsernas femte bok

Revelation 4

Maria – den krönta Drottningen över allt skapat

Sonen talar: »Jag är den krönte Konungen, i min gudom utan början och utan slut. Kronan har varken början eller slut. Den betecknar min makt, som inte hade någon början och inte skall ha något slut. Men jag hade också en annan krona, förvarad inom mig, och den kronan är jag själv, Gud. Denna krona var förberedd för den som skulle ha den största kärleken till mig och denna krona har du, min allra ljuvligaste Moder, vunnit och dragit till dig med din rättfärdighet och kärlek. Änglar och helgon frambär det vittnesbördet att i dig fanns en kärlek till mig som var mera brinnande och en kyskhet som var renare än alla andras och som behagade mig mera än alla andras.

Ditt huvud var helt visst som glänsande guld och ditt hår som solens strålar, ty din allra renaste jungfrulighet, som hos dig är liksom alla dygders huvud, och din återhållsamhet i fråga om alla otillåtna begärelser har behagat mig och strålade inför mig med all ödmjukhet. Därför kallas du med rätta för den krönta drottningen över allt som är skapat: drottning för din renhets skull, krönt för din upphöjda värdighets skull. Din panna hade en oförliknelig vithet och den betecknar ditt samvetes ärbarhet. Där finns den mänskliga kunskapens fullhet och i den lyser den gudomliga vishetens sötma mer än hos någon annan. Dina ögon var i min Faders åsyn så klart lysande att han kunde spegla sig i dem, ty i din andliga syn och i din själs kunskap såg Fadern all din vilja, som inte ville något annat än honom och inte längtade efter något annat än vad som överensstämde med hans vilja. Dina öron var så rena man kan tänka sig och de var öppna som de allra renaste fönster, när Gabriel bar fram till dig min vilja och när jag, Gud, blev människa i dig. Dina kinder var ädelt färgade, nämligen vita och röda, ty ryktet om dina berömvärda gärningar och skönheten i din livsföring, som dagligen brann i dig, behagade mig. Min Gud och Fader gladde sig sannerligen över skönheten i ditt liv och han vände aldrig bort sina ögon från dig och av din kärlek fick alla kärlek. Din mun var som en lykta som brinner därinne och kastar sitt sken utåt, ty din själs ord och hängivenhet brann av gudomlig kunskap och strålade utåt genom dina kroppsliga åthävors sköna gestalt och i dina dygders sköna harmoni.

Sannerligen, du allra käraste Moder, ordet från din mun liksom drog min gudom till dig och glöden i din gudomliga ljuvlighet skilde mig aldrig från dig, ty dina ord är ljuvligare än honung och honungskaka. Din hals har en ädel böjning och en skön resning, ty din själs rättfärdighet är helt böjd mot mig och rör sig efter min vilja, ty den var aldrig böjd mot det onda som högmodet är. Liksom alltså halsen böjer sig på samma sätt som huvudet, så böjs hela din avsikt och gärning efter min vilja. Ditt inre var så fullt av dina dygders hela sötma, att inget gott finns i mig som inte finns hos dig, ty allt gott drog du in i dig genom ljuvligheten i din livsföring, när det behagade min gudom att träda in i dig och min gudomliga natur att bo hos dig och dricka mjölk från dina bröst. Dina armar var sköna genom den sanna lydnaden och uthålligheten i mödorna. Därför fick dina kroppsliga händer beröra min mänskliga natur och därför vilade jag tillsammans med min gudom i dina armar. Ditt moderliv var rent som elfenben och lysande med största klarhet, likt ett rum prytt av ädlaste stenar, ty ditt samvetes och din tros fasthet försvagades aldrig och kunde inte fläckas ens under prövningar. Detta ditt moderlivs, dvs. din tros, väggar var som klart skinande guld, ty där var dina dygders styrka, din visdom, rättvisa och måttfullhet, tillsammans med din fulländade uthållighet, och alla dessa dygder hade den gudomliga kärlekens fullkomlighet. Dina fötter var rena från all smuts, som vore de fulla av doftande örter, ty din själs hopp och hängivenhet var inriktade mot mig, din Gud, och doftande så att de var en förebild för andra att efterlikna. Platsen i ditt moderliv – såväl det andliga som det kroppsliga – var för mig så åtråvärd och din själ var mig så välbehaglig, att jag inte tvekade att stiga ner från den höga himmelen till dig och bo hos dig, utan i stället fann den största glädje däri. Därför, högt älskade Moder, var det tillbörligt att den krona som förvarades inom mig – den krona som är jag själv, Gud, och som skulle bli människa – inte sattes på någon annan än på dig, ty du är sannerligen moder och jungfru.«

Revelation 5

Fyra frestelser

Guds Son talar till bruden och säger: »Du skall vara mycket noga på din vakt!« Men hon svarar: »Varför?« Herren säger till henne: »Jo, eftersom världen sänder fyra tjänare till dig som vill lägga snaror för dig. Den förste är omsorg om dina rikedomar. Då han kommer skall du svara honom: ›Rikedomar är förgängliga. Ju mer man har av dem, desto mera räkenskap måste man avlägga för dem. Därför bekymrar jag mig inte över dem, ty de stannar inte kvar hos sin ägare utan överger honom.‹ Den andre tjänaren är förlusten av rikedomar och den skada som kan drabba det man förvärvat. Svara honom så: ›Den som gav mig rikedomar, han har också tagit dem ifrån mig. Han visste att det var bra för mig. Ske hans vilja!‹ Den tredje tjänaren är den bedrövelse som världen åstadkommer. Till honom skall du säga så: ›Välsignad vare du, min Gud, som tillåter att jag bedrövas. Genom bedrövelserna förstår jag att jag är din, ty du tillåter att jag i denna tiden drabbas av bedrövelser, för att du vill skona mig i det kommande livet. Skänk mig därför tålamod och styrka så att jag härdar ut!‹ Den fjärde tjänaren är föraktet och skammen. Dem skall du svara så: ›Bara Gud är god och all ära tillkommer honom. Allt vad jag har gjort är värdelöst och ont, varför skall jag då äras? Jag är snarare värd förakt, ty hela mitt liv har jag skymfat Gud. Eller har jag mera nytta av äran än av föraktet? Äran uppväcker ju högmodet och minskar ödmjukheten och får oss att glömma Gud. Må därför Gud ha allt lov och all ära!‹ Var alltså noga på din vakt mot dessa världens tjänare och älska mig, din Gud, av allt hjärta.«

Revelation 6

Om frestelsers andliga nytta

Sonen talar: »Det är skrivet att Jakob tjänade för att få Rakel och att hans väntans dagar tycktes honom vara få, eftersom hans kärlek var stor, ty stor kärlek lättar mödorna. Då Jakob trodde att han hade nått målet för sin längtan blev han visserligen lurad, men han upphörde fördenskull inte med mödorna, ty kärleken låter sig inte hindras av en svårighet utan fortsätter tills den nått vad den önskar.

Så är det också i det andliga livet. För att få de himmelska skatterna anstränger sig många med all kraft med böner och fromma gärningar, men då de menar sig ha nått fram till kontemplationens vila invecklas de i frestelser. Prövningarna blir flera och flera och då de tror sig vara fullkomliga upptäcker de att de i alla avseenden är ofullkomliga. Detta är ingenting att förundra sig över, ty frestelser kommer för att pröva människorna, rena dem och fullkomna dem. För somliga kommer frestelserna i början av deras omvändelse till ett andligt liv, och dessa blir vid slutet starkare i sin fullkomning. Andra frestas svårt under mitten eller slutet av sitt liv. Dessa må noga vaka över sig själva och aldrig bli övermodiga utan anstränga sig desto mera. Laban sade ju: ›Det är brukligt att man först tar till sig den äldre systern.‹ Därmed menade han: ›Ansträng dig först, så skall du därefter få den vila du önskar.‹ Bli därför inte förvånad, min dotter, om frestelserna blir större i din ålderdom, ty så länge man får leva kan man också frestas. Djävulen sover aldrig och frestelsen är en möjlighet till fullkomning och förhindrar att människan slår sig till ro.

Jag skall visa dig ett exempel som handlar om två människor. Den ena frestades i början av sin omvändelse men stod fast, växte och nådde fram till det hon sökte. Den andra utsattes på sin ålderdom för svåra frestelser, sådana som hon knappast hade mött i sin ungdom. Hon blev så insnärjd i dem att hon nästan glömde allt som tidigare hade varit. Men hon följde de råd hon fick och upphörde inte att anstränga sig, fast hon blev kall och matt. Så nådde hon fram till det hon önskade och till sinnets vila. Hon insåg att Guds domar är outgrundliga och rättvisa och att hon svårligen skulle ha nått fram till den eviga frälsningen, om dessa frestelser inte hade drabbat henne.«

Revelation 9

Världens fattigdomshus

Sonen talar till bruden: »Du är en som ammades i ett fattigt hus men sedan kom in i de storas sällskap. I ett fattigt hus finns tre ting, nämligen fläckiga väggar, farlig rök och sot som uppfyller hela huset. Men du fördes in i ett hus där skönheten är utan fläck, värmen utan rök och en ljuvlighet utan någon bismak uppfyller allt.

Det fattiga huset är världen. Dess väggar är högmodet, därinne har man glömt Gud, där överflödar synden, där tänker man inte på det som skall komma. Dessa fläckar på väggarna tillintetgör de goda gärningarna och döljer Guds ansikte för människan. Röken är kärleken till världen. Den fördärvar ögonen, ty den förmörkar det andliga förståndet och inriktar det mot förgängliga ting. Sotet är begärelsen, ty även om den gläder under någon tid, kan den dock aldrig skänka någon mättnad och den uppfyller inte själen med den eviga godheten.

Från dessa ting har du dragits bort och förts in i den Helige Andes hus. Det finns i mig och jag är i det och där har du också blivit innesluten. Han är den allra renaste, allra skönaste och allra stadigaste, ty han håller allt vid makt. Låt dig alltså formas efter den som bor i det huset genom att förbli ren, ödmjuk och from.«

Ur
Uppenbarelsernas sjätte bok

Kapitel 4

Visdomens förkunnare

»Den som har det guld som är hans herres visdom tillhålls att göra tre ting. För det första bör han dela ut det till dem som vill ha det, och dessutom hålla fram det för dem som inte vill ha det. För det andra bör han vara tålig och måttfull. För det tredje bör han vara förnuftig och rättvis, när han delar ut det. Den människa som har de nämnda dygderna är nämligen den som har mitt guld, dvs. min visdom. Vilken metall är dyrbarare än guldet? Likaså finns det i Skrifterna ingenting som har ett större värde än min visdom. Med denna visdom har jag uppfyllt honom som du ber för och därför bör han, som vore han min riddare, modigt predika mina ord och inte bara för dem som önskar att lyssna till honom, utan också för dem som inte vill bör han förkunna min nåd. För det andra bör han för mitt namns skull vara tålig, i vetskapen om att han har en herre som fick höra alla slags förebråelser. För det tredje säger jag att han bör vara rättvis när han delar ut, såväl mot den fattige som mot den rike. Ingen bör han skona, ingen bör han frukta, ty jag är i honom och han i mig. Jag skall skänka honom en dyrbar lön för hans möda, inte något kroppsligt eller något jordiskt utan mig själv, i vilken allt gott är och i vilken allt är överflöd.«

Kapitel 6

Den nya brudens otålighet

»Jag är din skapare och brudgum. Du, min nya brud, har nu i din vrede syndat mot mig på fyra sätt. För det första, ty du var otålig i ditt hjärta med anledning av vissa ord. Då jag för din skull uthärdade gisselslag och stod inför domaren svarade jag inte ett enda ord. För det andra, ty du svarade barskt och höjde din röst i förebråelser. Då jag naglades fast med spikarna såg jag upp mot himmelen och öppnade inte min mun. För det tredje, ty du visade förakt för mig, för vilkens skull du borde ha uthärdat allt med tålamod. För det fjärde, ty du blev inte till gagn för din nästa, ty honom som hade felat borde du genom ditt tålamod ha uppmuntrat till bättring.

Jag vill sålunda att du i fortsättningen inte blir vred. Då du av någon blir frestad till vrede bör du inte tala till honom, förrän vreden har fördrivits från din själ. Men när upprördheten i din själ har fördrivits och du noggrant har tänkt igenom orsaken till din upprördhet, kan du med lugn och behärskning tala med honom. Men om det handlar om någon sak, där det inte tjänar något till att tala och du inte syndar genom att tiga, är det mera förtjänstfullt att tiga.«

Kapitel 9

Den oomvända prästen vid mitt altare

»Den präst du ber för är som en tång med vilken man drar ut ur mig mina dygders guld. Han är som ett vansläktat får, som inte bryr sig om att lyssna på sin moders röst. När han går fram till mitt altare, står demoner vid hans sida. De bor i hans själ, ty den är död inför mig. Då han lägger halslinet på sina skuldror, lägger sig demonerna som en skugga över hans själ för att den inte skall inse och fatta hur fruktansvärt det är att träda fram till mitt altare och hur ren den borde vara som skall stå inför mig, den renaste. Då han klär på sig alban, blir han klädd i hjärtats hårdhet och ofromhet, ty han menar att hans synd inte är allvarlig och att det eviga straff som väntar honom inte är stort. Och hurdan den eviga glädjen är, faller det honom inte in att tänka på. Då han lägger på sig stolan, lägger djävulen ett tungt ok på hans nacke, så att han gläder sig över synden och finner den ljuvlig. Den tynger ner hans själ, så att den inte tillåter honom att begråta eller tänka på sin synd. Då han sätter på sig manipeln, blir alla gärningar i Guds tjänst tunga och mödosamma för honom; han skäms för dem. De jordiska gärningarna däremot blir lätta att utföra. Då han sätter på sig gördeln, binder han ihop sin vilja med djävulen, så att han vill och beslutar sig för att vara kvar i synden. Då löses min kärleks band till honom upp, ty hans vilja står till allt som djävulen inger honom, för så vitt han inte hålls tillbaka av mitt fördolda domslut. Då han klär sig i mässhaken, klär djävulen honom med vantron.

När han läser syndabekännelsen, svarar demonerna: ›Du ljuger! Vi kan omvittna att hans bekännelse liknar Judas', ty han säger en sak med munnen, men med hjärtat något annat.‹ Då han går fram till altaret, vänder jag mitt ansikte bort från honom. Vad än mässans tema är, om det handlar om min moder eller om de heliga, är den mig lika kär som om en sköka bar fram sitt månadsblod i något kärl inför en ädling till att dricka, eller som om någon skulle säga till sin ovän: ›Akta dig! Jag är ute efter att skada dig!‹ När han konsekrerar min kropp och säger: ›Detta är min kropp‹, då flyr demonerna från honom och hans kropp lämnas kvar som vore den stympad, ty hans själ är död inför mina ögon. Men när han för min kropp till sin mun, återvänder på grund av hans förmätenhet hela hopen av demoner till honom, ty någon kärlek till mig har han inte.

Men jag är så barmhärtig att om han med förkrossat hjärta och med föresatsen att bättra sig sade: ›Herre, för ditt lidandes och den kärleks skull som du har till människorna: förlåt mig mina synder!‹, så skulle jag ta emot honom och demonerna skulle inte vända tillbaka till honom. Men han har världens träck i sin mun och ur hans hjärta väller maskar fram och därför finner han inget behag i ljuvligheten i mina ord. I hjärtat förtärs han av onyttiga tankar, så att han inte ägnar mig en tanke. Därför skall han aldrig mera träda inför mitt altare. Vad är mitt altare annat än det himmelska bordet och härligheten i himmelen, där änglarna och de heliga hämtar sin glädje? Detta är vad stenaltaret i kyrkan betecknar, där dagligen min korsfästa kropp offras, på samma sätt som en gång under lagens tid offren betecknade det som nu sker i kyrkan. Vad betyder det himmelska bordet annat än jublet och glädjen? Den glädjen skall denne präst aldrig erfara i den eviga härligheten. Inför detta mitt altare skall han aldrig någonsin stå och mitt ansikte skall han inte skåda.

Mina söner däremot, de skall se mitt ansikte. Jag är som den sanne pelikanen, ty jag skall ge dem mitt eget blod. Dem ger jag nu näring och i den kommande tiden skall de få äta sig mätta. Honom däremot skall den vedervärdiga örnen ge föda, den som har för vana att, sedan den har mättat sina ungar, under en tid undanhålla dem vad de behöver, så att den av svälten kommande magerheten syns på dem under resten av livet. Så skall djävulen under en tid föda honom med sin lusta, så att han därefter känner hunger efter glädjen och den hungern skall vara utan ände. Men sannerligen: om han omvänder sig, medan han lever, står min barmhärtighet öppen för honom.«

Kapitel 12
Bistocken

Den saliga Jungfrun talade till bruden och sade: »Min Sons brud, du hälsade mig och liknade mig vid en bistock. Jag var helt visst en bistock, ty innan min kropp hade förenats med själen var den som ett ensamt träd i min moders sköte. Även efter min död var min kropp som ett träd som skilts från själen, ända till dess att Gud upphöjde min själ till gudomen tillsammans med kroppen. Detta träd gjordes till en bistock när det välsignade biet – Guds Son – begav sig iväg från himlarna och levande Gud steg ned i min kropp. I mig fanns då liksom den allra ljuvligaste och förnämsta vaxkaka, som på alla sätt var redo för att ta emot den Helige Andes allra ljuvligaste honung.

Denna vaxkaka uppfylldes när Guds Son kom in i mig med sin makt, kärlek och värdighet. Han kom med makt, ty han var min Herre och Gud. Han kom med kärlek, ty det var för den kärleks skull som han har till själarna som han tog på sig kroppen och korset. Han kom med värdighet, ty all Adams synd var borta från mig. Så förenade sig den allra värdigaste Gudssonen med den allra värdigaste kroppen.

Men liksom biet har en gadd, som det dock inte sticker med om det inte blir tvunget, så äger min Son rättfärdighetens stränghet, som han dock inte gör bruk av annat än när synder uppväcker hans vrede. Men detta bi blev illa lönat, ty för sin makts skull överlämnades han i syndares händer, för sin kärleks skull gavs han i de grymmas händer och för sin värdighets skull kläddes han av och gisslades utan barmhärtighet.

Välsignat vare alltså detta bi, som av mitt träd gjorde en bistock åt sig och så rikligt fyllde den med sin honung, att den otäcka smaken togs bort från allas mun genom den ljuvliga sötma som var given åt mig!«

Kapitel 14
Den tillfångatagna dottern

En av änglarna talade till Gud och sade: »Lov vare dig, min Herre, från hela din härskara för all din kärleks skull! I min vård överlämnade du denna brud som står här. Se, nu lämnar jag henne tillbaka till dig. Jag lockade henne till dig som om hon vore en liten flicka genom att först ge henne en frukt, men sedan hon ätit upp frukten sade jag till henne: ›Följ mig, min flicka, ett stycke till och jag skall ge dig det ljuvligaste vin. Ty en frukt smakar ju inte mycket, men i vinet finns sötma och glädje för själen.‹ Men sedan hon hade smakat på vinet sade jag återigen till henne: ›Gå ännu längre, så skall jag ge dig det som finns för evigt och i vilket allt gott finns.‹«

Sedan detta sagts sade Herren till bruden: »Det du hörde min tjänare säga är sant. Han lockade dig verkligen till mig liksom med en frukt, när du kom till insikt om att allt vad du ägde kom från mig och när du tackade bara mig för detta. Liksom nämligen frukten inte smakar så mycket och inte mättar så mycket, så hade du på den tiden inte mycket smak för min kärlek, men kunskapen om Gud hade du i ditt hjärta en viss smak för. Nu har du dock kommit längre, när du tänkte så för dig själv: ›Guds ära är evig, men världens glädje är ganska kort och när den tar slut helt värdelös. Vad gagnar det mig att älska dessa timliga ting?‹ Utifrån denna insikt började du att med kraft ta avstånd från världens fröjder och att, så mycket du förmådde, göra gott i mitt namn. Och liksom ansatt av längtan efter vin fick du en ännu häftigare törst efter mig. Då du så fattade att jag är den allsmäktige Herren, från vilken allt gott kommer, övergav du din egen vilja för att göra min. Då blev du verkligen min och jag gav mitt samtycke till dig och gjorde dig till min.«

Därefter sade Herren till ängeln: »Min tjänare, i mig är du rik, din ära är evig, din kärleks eld outsläcklig, din kraft outtömlig. Du har anförtrott mig min brud, men jag vill att du fortsätter att vaka över henne tills hon blir vuxen. Vaka över henne, så att inte djävulen i ett obevakat ögonblick lägger något hinder i hennes väg. Förse henne med dygdens kläder, den rena skönhetens kläder! Föd henne med mina ord som är som färskt kött, som gör blodet bättre, stärker det svaga köttet och i själen uppväcker en god glädje! Jag har nämligen berett alla dessa ting, såsom en man brukar göra för sin vän, som han fångar in för kärlekens och hennes eget bästas skull. Då han tar henne till fånga, säger han: ›Min vän, stig in i mitt hus och se hur det går till där och vad du har att göra.‹ För att vännen inte skall skrämmas när hon går in, visar den som tar henne till fånga inte de hemska ormar och de vilda lejon som har sina bon i huset, utan för att trösta henne låter han ormarna se ut som vore de tama lamm och lejonen som vore de vackra får. Och till vännen säger han: ›Min vän, du skall veta att jag älskar dig och har tagit dig till fånga för ditt eget bästas skull. Säg därför, vad du än ser, till mina vänner, de som vakar över dig och tröstar dig, att du föredrar fångenskapen hos mig framför din egen vilja.‹

Min älskade dotter, denna liknelse uttrycker vad jag har gjort med dig. Jag tog dig liksom till fånga då jag kallade dig bort från dina nöjen till min kärlek, då jag kallade dig från farorna i världen in i denna stillhetens hamn, där de som du för deras återhållsamhets skull håller för att vara jungfrur, i själva verket i sin ondska är lejon, och där de som du för den gudomliga kontemplationens skull tror vara får, krälar som ormar i frosseriets och lystnadens håla. Därför gäller, att vad du än ser eller hör, bör du inte föra det vidare till någon utom till mina vänner, de som är dina väktare och lärare. Ty den Ande som förde dig till hamnen skall också föra dig till fäderneslandet, och den som förde dig till en god början, han skall också föra dig till ett bättre slut.«

Kapitel 19a
Tre olika stämmor

»Denne man, som du väl känner, sjunger: ›Rädda mig, Herre, från onda människor.‹ Dessa ord ljuder i mina öron som ljudet från ett rör, eller från en vasspipa. Ljudet från hans läppar är som ljudet från två stenar som man slår mot varandra. Vem kan svara på detta tal, när man inte vet vad det skall betyda? Hans hjärta ropar ju till mig liksom med tre olika stämmor.

Den första säger: ›Jag vill ha min egen vilja, jag vill sova och stiga upp när det behagar mig. Behagfulla ord skall vara på mina läppar. Det som är angenämt och ljuvligt skall komma in i min mun. Jag bryr mig inte om att vara sparsam, utan söker det som mättar min kropp och vad den vill ha skall den också få. Jag vill ha pengar i plånboken och mjuka kläder på kroppen. Om jag har det, då är jag glad, ty jag har då det jag vill och är lycklig.‹

Den andra stämman ropar och säger: ›Döden är inte så hård som man säger och domen inte så sträng som det är skrivet. Predikanterna hotar med många och allvarliga saker för att man skall akta sig, men det är inte så farligt, ty det finns ju barmhärtighet. Om jag nu alltså lever efter min egen vilja är det angenämt och gott för mig, och så må det gå hur det vill för själen.‹

Den tredje stämman ropar och säger: ›Gud hade inte skapat mig, om han inte hade velat ge mig himmelriket. Inte heller hade han lidit, om han inte hade velat leda mig till fäderneslandet. Och varför ville han lida en så bitter pina? Vem tvingade honom och vad skulle det tjäna till? Hur skulle jag kunna veta att himmelriket finns till? Det är ju bara något som jag hört talas om. Att detta är något gott kan jag inte se. Jag vet inte om jag skall tro på det eller inte. Om jag har min vilja för mig själv är det min glädje och mitt himmelrike.‹

Så tänker denne man; detta är vad han vill. Därför låter hans ord i mina öron som när man slår ihop två stenar. Men på hans hjärtas första ord vill jag svara honom: ›Min vän, din väg går inte till himmelriket och tanken på mitt lidande smakar inte gott på din tunga. Därför ligger helvetet öppet för dig, ty ditt liv älskar det allra lägsta och din väg leder mot djupet.‹ På det andra ordet vill jag svara dig: ›Min son, döden skall komma över dig som något hårt och domen skall bli outhärdlig. Det kommer att bli omöjligt för dig att fly undan. Om du inte bättrar dig skall straffet bli bittert.‹ På ditt hjärtas tredje ord vill jag svara dig: ›Broder, allt jag har gjort, gjorde jag av kärlek för dig, för att du skulle bli lik mig och för att du, som hade vänt dig bort från mig, skulle vända åter till mig. Men nu har min kärlek slocknat i dig, mina gärningar är tunga för dig, mina ord tycks dig meningslösa, min väg svår. Om ditt hjärta inte vänder sig till det som är bättre, är inget annat kvar för dig än det bittra straffet och umgänget med demonerna. Åt mig, som är din barmhärtige Herre och Skapare, vänder du ju ryggen och inte ansiktet. Av förakt för mig älskar du min fiende, mina tecken trampar du under fötterna och du har fräckheten att lyfta min fiendes fana mot skyn.‹

Se, hur de som ger sken av att vara mina står inför mig! Se, hur de har vänt sig bort från mig! Detta ser jag och uthärdar med tålamod, men i sin hårdhet tar de ännu ingen hänsyn till vad jag har gjort för dem och hur jag stod inför dem.«

Kapitel 19b

»Som en moder födde jag dem«

»Sådant har jag lidit för dem, men allt detta föraktar de, allt detta glömmer de, liksom en son som glömmer sin moder. Var jag inte som en moder för dem? När hon bär sin son i sitt moderliv önskar hon, när tiden för förlossningen är inne, att barnet skall komma fram levande ur moderlivet. Om det bara blir döpt är hon inte rädd för att själv dö.

Så har jag handlat mot människan. Som en moder födde jag genom mitt lidande människan från mörkret till den eviga dagen. Med stor vånda var det som om jag bar henne i moderlivet, då jag uppfyllde allt som profeterna hade förutsagt. Jag närde henne med min mjölk, då jag lät henne bli varse mina ord och gav henne livets bud. Men som en dålig son som glömmer sin moders smärta, så föraktar denna människa mig för min kärleks skull och förbittrar hon mig. För smärtan i mitt moderliv tillfogar hon mig sorg, till mina sår lägger hon svaghet, hon räcker mig stenar för att jag skall äta mig mätt och dy för att släcka min törst.

Vilken är då den smärta som människan kan tillfoga mig, jag som inte kan bedrövas och inte lida och som evigt förblir Gud? Det är som om människan tillfogar mig smärta när hon genom synden skiljer sig från mig – inte som om någon smärta verkligen skulle kunna drabba mig, men min sorg är som den som man har för en annan. Människan tillfogade mig smärta redan när hon inte visste vad synd var och hur allvarlig den var, när hon inte hade vare sig lagen eller profeterna och ännu inte heller hade hört orden från min mun. Men fast jag är oföränderlig tillfogar hon mig nu, om jag så får uttrycka mig, sorg utöver den smärta jag redan tidigare kände när hon, med kunskap om min kärlek och min vilja, handlar mot mina bud och med berått mod syndar mot den insikt som samvetet skänker. Därför sjunker nu många, eftersom de har kunskap om min vilja, djupare ner i helvetet än om de inte alls hade fått del av mina bud. Fast jag som Gud inte kan såras var det ändå som om människan tillfogade mig sår när hon lade synd till synd. Förutom de sår jag redan har är det nu som om de också tillfogar mig en allvarlig sjukdom, i det att de inte endast hopar synd på synd utan även berömmer sig av det, i stället för att förkrossas av det.

Människan ger mig dessutom stenar som bröd och dy till att dricka. Vilket är det bröd som jag längtar efter om inte själarnas framsteg, hjärtats ånger, längtan efter det gudomliga, en av kärlek brinnande ödmjukhet? I stället för detta ger mig människan genom sitt hjärtas hårdhet stenar, genom sin obotfärdighet och sin fåfängliga förtröstan ger hon mig dy till att äta. De förmanas och tuktas, men vägrar ändå att vända tillbaka till mig.

De vägrar att blicka upp till mig och begrunda min kärlek. Därför kan jag med fog klaga över att jag med smärtan i mitt lidande liksom födde dem till ljuset, men trots det vill de hellre vara i mörkret. Jag närde dem, och när dem fortfarande, med min ljuvlighets mjölk, men de glömmer mig. Med berått mod lägger de sålunda ondskans dy till okunnighetens smärta. Mig som de borde nära med sina dygders tårar ger de sin synd till att äta.«

Kapitel 20

Hur en kall människa blir varm

Jungfru Maria talar: »Jag är som en mor som har två söner, men dessa kan inte röra vid moderns bröst, ty de är kalla och de bor i ett hus som är kallt. Men modern älskar dem så mycket att hon, om det vore möjligt, gärna och om det kunde vara till nytta för sönerna skulle skära av sina bröst.

Jag är i sanning Barmhärtighetens moder, ty jag förbarmar mig över alla olyckliga som ber om förlåtelse. Jag har, om jag så får säga, två söner. Den första är ångern hos dem som förgår sig mot min son, den andra är viljan att ställa till rätta det man förbrutit. Men dessa två söner är mycket kalla, ty de har inget av kärlekens hetta, ingen längtan efter den gudomliga kärleken och deras själars hus är mycket kallt, där flammar inte den gudomliga tröstens låga; därför kan de inte ta emot mina bröst. Men eftersom jag är barmhärtig, gick jag till min son och sade: ›Lov och pris vare dig, min son, för all den kärlek som du har visat mig! Jag har två söner. Förbarma dig över dem, ty för sin kölds skull kan de inte ta emot sin moders bröst.‹ Då svarade min son mig: ›Älskade moder, för din skull vill jag skicka en gnista till huset. Av den skall en väldig eld tändas. Se alltså till att gnistan vårdas och underhålls och värm dina söner med den, så att de kan ta emot dina bröst!‹«

Därefter talade modern till bruden och sade: »Den för vilken du ber hade en särskild tillgivenhet för mig, och fast han blandade sig in i en mängd elände förtröstade han dock alltid på min hjälp och visade en viss värme mot mig, men till min son hade han ingen kärlek och han hade ingen fruktan för Gud. Om alltså denne mitt i sina onda gärningar skulle ha kallats bort från världen, skulle han blivit plågad utan ände. Men eftersom jag är full av barmhärtighet har jag inte glömt honom, utan för min skull finns det i honom fortfarande ett visst hopp om godhet, om han endast ville hjälpa sig själv. Han har nu nämligen ånger över vad han har begått och en vilja att ställa till rätta, men han är mycket kall i sin kärlek och sin andakt. För att han skall kunna värmas och motta mina bröst, bör alltså en gnista sändas till hans själs hus, dvs. han bör ofta i sin tanke dröja vid min sons lidande. Må han alltså meditera över hur Guds son och jungfruns son, som är en enda Gud tillsammans med Fadern och den Helige Ande, led, hur han togs till fånga och örfilades, hur han bespottades och gisslades, hur slagen trängde ända in så att köttet lossnade av slagen, hur han full av smärta stod fästad vid korset med alla senor uttänjda och brustna, hur han ropande på korset gav upp andan. Om han oupphörligt blåser på denna gnista skall den värma honom och jag skall då lägga honom till mina bröst, dvs. till de två dygder som jag har att ge honom, nämligen gudsfruktan och lydnad. Fast jag aldrig begick någon synd fyllde nämligen fruktan mig varje stund, att jag med några ord eller någon nyck skulle förolämpa min Gud. Genom denna fruktan skall jag ge di åt min son. Jag skall, med andra ord, skänka ånger åt honom som vördar mig, åt honom som du ber för, så att han inte endast ångrar det onda han har gjort utan även får fruktan för straffet. I fortsättningen kommer han även att vara rädd för att han skall förolämpa min son, Jesus Kristus. Jag skall även ge di åt hans vilja vid min lydnads bröst. Jag är ju den kvinna som aldrig har varit olydig mot Gud. Åt honom som blivit varm av kärlek till min son skall jag skänka den lydnad varmed han kommer att vara lydig i allt som blir honom befallt.«

Förklaring: Denna person var en anförvant till fru Birgitta och mycket världslig, men genom gudomlig förmaning öppnades hans hjärta och han blev omvänd. Han hade för vana att säga: »Så länge jag avskydde att göra bot kände jag mig liksom nedpressad av tunga kedjor, men sedan jag börjat att ofta gå till bikt känner jag mig så lättad och tillfreds i min själ, att jag inte fäster något avseende vid ärebetygelser eller vid yttre förluster. Och inget är ljuvt för mig annat än att tala om och lyssna till Gud.« Sedan han hade mottagit sakramenten avsomnade han i Herren med dessa ord i sin mun: »Milde Jesus, förbarma dig över mig.« Om denna människa handlar uppenbarelsen nr 66 i denna bok.

Kapitel 29

Flitig kommunion

»Jag är din Gud och Herre, vilkens röst Mose hörde i busken och Johannes vid Jordan. Från denna dag vill jag att du oftare tar emot min kropp. Den är läkemedel och mat av vilken själen får styrka, den ger hälsa åt den i anden sjuke och i dygderna matte. Är det inte skrivet att profeten sändes till en kvinna som gav honom litet mjöl och att detta inte tog slut förrän det föll regn över jorden? Jag är, bildligt talat, denne profet. Min kropp är detta mjöl. Den är själens mat, den tar inte slut och den förminskas inte, utan den är en själens mat som aldrig tar slut.

Om kroppslig mat gäller tre ting: för det första tuggas den sönder och smälter, för det andra försvinner den, för det tredje ger den mättnad bara till en tid. Men min mat förtärs men förblir oskadd, för det andra försvinner den inte utan förblir densamma, för det tredje ger den inte bara mättnad till en tid utan för evigt. Den maten förebildades av mannat som de gamla fäderna åt i öknen, den är det kött som jag lovade i evangeliet och som ger en evig mättnad.

Liksom alltså den svage växer till manlig styrka genom kroppslig mat, så växer alla som med en god avsikt äter denna min kropp till andlig styrka. Den är ett kraftigt verksamt läkemedel som tränger in i själen och ger den mättnad. Den är fördold för de kroppsliga sinnena, men uppenbar för andens förstånd. Den har ingen smak i munnen på de onda, som bara har smak för denna tidens ljuvligheter, som bara har ögon för det som tillfredsställer deras egen liderlighet och som endast fattar sådant som passar deras egen vilja.«

Kapitel 30
Den fasta viljans rötter och frukter

Sonen talade till bruden: »Fast jag vet allt, så säg mig med egna ord hurudan din vilja är.« Genast svarade i brudens ställe den ängel som var henne given som en väktare: »Hennes vilja är, som man kan läsa: ›Ske din vilja såsom i himmelen så ock på jorden.‹«

Herren svarade: »Detta är vad jag begär och vill, detta är den tjänst som är mig allra mest välbehaglig. Min brud, du bör alltså vara fast rotad likt ett träd som inte har någon fruktan för de tre ting som kan drabba det: Om trädet är väl rotat undergrävs det, för det första, inte av sorken, för det andra slås det inte omkull av några vindstötar, för det tredje torkar det inte ut av solens hetta. Ditt träd är din själ. Dess viktigaste rot är den goda vilja som rättar sig efter Guds vilja. Från denna viljas rot spirar lika många dygder som trädets rötter är. Huvudroten, från vilken de andra växer ut, bör vara stark och grov, den bör också ligga djupt rotad nere i marken. Så bör din vilja vara stark i tålamodet, grov i den gudomliga kärleken, djupt liggande i den sanna ödmjukheten. Om den är rotad på det sättet behöver den inte ha någon fruktan för sorken. Ty vad betecknar sorken, den som rör sig långt nere i marken, om inte djävulen som osynligt smyger omkring runt själen och oroar den. Om denna viljans rot är ostadig i sitt tålamod, biter han av den med sitt bett och sprider ut styckena. Han splittrar din vilja åt olika håll genom att i ditt hjärta uppväcka förvända känslor och han lockar dig att önska sådant som strider mot min vilja. När huvudroten har skadats, skadas också alla de andra rötterna och stammen förtorkar. Det betyder: Om din vilja och din hängivenhet fördärvas, skadas även de andra dygderna så att de inte mera behagar mig. Genom denna onda vilja är du, försåvitt du inte bättrar dig genom boten, värd att överlämnas åt djävulens våld, även om denna onda vilja inte givit upphov till några verkningar. Om nämligen viljans rot är stark och grov, kan visserligen sorken gnaga på den men inte bita av den och efter gnagningen växer den ännu kraftigare till en ännu större styrka.

Så är det med djävulen. Om din vilja alltid förblir stark i motgång och medgång kan visserligen djävulen gnaga på den, dvs. ingjuta i den onda tankar, men om den reser sig till motstånd och inte skänker dem viljans samtycke, blir det inte dig till straff utan för ditt tålamods skull utverkar det åt dig en större förtjänst och förökar det dina dygder. Om det skulle hända att du faller omkull på grund av bristande tålamod eller någon oförutsedd händelse, så res dig genast genom bot och ånger. Då skall jag förlåta dig dina synder och ge dig tålamod och styrka, så att du kan hålla stånd mot djävulens ingivelser.

För det andra: om trädet är väl rotat, behöver det inte frukta att kastas omkull av några vindstötar. Så är det med dig: Om din vilja rättar sig efter min vilja, behöver du inte bekymra dig över världsliga motgångar, ty de är som en vind. Tänk i stället att det kan vara nyttigt för dig att utsättas för motgångar. Du bör alltså inte oroas av det förakt och den smälek som drabbar dig, ty jag kan upphöja och förödmjuka dem jag vill. Du bör inte klaga över kroppsligt lidande, ty jag kan hela och jag kan slå och jag gör ingenting utan orsak. Den som alltså har en vilja motsatt min våndas här i världen, eftersom han inte kan förverkliga det han vill, och dessutom skall han i den kommande straffas för sin onda viljas skull. Om han hade anförtrott sin vilja åt mig hade han lätt kunnat uthärda motgångarna.

För det tredje behöver det väl rotade trädet inte frukta hettan. Det betyder: De som har en fullkomlig vilja förtorkar inte i sin kärlek till Gud på grund av någon kärlek till världen, inte heller dras de bort från kärleken till Gud genom någon förvänd nyck. De däremot som är ostadiga, deras själ lockas fort bort från det goda de begynt och från kärleken till Gud, därigenom att de lockas av djävulen eller på grund av någon världslig motgång eller därför att de till ingen nytta älskar världens fåfängligheter.«

Kapitel 33
Den skändade brudkammaren

Fadern talar till Sonen: »Du är som en brudgum som förmälde sig med en brud som var vacker att skåda och ren i sina seder. Henne förde han in i sin brudkammare och henne älskade han som sig själv. Så har du gjort, min son. Du förmälde dig med en ny brud, när du brann av en så stor kärlek till människornas själar att du för deras skull ville låta dig såras och sträckas ut på skampålen. Du förde dem in i din heliga kyrka, som du har helgat med ditt blod och som kan liknas vid en brudkammare. Men nu har sannerligen din brud blivit gjord till en sköka.

Brudkammarens dörrar är stängda och på brudens plats vilar den uslaste sköka, som tänker så för sig själv: ›När min man sover och ligger där naken skall jag dra mitt vassa svärd mot honom och döda honom, ty jag har inte något behag till honom.‹

Vad betecknar denna brud, om inte de själar som du har återlöst med ditt blod? Fast de är många kan de dock, på grund av enheten i tron och den enda kärleken, kallas för en enda. Men många av dem har nu gjort sig till äktenskapsbrytare, ty de älskar världen mer än dig. De vill behaga andra, inte dig. Brudkammarens, dvs. kyrkans, dörrar är stängda. Vad betecknar nämligen dörrarna, om inte den goda vilja genom vilken Gud stiger in i själen? Denna goda vilja är stängd eftersom den inte åstadkommer något gott. Där förverkligas i stället din oväns vilja, ty det som behagar och förnöjer kroppen, det älskar man, det ärar man, det förkunnar man vara heligt och gott. Men din vilja, den som säger att människorna brinnande borde älska dig och med all visdom åstunda dig och med all insikt ge allt för din skull, den är helt stängd och bortglömd. Kanske finns det några som ännu öppet vill gå in genom dörren till brudkammaren, men de vill inte gå in med avsikten att göra din vilja och för att de av hela sitt hjärta älskar dig, utan för att de skäms inför människorna; de vill inte verka onda, de vill inte att det skall bli känt bland folk hurudana de är invärtes, inför Gud.

Så är alltså dörren till din brudkammare stängd och man finner mera behag i horkarlen än i dig. I sina tankar vill de till och med döda dig medan du ligger naken och sover. Du tycks dem nämligen vara naken, när de under brödets gestalt på altaret ser din kropp, den som du förenade dig med i Jungfruns rena sköte utan att därigenom förlora din gudomlighet. Eftersom de i brödet inte ser din gudoms makt håller de dig för att vara bara ett litet brödstycke, fastän du i sanning är Gud och människa, en som de inte kan se med de av världens mörker fördunklade ögonen. Man tror att du sover när du underlåter att straffa dem och därför går de övermodigt in i din brudkammare och tänker för sig själva: ›Jag vill som alla andra gå in och ta emot Kristi kropp.‹ Ändå handlar de efter mottagandet som det behagar dem. ›Ty vad skadar det mig om jag inte tar emot den och vad gagnar det mig om jag tar emot den?‹

Vilka eländiga människor! Genom sådana tankar och en sådan vilja dräper de dig i sina hjärtan, så att du inte skall ta väldet i dem, du som är odödlig och med din gudoms makt är närvarande överallt. Men sannerligen: Eftersom det inte är tillbörligt, min son, att du är utan brud, att du inte har den allra renaste brud, skall jag sända mina vänner som skall hitta en ny brud åt dig, en som är vacker att skåda, som är ädel i sin livsföring och åtråvärd att beröra. Henne skall de föra in i din brudkammare. Dessa mina vänner skall vara snabba som fåglarna i luften, ty min Ande skall tillsammans med mig själv leda dem. De skall också vara starka som de vilkas händer kan bryta ner murar. Och de skall vara storsinta som de som inte fruktar döden och är beredda att ge sitt liv. De skall föra fram till dig denna nya brud, dvs. mina utvaldas själar skall de vinna för dig med stor härlighet och skönhet, med stor fromhet och kärlek, med manlig möda och kraftfull uthållighet.

Jag som nu talar är den som vid Jordan och på berget utropade: ›Denne är min älskade son!‹ Mina ord skall snart gå i uppfyllelse.«

Kapitel 37

En rätt Mariavördnad

Maria talar: »Det finns fyra slags människor som hälsar mig. De första är de som överlämnar hela sin vilja och sitt samvete i mina händer och vad de än gör, gör de helt och hållet för min äras skull. Deras hälsning är för mig som den ljuvligaste och mest njutbara dryck. De andra är de som fruktar för straff och av fruktan avhåller sig från synd. Om de framhärdar i sin lovsång av mig skall jag förminska detta förvända slag av fruktan och öka den sanna kärleken och insikten, så att de lär sig att älska Gud på ett förnuftigt och klokt sätt. De tredje är de som lovprisar mig högt och ljudligt, bara för att deras ära här i tiden och den nytta som förgår skall bli större. Och liksom en hög herre som man skickar gåvor till skickar tillbaka något likvärdigt till givaren, så vill också jag ge dem vad de önskar och vedergälla dem här i tiden, eftersom det är om timliga ting de ber och inte önskar något som är dyrbarare. De fjärde är de som låtsas vara goda och ändå syndar genom sin lusta. Då de så kan, syndar de i hemlighet för att människorna inte skall se det. De tänker för sig själva: ›Jungfru Maria är barmhärtig och förlåter så snart man åkallar henne.‹ Deras rop behagar mig lika mycket som en kruka som är försilvrad utanpå men inuti är full av den vidrigaste dynga, som ingen står ut med att känna lukten av. Sådana är somliga genom den onda vilja de har att synda.«

Kapitel 38
Den gode och den onde anden

Sonen talar till bruden och säger: »Den gode anden är i en människas hjärta. Vad är den gode anden annat än Gud? Vad är Gud annat än de heligas ära och ljuvlighet? Denne Gud är i dem och de i honom, och de har allt gott då de har Gud, utan vilken ingenting finns som är gott. De som alltså har Guds ande, de har Gud och hela den himmelska härskaran och allt gott.

På liknande sätt: De som har den onde anden i sig har i sig allt som är ont. Ty vad är den onde anden annat än djävulen?

Och vad är djävulen annat än plåga och allt ont? De som alltså har djävulen, de har i sig plåga och allt ont. Men liksom den goda människan inte känner varifrån eller hur den Helige Andes ljuvlighet tränger in i hennes själ och inte heller fullkomligt kan smaka den i denna tiden, utan bara till en del, så är det också med den onda människan: Då hon våndas i sin girighet, då hon flåsar av ärelystnad, då hon förtärs av vrede eller orenar sig med kättja och andra laster är det en plåga från djävulen och ett tecken på evig oro, även om hon i detta livet inte kan fatta det. Ve dem som håller fast vid den anden!«

Kapitel 42

Modern ber om gudomliga gåvor för bruden

Guds moder talar: »Alltifrån min ungdom tänkte jag alltid på min Sons ära och frågade jag mig alltid ivrigt hur jag skulle kunna vara honom till behag. Fast all ära är mindre värd i den egna munnen, talar jag inte på det sätt som de som söker sitt eget lov, utan till min Sons, min Guds och Herres ära, hans som på ett underbart sätt fäste solen vid stoftet och som även inneslöt den eld som brann i det förtorkade utan att förtära det och som frambragte den allra ädlaste och ljuvligaste frukt utan vätska.«

Därefter vände hon sig mot Sonen och sade: »Välsignad vare du, min son! Jag är som den kvinna som blir bönhörd hos sin herre, när hon ber om barmhärtighet mot de skyldiga och dem som inte har någon makt. Så ber jag dig för min dotter, ty hon är försynt, alltså för din brud vilkens själ du har återlöst med ditt blod, upplyst med din kärlek, väckt till liv med din godhet och trolovat dig med i din barmhärtighet.

Jag ber dig, min son, ge henne tre ting. Först dyrbara kläder, ty hon är dotter och brud till Konungarnas konung. Om en konungs brud saknar kungliga kläder blir hon ju föraktad. Om hon ertappas med att vara mindre hövisk bemöts hon med förebråelser. Ge henne alltså kläder, inte jordiska utan himmelska, inte sådana som ger henne en yttre glans utan som glänser invärtes av kärlek och kyskhet. Ge henne dygdernas klädnad så att hon inte tigger om yttre ting utan i sitt inre har ett överflöd och kan lysa även för andra i sin dräkt.

Ge henne för det andra läckrare mat. Din brud är nämligen van vid grövre mat, men bör nu vänja sig vid din mat. Det är den mat som berörs men inte syns, som man kan hålla i men inte känna, som mättar men inte förnims av sinnena, som går in och finns överallt. Denna mat är din allra värdigaste kropp, som förebildades av det tillredda lammet. Den är din mänskliga natur som du hämtade från mig och som på ett underbart sätt uppfyllde den profetiska förebilden. Din gudomliga tillsammans med din mänskliga natur visar i mässan dagligen denna uppfyllelse. Min son, ge din brud denna mat, ty utan den förtorkar hon som ett barn som inte får mjölk, utan den går hon helt visst under, men med den och genom den förnyas hon till allt gott, liksom en nödlidande vederkvicks av mat.

Min son, ge henne, för det tredje, en mera brinnande ande. Den är nämligen den eld som aldrig blivit tänd och aldrig blivit släckt, som gör att man föraktar de lockande ting man ser och hoppas på det som skall komma. Min son, ge henne denna ande!«

Då svarade Sonen och sade: »Käraste moder, dina ord är ljuvliga, men som du vet är det nödvändigt att den som söker det höga först måste vara stark och öva sig i ödmjukhet. Tre ting är därför nödvändiga för henne. Först att hon har ödmjukhet, ty genom den får man det höga. Må hon alltså fatta att det goda hon har, har hon av nåd och inte på grund av sina egna förtjänster. För det andra att hon genom en passande tjänst vedergäller den som givit henne nådegåvorna. För det tredje må hon ha fruktan så att hon inte går miste om den nåd som givits henne. Alltså, för att hon skall få och behålla de tre ting du först bad om må hon inte försumma de tre senare. Det tjänar ju inte mycket till att ha fått något, om man inte vet hur man skall behålla det man fått, och det är mera outhärdligt för sinnet att förlora vad man fått än om man aldrig hade fått det och ägt det.«

Kapitel 44
Den fördärvade skapelsens räddning

»Jag är som en god glasmästare som av aska gör många kärl. Fast många av dem krossas upphör jag inte att göra nya, intill dess att de blir fulltaliga. Så handlar jag, ty av oädelt material skapar jag något ädelt, nämligen människan, och fast många går bort ifrån mig genom sina onda gärningar upphör jag inte att skapa andra, intill dess att änglakören och de tomma himmelska platserna har blivit fyllda.

Jag är också lik ett gott bi, som lämnar sin bikupa och flyger till en vacker blomsteräng som det ser på långt håll. Så söker det efter den allra vackraste örten och den allra ljuvligaste doften. När det så närmar sig en blomma, upptäcker det att blomman är förtorkad, dess doft fördärvad eller borta och dess sötma nästan försvunnen. Det söker då efter en annan blomsteräng och finner en ört som visserligen är ganska sträv och har en oansenlig blomma utan mycket doft, men som dock har en behaglig om än obetydlig sötma. I denna ört slår biet sig ner, drar ut dess sötma och för den till bikupan, ända till dess att den har blivit fylld som biet vill.

Detta bi är jag, alltings Skapare och Herre, som lämnade bikupan då jag antog mänsklig gestalt och blev synlig i den. Jag sökte en vacker ört när jag tog mig an det kristna folket, som var vackert i sin tro, ljuvligt i sin kärlek och fruktbärande genom sin goda vandel. Men nu har de fallit från sitt tidigare goda tillstånd. De tycks vara vackra, men de har blivit missbildade i sina gärningar, de bär världsliga och köttsliga frukter men de är ofruktsamma i det som hör Gud och själen till. De är ljuvliga i sina egna ögon men mycket bittra i mina. Därför skall de falla ner och bli till intet. Men liksom biet gör skall jag välja ut en ny ört åt mig, en något bitter, dvs. hedningarna. Till sina seder är de visserligen ganska fördärvade, men några av dem har ändå en inte obetydlig blomma och en viss sötma, dvs. de har viljan att gärna omvända sig för att tjäna mig, om de bara visste hur och om de kunde få en hjälpare. Ut ur denna ört skall jag dra sötma, intill dess att bikupan blir full.«

Kapitel 48
Kristus – den gode läkaren

Kristus talar till bruden: »Jag är som en god läkare och örtblandare som alla söker sig till som älskar honom, ty de vet att hans dryck är ljuvlig. De som dricker av den ljuvliga drycken, eftersom de menar att den är hälsosam, besöker åter och åter igen örtblandaren, under det att de som känner obehag flyr honom. Så är det också med den andliga dryck som är den Helige Ande. Denne Helige Ande är nämligen ljuvlig att smaka och han kommer och blir till styrka för alla lemmar och tränger igenom hjärtat för att ge glädje i kampen mot frestelserna.

Jag, Gud, är denne läkare och örtblandare som är beredd att ge min dryck åt alla som av kärlek önskar att få den. Den människa är frisk och lämpad att ta emot min dryck som inte har viljan att vara kvar i synden utan åter och åter igen gläder sig åt att dricka den, sedan hon en gång smakat den. Den som däremot har viljan att vara kvar i synden, gläder sig inte över att få Guds Ande.«

Kapitel 56

Den sanna glädjens upphov

Modern talar: »När min moder födde mig gick jag ut genom den vanliga porten, ty på något annat sätt skulle inte någon födas utom min son. Liksom han är allt skapats upphov ville han också födas på ett underbart och outsägligt sätt. Men när jag föddes var det inte något för djävlarna fördolt utan – om jag nu får tala genom en liknelse – de tänkte så: ›Se, en jungfru är född. Vad skall vi göra? Om vi håller fram för henne alla ondskans nät, kommer hon att riva sönder dem som blånor. Om vi utforskar hela hennes inre, är hon befäst med ett starkt värn och vi kommer inte att finna någon fläck i henne där man kan sticka in syndens gadd. Man kan alltså befara att hennes renhet kommer att slå ner oss, hennes nåd förminska vad som kan finnas av styrka hos oss och hennes ståndaktighet lägga oss under hennes fötter.‹

Guds vänner däremot, som länge hade väntat på mig, sade med gudomlig ingivelse: ›Varför skall vi längre sörja? Vi borde snarare glädja oss, ty fött är det ljus som skall upplysa vårt mörker och uppfylla vår längtan.‹ Guds änglar gladde sig, fast de alltid gladde sig inför Guds åsyn och sade: ›På jorden är den efterlängtade född, hon som har Guds särskilda kärlek. Härigenom skall den sanna friden i himmelen och på jorden återupprättas och vårt fall helas.‹

Sannerligen säger jag dig, min dotter, att min födelse var den sanna glädjens upphov, ty då trädde den kvist fram från vilken den blomma skulle komma som kungar och profeter längtade efter. Sedan jag kommit upp i den ålder då jag kunde fatta något av min skapare, då greps jag av en outsäglig kärlek till honom och längtade efter honom av allt mitt hjärta. Genom en underbar nåd bevarades jag, så att jag inte ens i min späda ålder samtyckte till någon synd, ty Guds kärlek, mina föräldrars omsorger, en föredömlig uppfostran, umgänge med goda människor och iver att lära känna Gud bevarade mig.«

Kapitel 57
Guds moders sexfaldiga smärta

Maria talar till Sonens brud och säger: »Min dotter, du vet att jag inte som andra kvinnor hade något behov av att renas, ty min son, född av mig, renade mig. Jag hade heller inte åsamkat mig den allra minsta fläck, jag som utan någon som helst orenhet födde den allra renaste sonen. Men för att lagen och profetiorna skulle uppfyllas ville jag under lagens tid leva enligt lagen. Inte heller levde jag som denna tidsålders mäktiga, utan ödmjukt tillsammans med de ödmjuka. Jag ville heller inte framhäva mig själv, utan jag älskade allt som hörde ödmjukheten till. På en dag som denna ökades min smärta, ty fast jag genom gudomlig ingivelse visste att min Son skulle lida blev mitt hjärta genomstunget av en ännu större smärta av Simeons ord, när han sade att ett svärd skulle genomborra min själ och min Son skulle bli ett tecken som skulle bli motsagt. Ända fram till den dag då jag blev upptagen till himmelen med kropp och själ lämnade den smärtan aldrig mitt hjärta, även om den lindrades genom den tröst som Guds Ande skänkte.

Jag vill också att du skall veta att alltifrån den dagen var min smärta sexfaldig. Den fanns, för det första, i min tanke, ty så ofta som jag såg min Son, så ofta som jag lindade honom med lindor, så ofta som jag såg hans händer och fötter, överväldigades jag liksom av en ny smärta, ty jag tänkte på hur han skulle korsfästas. För det andra fanns en smärta i min hörsel, ty så ofta som jag hörde hur min Son smädades och utsattes för lögner och förtal, rördes min själ så av smärta att den knappt kunde bibehålla sin behärskning, men genom Guds kraft höll min smärta sig inom tillbörliga gränser, så att jag inte visade prov på otålighet och lättsinne. För det tredje fanns en smärta i min syn, ty när jag såg min Son bindas och gisslas och fästas vid träpålen, föll jag samman som livlös men sedan jag åter kommit till sans stod jag där i smärta, men jag bar lidandet så tåligt att varken ovännerna eller de andra fann något annat än fasthet i mig. För det fjärde fanns en smärta i min känsel. När jag tillsammans med andra tog ner min Son från korset, svepte honom och lade honom i graven, förökades min smärta så att mina händer och fötter knappt hade någon styrka kvar. O hur gärna hade jag då inte blivit begraven tillsammans med min Son! För det femte led jag av en våldsam längtan efter att få komma till min Son sedan han stigit upp till himmelen, ty den långa väntan jag hade i världen efter hans himmelsfärd förökade min smärta. För det sjätte led jag av smärta över det som drabbade Guds apostlar och vänner, vilkas smärta var min smärta. Jag var alltid uppfylld av fruktan och smärta: fruktan för att de skulle duka under för frestelser och bekymmer, smärta ty min Sons ord blev från alla håll motsagda. Men eftersom Guds nåd alltid stod mig bi och min vilja ville vad Gud ville, var min smärta alltid blandad med tröst, ända till den dag då jag med kropp och själ blev upptagen till min Son i himmelen. Därför, min dotter, må denna smärta inte vika från din själ, ty om bedrövelser inte funnes skulle få människor nå fram till det himmelska.«

Kapitel 65

Det aktiva och det kontemplativa livet

Sonen talar: »Det finns två livsformer och de kan jämföras med Martas och Marias. Den som vill likna dem må först göra en ren bekännelse av alla sina synder, genom att uppväcka en sann ånger över dem och genom ett viljebeslut att inte mera begå någon synd. Den första livsformen, vilken Maria enligt Herrens vittnesbörd valde, leder till kontemplationen av de himmelska tingen. Detta är den bästa delen och en kost som bereder evig frälsning. Var och en som längtar efter att hålla sig till Marias livsform må sålunda vara nöjd med att äga bara det som kroppen behöver, dvs. kläder som inte väcker uppmärksamhet, mat och dryck med knapphet och utan något överflöd, kyskhet utan någon ond begärelse och förnuftig fasta enligt kyrkans anvisning. Må alltså den som fastar se till att han inte blir svag på grund av oförnuftighet i sitt fastande, så att han på grund av denna svaghet måste minska på sitt bedjande och sitt predikohörande, eller måste underlåta andra goda ting som kunde vara till gagn för hans nästa eller för honom själv. Må han noggrant pröva sig själv, så att han inte av fastan blir ljum inför vad rättfärdigheten kräver eller försumlig i att utöva barmhärtighetsgärningar, ty för att man skall kunna straffa de upproriska och lägga de otrogna under trons ok måste man vara stark både till kropp och själ. En svag människa som till Guds ära hellre vill fasta än äta, skall för sin goda viljas skull få samma lön som den som av kärlek fastar på ett förnuftigt sätt. På liknande sätt gäller att den som äter för den heliga lydnadens skull, trots att han hellre skulle vilja fasta än äta, skall få samma lön som den som fastar.

För det andra bör Maria inte glädja sig över världslig ära och över sina rikedomar, inte heller bedrövas över motgångar utan glädjas över att exempelvis ofromma blir gudfruktiga, att sådana som älskar världen kommer att älska Gud, att de goda gör framsteg i sin godhet och, genom att strida i Guds tjänst, blir ännu frommare. Den som är en Maria bör vidare sörja över att syndare faller än djupare, att Gud inte blir älskad av sin skapelse, att Guds bud föraktas.

För det tredje bör Maria inte vara sysslolös, liksom inte heller Marta, utan efter att ha fått sin nödvändiga sömn bör hon stiga upp och med hjärtats uppmärksamhet tacka Gud, ty allt har han skapat genom sin godhet och allt har han genom sitt människoblivande skapat på nytt genom sin kärlek. I sitt lidande och sin död visade han människan en kärlek som inte kunde vara större. Må Maria också tacka Gud för alla dem som redan är frälsta och för alla som är i skärselden och för dem som är i världen, genom att ödmjukt be Gud att han inte tillåter att de blir frestade över sina krafter. Må Maria dessutom visa gott omdöme i sin bön och god ordning i sin lovsång av Gud, ty om hon har livets nödtorft bör hon obekymrat låta sina böner bli längre. Men om hon blir trött av att bedja och frestelserna därigenom blir större, kan hon med sina händer göra något hederligt och nyttigt arbete till nytta för sig själv, om det behövs, eller till förmån för andra. Om båda sakerna – bönen lika väl som arbetet – tröttar henne, kan hon ägna sig åt någon annan anständig sysselsättning, eller med allt allvar och utan lättsinne lyssna till några uppbyggliga ord, till dess att kroppen och själen blir bättre rustade för gudstjänsten. Men om Maria är sådan att hon har sitt kroppsliga uppehälle av sitt arbete, må hon för det nödvändiga arbetets skull bedja en kortare bön och arbetet skall fullkomna henne och utöka hennes bön. Men om Maria varken förstår att arbeta eller kan arbeta, må hon inte blygas eller finna det mödosamt utan snarare glädjerikt att tigga, ty hon efterliknar då mig, Guds son, jag som gjorde mig fattig för att människan skulle bli rik. Om Maria har lovat lydnad må hon leva lydigt under sin överordnade, och hennes krona skall då bli dubbel, större än om hon levde i frihet.

För det fjärde bör Maria inte vara girig, liksom inte heller Marta, utan frikostig. Ty liksom Marta gav bort sina världsliga ägodelar för Guds skull, så bör Maria skänka sina andliga. Om nämligen Maria håller Gud kär i sitt hjärta, må hon akta sig för det ord som är i så många människors mun: ›Det är mig nog om jag kan hjälpa min egen själ. Vad behöver jag bekymra mig om mina medmänniskor om jag själv är god, vad kommer det mig vid hur andra lever?‹ O min dotter, de som säger och tänker sådant borde, om de får se sin vän vanäras och plågas, anstränga sig ända till döds för att vännen skall räddas ur sin nöd. Så må Maria göra. Hon borde sörja över att hennes Gud förolämpas, att hennes broder, dvs. hennes nästa, bringas på fall. Eller om någon faller i synd bör Maria så mycket hon förmår, dock med omdöme, söka rädda honom ur synden. Och om Maria för den sakens skull blir förföljd, må hon söka sig till en säkrare plats, ty jag, Gud, har sagt: ›Om man förföljer er i en stad, så fly till en annan.‹ Så gjorde också Paulus, eftersom man vid ett annat tillfälle hade ett större behov av honom och därför hissades han ner i en korg från muren.

För att alltså Maria skall kunna vara generös och god är fem ting nödvändiga: För det första ett hus i vilket gästerna kan sova, för det andra kläder så att hon kan kläda de nakna, för det tredje mat så att hon kan mätta de hungrande, för det fjärde eld så att hon kan värme de frusna, för det femte medicin för de sjuka, dvs. tröstens ord, fyllda av Guds kärlek.

Marias hus är hennes hjärta och de onda gästerna där är alla dessa som tränger sig på för att förbrylla hennes hjärta: vreden, sorgen, lystnaden, högmodet och många liknande som träder in genom de fem sinnena. När alla dessa laster kommer in bör de, bildligt talat, få lägga sig ner liksom gäster som sover och liksom de som vilar sig. Ty liksom en värdshusvärd tar emot onda och goda gäster med tålamod, så bör Maria med tålamodets dygd uthärda allt, men inte på minsta vis samtycka till deras laster eller glädja sig över dem. Så mycket hon kan bör hon tvärtom i samverkan med Guds nåd steg för steg fördriva dem från sitt hjärta. Om hon inte kan driva ut dem bör hon tålmodigt uthärda dessa gäster som är där mot hennes vilja, i fast förvissning om att de kommer att förskaffa henne en större segerkrona och alls inte bli henne till fördömelse.

För det andra bör Maria ha kläder som hon kan skyla gästerna med, nämligen den inre och yttre ödmjukheten och sinnets medlidande med medmänniskornas bedrövelser. Må Maria, om hon skulle föraktas av människorna, genast gå in i sig själv genom att betänka hur jag, Gud, tålmodigt uthärdade att jag var föraktad och sedd över axeln, hur jag teg när jag dömdes, hur jag höll inne med min klagan när jag gisslades och bekröntes med törnen. Må Maria också tänka på att hon inte visar dem som smädar henne några tecken på vrede eller otålighet utan välsignar dem som förföljer henne, så att de som ser henne välsignar Gud, honom som Maria efterliknar. Gud själv skall då vedergälla förbannelsen med välsignelse. Må Maria också vara på sin vakt så att hon inte talar nedsättande eller förebrående mot dem som vållar henne obehag, ty det är förkastligt såväl att tala nedsättande som att lyssna till någon som talar nedsättande, och även att av otålighet klandra sin nästa. För att sålunda Maria på ett fullkomligt sätt skall äga de goda ting som ödmjukheten och tålamodet är, så må hon bemöda sig om att varna dem som baktalar andra för den fara de befinner sig i och med kärlek, ord och föredöme mana dem till sann ödmjukhet. Marias kläder bör vidare vara medlidandet. Må hon därför, om hon ser sin nästa synda, visa medlidande med honom genom att be Gud om förbarmande över honom. Må hon, om hon ser honom lida någon orätt, någon skada eller någon skymf, sörja med honom och stödja honom med sina böner, med sin hjälp och sin omsorg, även inför denna världens mäktige, ty det sanna medlidandet söker inte sitt utan det som tillkommer nästan. Men om Maria är en sådan att hon inte vinner gehör hos furstar och att det inte tjänar något till att hon lämnar sin cell, då bör hon desto ivrigare be till Gud för de lidande. Och Gud, som ser in i hjärtat, skall då för den bedjandes kärleks skull omvända människornas hjärtan så att den lidande får frid. Denne skall då antingen befrias från sitt betryck, eller från Gud få ett sådant tålamod att hans segerlön fördubblas. En sådan klädedräkt, dvs. ödmjukhet och medlidande, bör alltså finnas i Marias hjärta, ty ingenting lockar så mycket Gud in i själen som ödmjukheten och medlidandet med nästan.

För det tredje bör Maria ha mat och dryck för gästerna, ty besvärliga gäster besöker nämligen Marias hjärta när hjärtat lockas ut ur sig självt och får lust att betrakta jordiska fröjder och äga världsliga ting, när hennes öra längtar efter att få höra beröm av henne själv, när köttet söker glädje i köttsliga ting, när anden försöker ursäkta sin svaghet och tar lätt på synden, när man känner leda vid att göra gott och glömmer det som skall komma, när man menar sig ha gjort mycket gott, men glömmer det onda man gjort. Mot sådana gäster måste Maria ha goda råd och då får hon inte sova som om inget hänt. Då måste Maria, livad i tron, med kraft stå upp och svara dessa sina gäster: ›Jag vill alls inte ha några jordiska ägodelar, utan bara vad som behövs för min kropps uppehälle. Jag vill inte använda det minsta lilla ögonblick till något annat än till Guds ära och jag vill inte fästa mig vid om något är vackert eller fult, nyttigt eller onyttigt för kroppen, angenämt eller oangenämt för min smak, försåvitt det inte är välbehagligt för Gud och nyttigt för själen, ty jag har ingen glädje av att leva en enda timma, för såvitt det inte är till Guds ära.‹ En sådan vilja är mat för de gäster som tar sig in i själen och ett sådant svar utsläcker alla oordnade begärelser.

För det fjärde bör Maria ha en eld som kan värma gästerna och ge dem ljus. Denna eld är den Helige Andes värme. Det är omöjligt att någon skulle kunna ta avstånd från egenviljan eller från den köttsliga tillgivenheten till sina föräldrar eller från kärleken till rikedomar annat än genom inverkan av den Helige Andes inspiration och värme. Inte heller skulle Maria, hur fullkomlig hon än är, själv kunna börja eller fortsätta det saliga livets väg utan den Helige Andes kärlek och undervisning. Må sålunda Maria, för att kunna lysa för de ankommande gästerna, först tänka så: »Gud skapade mig för att jag skulle ära honom över allting och älska och frukta honom då jag ärade honom. Han föddes av en jungfru för att undervisa oss om vägen till himmelen och den vägen skulle jag följa genom att i ödmjukhet efterlikna henne. Genom sin död öppnade han så himmelen, för att jag genom min längtan skulle skynda mig att komma dit in.« Må Maria också betänka och pröva alla sina gärningar, sina tankar och sin hängivenhet, hur hon har förolämpat Gud och hur tålmodigt Gud har uthärdat människan och hur han på många sätt kallar människan till mig. Sådana och liknande tankar är Marias gäster och alla är de så att säga i mörkret, försåvitt de inte upplyses av den Helige Ande.

Detta är den eld som tänds i hjärtat, när Maria inser att det är förnuftigt att tjäna Gud, när hon hellre vill lida all plåga än med full insikt reta Gud till vrede, han som i sin godhet skapat själen och med sitt blod återlöst den. Från denna goda eld hämtar hjärtat ljus, när själen betänker och fattar med vilken avsikt varje gäst, dvs. varje tanke, kommer, när hjärtat prövar om tanken för till den ständiga glädjen, eller bara till en övergående, och när det inte underlåter att pröva varje tanke och utan rädsla straffar varje otillbörlig tanke.

För att Maria skall få denna eld och kunna bevara den när hon har fått den, är det nödvändigt att hon samlar torr ved som hon kan underhålla elden med. Hon måste, med andra ord, ha en noggrann uppsikt över köttets rörelser så att köttet inte förhäver sig, hon måste uppbåda all noggrannhet så att hennes barmhärtighetsgärningar och fromma böner till glädje för den Helige Ande förmeras. Men allra viktigast är det att veta och betänka att om elden är tänd i ett slutet kärl utan något hål, så slocknar den snart och kärlet kallnar. Så förhåller det sig också med Maria, ty om hon inte vill leva för något annat än för att hedra Gud, är det nyttigt för henne att hon öppnar sin mun så att lågan från hennes kärlek får slå ut. Hon öppnar munnen när hon, genom att av brinnande kärlek tala, föder andliga barn åt Gud. Men må Maria då noggrant uppmärksamma att hon öppnar sin mun till förkunnelse endast när de goda därigenom blir mera brinnande och de onda blir bättre, när rättfärdigheten förökas och fördärvliga seder utrotas. Ty Paulus, min apostel, ville ibland tala men hindrades av min Ande. Han teg därför i välbehaglig tid och talade när tiden var lämplig, ibland gjorde han bruk av milda ord, ibland av strängare, men alla hans ord och gärningar syftade till Guds ära och till trons befästande. Om emellertid Maria inte kan predika men har viljan och kunskapen, må hon göra som räven som strövar omkring bland kullarna och med fötterna undersöker flera platser, och där han finner platser som är goda och lämpliga gör han en grop där han kan vila. Så må Maria med ord och föredöme och böner pröva mångas hjärtan och när hon finner hjärtan som är beredda att ta emot Guds ord, bör hon stanna kvar, för att efter förmåga förmana och övertyga. Må Maria också se till att det finns ett lämpligt hål för hennes låga, ty ju större hennes låga är desto flera blir upplysta och tända av lågan. Lågan har ett lämpligt hål när Maria varken är rädd för klander eller söker beröm för vad hon gjort, varken fruktar motgången eller gläder sig i framgången. Det är då välbehagligare för Gud att Maria gör de goda gärningarna öppet än fördolt, så att de som ser dem prisar Gud. Men man bör veta att Maria bör brinna med två lågor, en i det fördolda och en öppet. Hon bör, med andra ord, ha en tvåfaldig ödmjukhet: den ena i hjärtats inre och den andra i det yttre. Den första innebär att Maria anser sig ovärdig och onyttig till allt gott och att hon i sin tanke inte anser sig vara förmer än någon annan, inte fikar efter att bli prisad och sedd, att hon flyr övermodet genom att framför allt annat längta efter Gud och lyda hans ord. Men om Maria, genom de tecken som hennes gärningar är, brinner av en sådan låga blir hennes hjärta upplyst av kärleken. Hon kan då besegra alla motståndare som nalkas henne och med lätthet uthärda dem. Den andra lågan bör lysa öppet, ty om den sanna ödmjukheten finns i hjärtat bör den också bli synlig i klädedräkten, höras från hennes mun och fullkomnas genom handling. Den sanna ödmjukheten i klädedräkten finns när Maria hellre väljer kläder av mindre värde, som ger henne värme och är till nytta för henne, än dyrare kläder som antyder högfärd och drar till sig uppmärksamhet. Kläder av ringa värde, som av människor kallas för fula och föraktliga, har inför Gud en sann skönhet, eftersom de befordrar ödmjukhet. Kläder däremot som köps för dyra pengar och kallas vackra är fula inför honom, eftersom de står emot änglarnas skönhet, dvs. ödmjukheten. Men om Maria av någon förnuftig orsak är tvungen att bära ett klädesplagg som är något bättre än hon själv vill så må hon för denna saks skull inte bringas ur fattningen, ty av detta blir hennes lön större.

Vidare bör Maria ha ödmjukheten i sin mun, dvs. genom att tala det som är ödmjukt, genom att sky gycklet, genom att undvika mångordigheten, genom att inte glänsa med orden, genom att inte hålla sina ord för bättre än de förnämas. Om Maria skulle höra att hon berömdes för något gott verk, så må hon inte bli uppblåst utan säga så: ›Gud vare lov, som har givit mig allt! Ty vad är jag annat än ett sandkorn för vinden? Och kommer något gott från mig, jag som är som en jord utan vatten?‹ Om Maria verkligen skulle förhånas må hon inte bli ledsen utan svara så: ›Det är inte mer än rätt, ty jag har ofta syndat inför Gud utan att göra någon bot. Jag är värd ännu större förödmjukelser. Bed därför för mig att jag måtte kunna uthärda förebråelser här i världen och slippa de eviga.‹ Om Maria skulle frestas till vrede av medmänniskors ogärningar, så må hon noga akta sig, så att hon inte låter sin tunga löpa med oöverlagda svar, ty högmodet följer ofta i vredens spår. Det är därför ett gott råd att man, när vreden och högmodet står för dörren, för en tid håller ihop läpparna, så att viljan kan be Gud om hjälp att stå ut och intill dess att man hinner tänka igenom vad eller hur man skall svara, så att man kan segra över sig själv, ty då vreden mildras i hjärtat kan en människa på ett klokt sätt svara de oförståndiga. Var också viss om att djävulen är mycket avundsjuk på Maria. Om han inte kan hejda henne genom att förleda henne till att överträda Guds bud, lockar han henne att hemfalla till stor vrede, eller till fåfänglig glädje, eller till löst och vanvördigt prat. Må Maria därför alltid be Gud om hjälp så att alla hennes ord och gärningar blir styrda av honom och inriktade mot honom.

Må Maria vidare vara ödmjuk i sin gärning, så att hon inte gör någonting för att få beröm på jorden, inte lockas av det som är nytt, inte skäms för att utföra oansenliga sysslor, så att hon flyr det som väcker uppmärksamhet, visar aktning för alla och i allt håller sig själv för ovärdig. Vidare må Maria föredra att sitta bland de fattiga framför att sitta bland de rika, hellre lyda än befalla, hellre tiga än tala, hellre vara ensam än umgås med de mäktiga och med sina anförvanter. Må Maria också avsky egenviljan, alltid meditera över sin död, inte vara nyfiken, inte kverulantisk, inte glömma Guds rättvisa och sina egna begärelser. Må Maria också ofta gå till bikt, vara uppmärksam på sina frestelser, inte vilja leva för något annat än för att föröka Guds ära och underlätta medmänniskornas frälsning.

Om alltså en Maria som är beskaffad på det sätt som här sagts skulle bli vald till att bli en Marta och av lydnad och kärlek till Gud åtog sig att råda över många andras själar, skulle hon få en tvåfaldig segerkrona, något som jag skall visa dig med en liknelse. En mäktig herreman hade en båt lastad med dyrbara handelsvaror. Han sade till sina tjänare: ›Bege er till den och den hamnen. Där kan jag göra stora vinster och få härlig frukt. Om det skulle blåsa upp till storm så kämpa tappert och förtröttas inte, ty er lön skall bli stor.‹ Vinden blev dock sjömännen övermäktig, stormen ökade och skeppet skakade. Skeppets styrman greps av trötthet och alla misströstade om sina liv, och de kom överens om att gå till den hamn, dit vinden förde dem och inte till den hamn som deras herre hade föreskrivit för dem. Då en trogen tjänare hörde detta brast han av kärlek till sin herre ut i klagan, grep med våld skeppets roder och styrde med all kraft skeppet till den hamn som hans herre ville.

Denne man, som så manligt förde skeppet till hamnen, borde väl få en större lön än de andra? På liknande sätt skall den gode prelat som av kärlek till Gud och till själarnas frälsning tar på sig bördan att styra, utan att bry sig om äran, få en dubbel lön. För det första skall han få del av allt det goda som han förde till hamnen och för det andra skall hans ära utan ände förökas. På motsatt sätt skall det bli med dem som fikar efter ära och ledarställningar: De skall få del av allas deras straff och synder som de har åtagit sig att styra och för det andra skall deras förvirring vara utan ände. Ty de prelater som fikar efter ära är mera lika skökor än prelater, ty med sina onda föredömen och ord sviker de själarna. De är ovärdiga att kallas Maria eller Marta, försåvitt de inte gör bot och bättring.

För det femte bör Maria ge medicin åt sina gäster, dvs. glädja dem med goda ord, ty inför allt som kan möta, vare sig det handlar om något glädjerikt eller något sorgligt, bör hon säga så: ›Jag vill vad än Gud vill att jag skall vilja och jag är beredd att lyda hans vilja, även om jag så skulle komma till helvetet.‹ En sådan vilja är läkemedlet mot det som ansätter hjärtat, och denna vilja är glädjen i bedrövelsen och den goda jämvikten i medgången. Men eftersom Maria har många fiender bör hon ofta bikta, ty så länge hon med full insikt förblir i synden har hon mycket att bekänna. Underlåter eller struntar hon i detta, borde hon inför Gud snarare kallas för en avfälling än för en Maria.«

Vidare om gärningarna i Martas liv. »Du må också veta att även om Marias del är den bästa, så är dock inte Martas del dålig utan lovvärd och Gudi behaglig. Därför vill jag nu säga dig hur Martas liv bör vara inrättat. Hon bör, på samma sätt som Maria, ha fem goda ting: för det första Guds kyrkas rätta tro; för det andra kunskap om Guds bud och de evangeliska råden, och dem bör hon fullgöra i hjärta och handling; för det tredje bör hon avhålla sin tunga från varje ont ord som är mot Gud och nästan, och handen från varje otillåten och otillbörlig handling, och själen från omåttlig vinningslystnad och njutning, och hon bör vidare vara nöjd med det som tilldelats henne och inte längta efter det som är överflödigt; för det fjärde bör hon på ett förnuftigt och ödmjukt sätt fullgöra barmhärtighetsgärningar, men så att hon i inget avseende förolämpar Gud genom att sätta sin förtröstan till dessa gärningar; för det femte bör hon älska Gud över allting och mer än sig själv. Så gjorde Marta, ty med glädje överlämnade hon sig själv till mig genom att efterfölja mina ord och gärningar och därefter gav hon av kärlek till mig bort alla sina tillhörigheter. Och av det skälet kände hon leda för jordiska ting och sökte de himmelska, av det skälet uthärdade hon tålmodigt allt och tog omsorg för andra lika väl som för sig själv, av det skälet tänkte hon alltid på min kärlek och mitt lidande och gladde hon sig i sina bedrövelser och likt en moder älskade hon alla. Ja, Marta följde mig dagligen och längtade efter inget annat än efter att höra livets ord. Hon led med dem som sörjde, tröstade de sjuka, förbannande ingen utan teg om nästans tillkortakommanden och bad för alla. Var och en som i det aktiva livet söker kärleken bör alltså följa Marta genom att älska nästan så att denne når fram till himmelen, men inte genom att uppmuntra hans laster; man bör följa henne genom att fly bort från berömmet av sig själv och från högmodet och falskheten. Man bör heller inte tjäna avunden.

Men lägg märke till att då Marta ville be för sin döde broder Lasarus, kom hon först till mig, men hennes broder blev inte genast uppväckt. Men så kom Maria som man hade tillkallat och då uppväcktes brodern för de båda systrarnas skull. Så är det också i det andliga livet. Den som nämligen har en fullkomlig önskan att vara en Maria bör först vara en Marta genom att kroppsligen anstränga sig att hedra mig. Denne bör veta att han först måste motstå köttets lockelser och gå ur vägen för djävulens frestelser. Därefter kan han med eftertanke stiga upp till Marias trappsteg. Hur skall en som inte har blivit prövad och frestad och som inte har vunnit seger över de köttsliga rörelserna, ständigt kunna hålla sig till det himmelska? Vem är Martas och Marias döde broder om inte den ofullkomliga handlingen? En god gärning görs ju ofta med ogenomtänkt avsikt och obeslutsamt sinne och genomförs därför med slapphet och ljumhet. Men för att en god gärning skall vara mig behaglig, måste den uppväckas och få liv genom Marta och Maria, vilket sker när man uppriktigt älskar sin nästa för Guds skull och över allting längtar endast efter Gud. Då är varje god gärning av en människa välbehaglig inför Gud. Därför har jag i evangeliet sagt att Maria har utvalt den bästa delen. Martas del är god, när hon sörjer över nästans synder. Martas del är bättre, när hon bekymrar sig över hur människorna skall kunna leva och leva vidare på ett klokt och hederligt sätt och gör detta endast för den gudomliga kärlekens skull. Men Marias del är bäst, när hon helt och hållet är inriktad på kontemplationen av de himmelska tingen och på vad som är en vinst för själarna.

Då stiger Gud in i Martas och Marias hus, när sinnet, fyllt av den hängivna kärlekens goda känslor och befriat från världens larm, alltid tänker på Gud som vore han närvarande och dag och natt inte endast mediterar utan också mödar sig, inneslutet i hans kärlek.«

Kapitel 66
Kroppen, själen och sinnena

Sonen talar: »En högt uppsatt man tog sig en hustru. För henne byggde han ett hus, han skaffade tjänare, tjänarinnor och förnödenheter åt henne, men själv reste han bort till främmande land. När mannen sent omsider återvände fick han höra att man talade illa om hans hustru, att tjänarna var olydiga och tjänarinnorna ohederliga. I sin vrede över detta överlämnade han hustrun till domstol, tjänarna till bödlarna och tjänarinnorna till att gisslas.

Jag, Gud, är denne herre som tog människosjälen, skapad av kraften i min gudom, till min hustru, eftersom det var min åstundan att dela min gudoms outsägliga ljuvlighet med henne. Jag tog henne till äkta i tron och kärleken och för att hon skulle hålla ut i dygderna. För denna själ byggde jag ett hus när jag gav henne en dödlig kropp, i vilken hon skulle prövas och öva sig i dygderna. Detta hus – kroppen – har fyra egenskaper: det är ädelt, dödligt, föränderligt och förgängligt. Kroppen är ädel, ty den är skapad av Gud och har del i alla elementen och på den yttersta dagen skall den uppstå till evigheten. Men i förhållande till själen är den oansenlig, ty den är av jorden medan själen är andlig. Eftersom alltså kroppen har en viss adel bör den prydas med dygder så att den på domens dag kan förhärligas. Men kroppen är också dödlig eftersom den är av jorden. Det är därför tillbörligt att den är stark gentemot lockelserna, ty om den dukar under för dem visar den bort Gud. Vidare är kroppen föränderlig och därför bör den få stadga av det förnuft som själen har. Om den nämligen skulle följa rörelserna inom sig vore den lik boskapen. För det fjärde är kroppen förgänglig och därför bör den alltid vara ren, ty djävulen söker den orenhet som flyr undan för änglarnas beskydd.

Den som bor i detta hus – kroppen – är alltså själen. Den omsluts där liksom av ett hus och den ger liv åt kroppen. Om själen inte är närvarande blir kroppen vanställd, illaluktande och avskyvärd att skåda. Och själen har sina fem tjänare som till husets glädje betjänar det. Den förste tjänaren är synen, som bör vara lik en god spanare, vilken bland dem som kommer kan skilja mellan fiender och vänner. Fiender är det som kommer, när ögonen längtar efter att se vackra ansikten och sådant som är köttet till glädje och sådant som är skadligt och skamligt. Vänner är det som kommer, när ögonen har sin glädje i att betrakta mitt lidande och mina vänners gärningar och sådant som är till Guds ära. Den andre tjänaren är hörseln, som är lik en god dörrvaktare som öppnar för vänner och stänger för fiender. För vänner öppnar den, när hörseln har sin glädje i att lyssna till Guds ord och predikningar och att höra om mina vänners gärningar. För fiender stänger den, när den hindrar orenheter och förtal och lättsinnigt prat att komma in. Den tredje tjänaren är smaken för mat och dryck. Den är lik en god läkare som ordinerar den mat som är till nytta, men inte sådant som är överflödigt och enbart välsmakande. Ty mat är som mediciner. Därför bör man, när det gäller smaken, tänka på två saker, nämligen att man inte äter mycket, utan måttligt. Om man nämligen äter mycket mat framkallar man sjukdomar, om man äter mindre än vad som är tillbörligt uppväcker man olust till att tjäna Gud. Den fjärde tjänaren är känseln. Den är lik en god arbetare. Genom att arbeta med händerna på ett rättfärdigt sätt uppehåller den kroppen, genom att arbeta med visdom tämjer den köttets otillåtna böjelser och genom att arbeta med glädje leder den kroppen till evig frälsning. Den femte tjänaren är doften av sådant som är angenämt. För den eviga lönens skull kan den i många fall undvaras. Må alltså denne tjänare vara som en god förvaltare som avgör om en viss doft är av nytta för själen, om hon har förtjänat den, eller om kroppen kan bestå lika gott utan den. Om man nämligen betänker, att kroppen kan bestå och leva utan sådant som har en behaglig doft och man för Herrens skull avstår från sådant, förtjänar man en stor lön från Gud, ty det är en dygd som är välbehaglig för honom, att själen kan avstå även från sådant som är tillåtet.

Eftersom själen har sådana tjänare bör den också ha fem ordentliga tjänarinnor, som vaktar över frun i huset och skyddar henne från faror. Må den första vara fylld av fruktan och iver, så att inte brudgummen försmädas därför att hon överträder hans bud och så att inte hustrun befinns vara försumlig. Må den andra vara hängiven, så att hon inte söker något annat än det som är till ära för brudgummen och till nytta för hustrun. Må den tredje vara måttfull och orubblig, så att hustrun varken förslappas av nöjen eller går under av motgångar. Må den fjärde vara tålmodig och klok, så att hon kan trösta hustrun när något ont drabbar henne. Må den femte vara blygsam och kysk, så att man i hennes tanke, ord och gärning inte finner något som är opassande eller slappt.

Om sålunda själen, som jag har sagt, har ett sådant hus, så duktiga tjänare och så hedervärda tjänarinnor, är det förkastligt om själen själv – hon som är hustrun – inte är vacker och from. Därför vill jag även visa dig vad som är själens smycke och prydnad. Hon bör alltså vara förnuftig, så att hon kan avgöra vad som tillkommer kroppen och vad som tillkommer Gud, ty tillsammans med änglarna har hon del i förnuftet och kärleken. Må hon sålunda hålla kroppen för en åsna genom att ge den vad den behöver för att leva, hålla den igång med arbete, tukta den med fruktan och avhållsamhet och iaktta dess rörelser, så att själen inte sänker sig ner till det svaga köttet och den därigenom syndar mot Gud. För det andra må själen vara himmelsk, ty hon bär en bild av den himmelske Guden och därför må hon aldrig få smak för, eller ha sin glädje i, sådant som hör köttet till, så att hon kommer att bli en bild av djävulen. För det tredje må hon vara brinnande i sin kärlek till Gud, ty hon är änglarnas syster och odödlig och evig. För det fjärde må hon vara skön i alla dygder, ty hon skall för evigt skåda Guds skönhet. Om hon samtycker till köttet skall hon för evigt bli vanställd.

Vidare tillkommer det hustrun – själen – att få mat. Hennes föda är att minnas Guds välgärningar, att betänka hans fruktansvärda domar och att ha sin glädje i hans kärlek och bud. Må själen därför noggrant se till att hon aldrig låter sig styras av köttet, ty då råkar allt i oordning. Då vill också ögonen se det som är behagfullt och skadligt, öronen lyssna till lättsinnigheter, då vill hon gärna smaka det ljuvliga och fåfängligt arbeta för det som hör världen till. Då blir också förnuftet lurat, otåligheten tar makten, fromheten avtar, slappheten ökar, lasten putsas upp och det kommande livet glöms. Då kommer också den andliga maten att smaka illa och allt som hör Gud till att te sig som en börda. Ty hur kan man ha någon glädje i att ständigt minnas Gud, om man har sin glädje i köttet? Eller hur kan själen formas efter Guds vilja, om hon endast har sitt behag i det som hör köttet till? Eller hur kan hon skilja sant från falskt, om allt som hör Gud till är henne en tung börda? Om en själ som är så vanställd kan sägas, att Guds hus har blivit gjort till en skatt- och tullkammare för djävulen.

Sådan är själen hos den döde som du ser. Ty djävulen äger henne av nio rättmätiga skäl. Först, eftersom hon frivilligt samtyckte till att synda. För det andra, eftersom hon föraktade sitt dops värdighet och löfte. För det tredje, eftersom hon inte brydde sig om den nåd som vid konfirmationen givits henne av biskopen. För det fjärde, eftersom hon inte tog tillvara den tid att göra bot som gavs henne. För det femte, eftersom hon i sina gärningar inte fruktade mig, Gud, inte heller mina domslut, utan avsiktligt drog sig undan mig. För det sjätte, eftersom hon föraktade mitt tålamod, som om jag inte vore till, eller som om jag inte ville döma. För det sjunde, eftersom hon brydde sig mindre om mina bud och råd än om människors. För det åttonde, eftersom hon inte tackade Gud för hans välgärningar, eftersom hennes hjärta var helt och hållet i världen. För det nionde, eftersom mitt lidande var helt och hållet dött i hennes hjärta.«

Kapitel 69

Två vägar till himmelen

Sonen säger: »Jag har sagt i mitt evangelium att man för två sakers skull kan komma till himmelen. Den första är, om människan ödmjukar sig själv som ett barn. Den andra är, om människan gör våld mot sig själv. Ödmjuk är den som, hur mycket han än har framgång och gör det goda, inte håller sig själv för att vara något och inte förtröstar på sina egna förtjänster. Våld mot sig själv gör den som med omdöme tuktar sig själv i det att han, för att inte förolämpa Gud, står emot de oordnade rörelserna i sitt kött och inte tror att han kommer till himmelen på grund av sina egna rättfärdiga gärningar utan på grund av Guds barmhärtighet. Men denne broder, som under fastetiden inte åt någonting och utan rätt omdöme iakttog andra fastor, trodde att han genom sin avhållsamhet – och som om det vore hans rätt – skulle komma till himmelen. Men dessa avhållsamhetens och rättfärdighetens gärningar framgick ur högmodet snarare än ur ödmjukheten. Därför blir han med rätta dömd tillsammans med dem som fastade och gav tionde, men föraktade andra. Det hade varit bättre för honom om han hade efterliknat ödmjukheten hos den syndare som inte vågade lyfta sina ögon upp mot himmelen. Ty då jag själv, som är Gud och sann människa, levde bland människorna åt och drack jag det som ställdes fram åt mig, fast jag hade kunnat leva utan någon mat alls, för att så ge en förebild åt människorna i hur man skulle leva och för att människorna skulle ta emot vad de behövde för sitt liv och tacka Gud.«

Kapitel 86

Eukaristin och Anden

En präst firade en pingstdag sin första mässa i ett kloster. Vid själva elevationen av Kristi kropp såg då bruden en eld stiga ner från himmelen över altaret och i prästens hand såg hon brödet och i brödet ett levande lamm och i lammet liksom ett flammande ansikte av en människa. Och hon hörde då en röst säga till henne: »På samma sätt som du nu ser eld stiga ner över altaret steg min Helige Ande, på en dag som denna, ner över apostlarna och tände deras hjärtan. Genom ordet blir sannerligen brödet ett levande lamm, dvs. min kropp, och ett ansikte finns hos lammet och lammet i ansiktet, eftersom Fadern är i Sonen och Sonen i Fadern och den Helige Ande i båda.«

Och återigen såg bruden i prästens hand vid elevationen av eukaristin en yngling med en underbar skönhet. Han sade: »Jag välsignar er som tror, men för dem som inte tror skall jag bli till en domare.«

Kapitel 88

Hjärtats rörelse och glädje

Under en julnatt förnam Kristi brud en sådan underbar och väldig glädje i sitt hjärta, att hon knappt kunde behärska sig av glädje, och i samma ögonblick kände hon i sitt hjärta en påtaglig och förunderlig rörelse, som om ett levande barn vore i hjärtat och om och om igen vände sig. Då denna rörelse höll i sig visade hon det för sin andlige fader och för några av sina andliga vänner, för att förvissa sig om att det inte var fråga om ett bländverk. Då de genom att se och känna blev övertygade om att det var något verkligt, blev de förundrade.

Under högmässan samma dag uppenbarade sig Guds moder och sade till bruden: »Min dotter, du förundras över den rörelse som du känner i ditt hjärta. Må du veta att detta inte är något bländverk, utan ett slags tecken som uttrycker den ljuvlighet och barmhärtighet som kom mig till del. Ty liksom du inte kan fatta hur hjärtats glädje och rörelse så plötsligt kunde komma till dig, så var min sons ankomst till mig underbar och plötslig. När jag gav mitt samtycke till den ängel som förkunnade för mig Guds sons avlelse, kände jag genast i mig något förunderligt och levande. Och då han föddes av mig, gick han under outsäglig glädje och med en förunderlig snabbhet ut ur mig, fast mitt jungfruliga sköte var tillslutet.

Min dotter, må du sålunda inte vara rädd för att detta är ett bländverk utan vara glad, ty den rörelse som du känner är ett tecken på min sons ankomst till ditt hjärta. Liksom alltså min son har givit dig namnet ›sin nya brud‹, så kallar jag dig nu för min sonhustru. Ty liksom en far och en mor, när de blir gamla och i behov av vila, lägger sin börda på sonhustrun och säger henne vad som är att göra i huset, så vill nu Gud och jag, som har blivit gamla och kalla i kärleken i människornas hjärtan, genom dig förkunna vår vilja för våra vänner och för världen. Denna rörelse i ditt hjärta skall vara kvar hos dig och tillta, alltefter ditt hjärtas förmåga.«

Kapitel 106
Jordan

Det var en man som sade sig vilja tjäna Gud och som ville veta i vilket stånd han mest kunde behaga Gud. Han frågade bruden till råds och hoppades på ett gudomligt svar. Då talade Kristus till bruden och sade: »Denne man har ännu inte kommit fram till Jordan och ännu mindre har han gått över den. Men om Elia är det ju skrivet att han, då han gått över Jordan och nått fram till öknen, fick höra Guds hemligheter. Men vad är Jordan om inte denna världen, som flyter bort som vatten? De timliga tingen stiger ju än upp tillsammans med människan och än stiger de ner, än lyfter de henne upp med ära och framgång, än trycker de ner henne med motgång, men aldrig är människan utan möda och bekymmer. Det är alltså nödvändigt att den som åstundar det himmelska avlägsnar kärleken till allt jordiskt från sin själ, ty den som finner Gud vara ljuvlig har i sanning ingen smak för det jordiska och förgängliga. Men denne man har ännu inte nått så långt att han föraktar allt, utan han vill fortfarande ha makten kvar över sin egen vilja. Han skall därför inte få höra några himmelska hemligheter förrän han med större fullkomlighet föraktar världen och har lagt sin vilja i Guds hand.«

Kapitel 120

Kärlek och lydnad

Kristus, Guds Son, talar: »Liksom ett träd har många grenar men de grenar som sitter högre upp får mera värme och vind, så förhåller det sig också med dygderna. Kärleken är som ett träd som alla dygder utgår ifrån, men bland dem är lydnaden den främsta. Därför drog sig inte Gud för att ta på sig korset och döden. Lydnaden behagar mig alltså som den allra ljuvaste frukten, ty den är som en fred över all fred. På samma sätt är den människa mig allra kärast som av ödmjukhet underordnar sig andra och lägger all sin vilja i andras händer. Därför behagar det mig att denna fru, för en större kronas och en högre kärleks skull, lyder genom att avstå från att följa sin egen vilja, ty Abraham blev mig ännu kärare för sin goda viljas skull och Rut ännu mera lysande bland Guds folk, eftersom hon inte lydde sin egen vilja.«

Vidare säger Kristus: »Denna fru skall inte dö – som läkaren har sagt – utan leva den tid som behagar mig, ty jag vill ge henne näring under min högra hands beskydd. Och jag skall ge henne visdom, så att hon bär fram till mig älskliga blommor och lever till min ära.«

Ur
Uppenbarelsernas sjunde bok

Kapitel 1

Jungfruns nedkomst

Då fru Birgitta, Kristi brud, var i Rom och vid ett tillfälle gav sig hän åt bönen, började hon meditera över Jungfruns nedkomst och över den väldiga godheten hos Gud, som ville utvälja åt sig en sådan ren moder. Hennes hjärta blev då så upptänt av kärlek till Jungfrun att hon sade inom sig: »Min Härskarinna, himmelens Drottning, så mycket gläder sig mitt hjärta över att Gud, den Högste, har utvalt dig till moder och velat skänka dig en så stor värdighet, att jag hellre ville i evighet plågas i gehenna än att du för ett ögonblick skulle sakna denna stora härlighet och denna himmelska värdighet.« Så stod hon, drucken av kärlekens ljuvlighet, utom sig och lyft över sina sinnen i ett slags den andliga kontemplationens hänryckning. Då visade sig Jungfrun och sade till henne: »Var uppmärksam, min dotter! Jag är himmelens drottning, och eftersom du älskar mig med en så stark kärlek förkunnar jag för dig att du, när det behagar min Son, skall bege dig på pilgrimsfärd till den heliga staden Jerusalem. Därifrån skall du bege dig till Betlehem och där skall jag på den plats det ägde rum visa dig på vilket sätt jag födde denne min son, Jesus Kristus, ty så har han behagat bestämma.«

Kapitel 3

Franciskus talar till Kristi brud

På den helige Franciskus' dag uppenbarade sig den helige Franciskus i sin kyrka i Trastevere i Rom för samma Kristi brud och sade: »Kom till min kammare för att äta och dricka tillsammans med mig.« När hon hörde detta, gjorde hon sig genast redo att resa, för att besöka honom i Assisi. När hon hade tillbringat fem dagar där och beredde sig att återvända till Rom, gick hon in i kyrkan för att överlämna sig själv och sitt följe åt Franciskus' beskydd. Då visade han sig för henne och sade: »Välkommen! Jag inbjöd dig till min kammare för att du skulle äta och dricka tillsammans med mig. Men du skall veta att detta hus inte är den kammare som jag talade med dig om, utan min kammare är den sanna lydnaden. Den höll jag mig alltid till, i det att jag aldrig dristade mig att leva utan rådgivare. Ständigt hade jag en präst med mig och jag lydde honom ödmjukt i allt vad han befallde.

Detta var min kammare. Gör du på samma sätt, ty det är välbehagligt inför Gud. Min mat, som gav mig en underbar mättnad, bestod i att jag gärna lockade mina medmänniskor bort från fåfängligheterna i livet i världen till att av allt hjärta tjäna Gud, och den maten svalde jag med glädje som om den hade varit de ljuvligaste rätter. Min dryck var den glädje jag hade då jag såg att några som hade blivit omvända genom mig älskade Gud och med alla krafter gav sig hän åt kontemplationen och bönen och lärde andra att leva väl och att efterfölja fattigdomen. Se, min dotter, denna dryck beredde min själ en sådan glädje att allt som fanns i världen blev mig avsmakligt. Gå in i denna min kammare och ät denna min mat och drick denna dryck tillsammans med mig! Drick den, så att du i evighet blir mättad hos Gud!«

Kapitel 11
Den fria viljan

»Jag är Gud, alltings skapare. Åt änglarna och människorna har jag givit den fria viljan, så att de som vill göra min vilja i evighet skall förbli hos mig, men de som sätter sig upp mot mig skall skiljas ifrån mig. Därför blev några av änglarna gjorda till demoner, ty de ville varken älska mig eller lyda mig. Då djävulen, sedan jag hade skapat människan såg min kärlek till henne, blev han inte endast min ovän utan började också ett krig mot mig: Han tubbade Adam till att överträda mina bud. Med mitt medgivande och på grund av min rättvisa fick djävulen övertaget och från den tiden lever jag och djävulen i oenighet och strid med varandra, ty jag vill att människan skall leva efter min vilja, men djävulen strävar efter att människan följer sina begärelser. Men i det ögonblick då jag öppnade himmelen med mitt hjärtas blod, blev djävulen berövad den rätt han tycktes ha och de själar som var värdiga blev räddade och befriade. Då stiftades den lagen att människan av fri vilja skulle följa mig, sin Gud, för att få den eviga kronan, men om hon följde djävulens begärelser skulle hon få evigt straff. Så kämpar jag och djävulen, ty vi har begär efter själarna på samma sätt som brudgummar efter sina brudar. Jag åtrår själarna för att ge dem den eviga glädjen och härligheten, men djävulen för att ge dem den eviga skräcken och pinan.«

Kapitel 14

I den heliga gravens kyrka

Sonen sade till bruden: »När ni trädde in i mitt tempel, det som helgats av mitt blod, blev ni så renade från alla era synder som om ni just då hade blivit upplyfta ur dopets källa. Och för era mödors och för er hängivenhets skull har några av era anförvanters själar, som befann sig i skärselden, i dag blivit befriade därifrån och fått komma in i min himmelska härlighet. Ty alla som kommer till denna plats med en fullkomlig vilja att bättra sig i överensstämmelse med vad det goda samvetet bjuder och inte vill återfalla i sina tidigare synder, skall få en fullständig förlåtelse för alla sina tidigare synder och nåd att kunna göra andliga framsteg.«

Kapitel 15
Herrens korsfästelse och Moderns smärta

Då jag befann mig på Golgata berg och grät bittert, såg jag min Herre, naken och gisslad, som av judarna leddes till att korsfästas. De höll noga vakt över honom. Jag såg då även ett hål, uthugget i berget, och de som skulle korsfästa honom stående runt om honom, beredda för sin grymma hantering. Men Herren vände sig mot mig och sade: »Lägg märke till vad du ser, ty i detta hål i berget blev foten av korset fäst vid tiden för mitt lidande.«

Genast såg jag hur hans kors av judarna stadigt fästes där i hålet i bergsklippan. Träkilar slogs ned med våldsam kraft med en hammare, så att korset skulle stå stadigt och inte falla. Sedan korset på det sättet hade satts fast där, lade man genast träplankor runt om trädets stam så att man fick en stege ända upp till den plats där de skulle fästa hans fötter, för att både han och bödlarna skulle kunna gå uppför dessa trappsteg och säkrare stå på plankorna då de skulle fästa honom vid korset. Därefter steg de upp för trappstegen, i det att de ledde upp honom under väldiga smädelser och anklagelser. Han steg villigt upp som ett fogligt lamm som förs till slakt. Då han nu stod uppe på plankorna sträckte han genast, av fri vilja och utan att vara tvingad, ut sin arm, öppnade sin högra hand och lade den på korset. De rasande bödlarna fäste den grymt vid korset och slog en spik genom den del där benet är kraftigast. Så drog de med ett rep och med våldsam kraft ut den vänstra handen och fäste den på samma sätt vid korset. Sedan de därefter på ett onaturligt sätt sträckt ut kroppen på korset lade de den ena foten över den andra och fäste dem så vid korset med två spikar. Och så mycket sträckte de ut hans ärofulla lemmar på korset att nästan alla hans ådror och senor brast. Sedan detta var gjort satte de återigen törnekronan på hans allra heligaste huvud – den hade de tagit bort från hans huvud under själva korsfästelsen. Den stack så hårt i hans vördnadsvärda huvud att hans ögon strax fylldes av rinnande blod, hans öron täpptes till och hans ansikte och skägg blev liksom täckta och indränkta av det rosenfärgade blodet. Och genast och snabbt tog korsfästarna och soldaterna bort de plankor som hade varit lagda vid korset, och korset stod då där ensamt och högt och min Herre var fäst på det.

Då jag full av smärta betraktade deras grymhet, såg jag hans moder fylld av sorg ligga på marken, liksom skakande och halvdöd. Johannes tröstade henne och det gjorde också hennes systrar, som inte stod långt borta från korset vid hans högra sida. En förnyad smärta av medlidande med hans allra heligaste moder genomborrade mig så starkt, att det kändes som om ett vasst svärd med en outhärdlig bitterhet gick igenom mitt hjärta. Till slut reste sig hans smärtfyllda moder upp – som om hennes kropp vore helt utmattad – och såg på sin son. Hon stod stödd av systrarna, kraftlös och förlamad och som en levande död, genomborrad av smärtans svärd. Då Sonen såg att hon och några andra vänner grät, anbefallde han henne med rösten full av gråt åt Johannes, och det märktes tydligt av hans rörelser och hans röst att hans hjärta av medlidande med hans moder genomborrades av en väldig smärtas vassa pilar.

Sonens älskvärda och vackra ögon såg ut att vara halvdöda och hans mun var öppen och bloddrypande; hans ansikte var blekt och insjunket, blått och helt och hållet täckt av blod. Också hans kropp var blåfärgad, likblek och alldeles slapp på grund av det oupphörliga blodflödet. Huden och det jungfruliga köttet på hans allraheligaste kropp var så uttunnade att blåa märken uppträdde av det minsta slag på kroppen. Ibland försökte han att sträcka ut sig på korset till följd av den stora smärta han kände på grund av den plåga han tillfogades. Ibland steg kvalen från hans genomstungna lemmar och ådror upp till hjärtat och plågade honom svårligen genom den intensiva smärtan, och så förlängdes hans död av ett ohyggligt svårt lidande.

Bedrövad av de outsägliga plågorna och redan nära döden ropade han då till Fadern med hög och gråtande röst och sade: »O Fader, varför har du övergivit mig?« Hans läppar var bleka och tungan blödande, den insjunkna magen låg tätt intill ryggen som om den inte hade några inälvor. Han ropade återigen med den största smärta: »O Fader, i dina händer anbefaller jag min ande!« Så höjde han sitt huvud något, böjde sedan ner det och gav upp andan. Då hans moder såg detta darrade hon i hela kroppen av den väldiga smärtan, och hon skulle ha fallit ner på marken om inte andra kvinnor hade hållit henne uppe. I den stunden sjönk hans händer på grund av den stora kroppstyngden något ner i sina spikhål och så hölls kroppen uppe av de spikar med vilka fötterna var fästa vid korset. Men fingrar och händer och armar var mer uttänjda än förut och hans skuldror och rygg var liksom pressade mot korset.

De judar som stod runt omkring honom skrek då många hånfulla ord mot hans moder. Några sade: »Maria, nu är din son död«, och andra yttrade andra hånfulla ord. Då de stod där runt omkring honom kom en man rusande i största raseri och stötte ett spjut in i hans högra sida med en så väldig kraft att spjutet nästan gick igenom till kroppens andra sida. Då spjutet drogs ut ur kroppen sprutade genast en kraftig ström av blod ut ur såret, och spjutspetsen och en del av skaftet var röda och dränkta av blod när de drogs ut. När modern såg detta darrade hon och grät så bittert att man i hennes ansikte och på hennes rörelser tydligt kunde se att hennes själ då genomborrades av smärtans vassa svärd.

Efter dessa händelser avlägsnade sig folkhopen och några vänner tog ner Herren från korset. Hans fromma moder slöt honom i sina allraheligaste armar och han lades sedan i hennes knä, sargad, sårig och blå. Hon tvådde honom med sina tårar och Johannes och de andra kvinnorna grät. Och då torkade hans bedrövade moder hela kroppen och dess sår med en linneduk och under kyssar slöt hon hans ögon och svepte honom i ett rent tygstycke. Och så förde de bort honom under klagan och med stor smärta och lade honom i en grav.

Kapitel 16
Att betrakta Kristi lidande

Strax därefter talade Kristus till sin brud, fru Birgitta, och sade: »Allt detta som du nu har sett och annat som jag har fått utstå fäster världens furstar ingen uppmärksamhet vid, och de bryr sig inte om de platser där jag föddes och led. De liknar en människa som har ett ställe avsett för vilda och otämjda djur. In dit släpper hon jakthundar och finner nöje i att betrakta hundarnas och de vilda djurens kapplöpning. På liknande sätt är det med jordens furstar och kyrkornas prelater och med världens alla ledande. De är mera intresserade av att betrakta världsliga nöjen än min död, mitt lidande och mina sår. Därför vill jag genom dig än en gång sända mina ord till dem. Om de inte förändrar sitt hjärtelag och omvänder sig till mig skall de fördömas tillsammans med dem som delade mina kläder mellan sig och kastade lott om min mantel.«

Kapitel 22

Herrens födelse

Återigen visade sig Jungfru Maria för mig på samma plats och sade: »Min dotter, det är nu länge sedan jag i Rom lovade dig att här i Betlehem visa dig hur det gick till när jag födde. Och fast jag redan i Neapel har visat dig något av detta, alltså hur jag stod när jag födde min son, vill jag dock att du skall vara helt viss om att jag stod och födde just på det sätt som du nu har sett mig, då jag ensam och med böjda knän bad i stallet. Jag födde honom ju under ett sådant jubel och med en sådan själens glädje att jag inte förnam något obehag och inte heller någon smärta när han gick ut ur min kropp. Jag lindade honom genast med rena lindor som jag redan i förväg hade gjort i ordning. När Josef såg detta blev han förvånad och fylldes av stor glädje och fröjd över att jag hade fött utan att behöva någon hjälp. En stor hop människor var ju i Betlehem på grund av skattskrivningen, men de var så upptagna av den att nyheten om de underbara gärningar som Gud gjorde inte kunde nå fram till dem. Men du må vara helt övertygad om att, även om folk som bara har vanlig mänsklig kunskap påstår att jag födde min son på det vanliga sättet, är det helt visst och utan tvivel så att han föddes på det sätt som jag redan tidigare sagt dig och som du nu själv har sett.«

Kapitel 26

Marias femton år efter Sonens himmelsfärd

Då jag var i Joshafats dal och bad vid den ärorika Jungfruns grav, uppenbarade sig samma Jungfru för mig med en underbart strålande glans och sade: »Lyssna på mig, dotter! Sedan min son hade stigit upp till himmelen levde jag under femton år i världen och vidare under så lång tid som det är mellan denne min Sons himmelsfärds högtid och min egen död. Sedan låg jag som död i denna grav under femton dagar. Därefter blev jag upptagen till himmelen med oändlig ära och glädje. Men mina kläder, som jag hade blivit begraven i, blev lämnade kvar i denna grav och jag blev iförd sådana kläder som min son och min herre, Jesus Kristus, blev klädd i. Du bör också veta att i himmelen finns ingen mänsklig kropp – utöver min sons förhärligade kropp och min kropp.

Vänd nu alltså åter till de kristnas länder, arbeta ständigt på att bättra era liv och lev för övrigt med den största vaksamhet och noggrannhet, eftersom ni nu har besökt de heliga platser där min son och jag levde kroppsligen och dog och blev begravna.«

Kapitel 27

Låt försona er med Gud

För en person som med vaksamhet gav sig hän åt bönen och kontemplationen visade sig Jesus Kristus då hon befann sig i andlig hänryckning och talade så till henne:

»Lyssna du, åt vilken det är givet att höra och se andliga ting och var mycket uppmärksam och se till att du inte för din egen äras skull och för att vinna beröm av människor förkunnar detta som du nu skall få höra och som det är ditt uppdrag att å mina vägnar förkunna för folken. [...]

Jag är alltings skapare och herre såväl över djävlarna som över alla änglar, och ingen skall kunna fly undan för min dom. På tre sätt har djävulen syndat emot mig, nämligen genom högmod, genom avund och genom att förmätet älska den egna viljan. Hans högmod var så stort, att han ville vara herre över mig och att jag skulle vara underordnad honom. Och så mycket avundades han mig att han, om det hade varit möjligt, gärna skulle ha dödat mig för att själv få vara herre och sitta på min tron. Så kär var honom den egna viljan att han inte alls brydde sig om min vilja, fast det hade varit möjligt för honom att uppfylla vad den bjöd. Därför föll han ner från himmelen och av ängeln blev en djävul längst nere i helvetet. Då jag därefter såg hans ondska och den stora avund han hade mot människan, uppenbarade jag min vilja för människorna och gav dem mina bud för att de, genom att göra dem, skulle kunna vara mig till behag och djävulen till misshag. För den kärleks skull som jag har till människorna kom jag så till världen och antog mänsklig natur av Jungfrun. Personligen undervisade jag dem med gärning och ord om frälsningens väg, och för att visa dem min fullkomliga barmhärtighet och kärlek öppnade jag himmelen för dem med mitt eget blod.

Men hur handlar nu de människor som är mina ovänner mot mig? I sanning, de föraktar mina bud, kastar ut mig ur sina hjärtan som ett avskyvärt gift, de spyr ut mig ur sina munnar som vore jag något ruttet, de avskyr att se mig som vore jag ett foster angripet av spetälska. Men djävulen och hans gärningar omfamnar de med hela sin hängivenhet och med allt vad de gör. Honom släpper de in i sina hjärtan genom att med förtjusning och gärna göra hans vilja och följa hans onda ingivelser. [...]

O ni, mina ovänner, som gör sådant och andra synder emot min vilja, varför föraktar ni mitt lidande, varför betänker ni inte i era hjärtan hur jag naken stod bunden vid pelaren, hur jag grymt misshandlades med hårda gisselslag, hur jag stod naken på korset och ropade, full av sår och täckt av blod? Och när ni målar och smörjer era ansikten, varför vill ni då inte se på mitt ansikte, hur fullt av blod det var? Inte vill ni heller betrakta mina ögon, hur förmörkade och övertäckta av blod och tårar och hur blåa mina ögonlock var? Varför vill ni inte mera se på min mun och fästa blicken vid mina öron och mitt skägg, hur de var plågade och översköljda av blod? Ni vill heller inte betrakta mina andra kroppsdelar, illa sårade som de var av alla möjliga slag av misshandel, och hur jag för er skull hängde på korset, blåslagen och död. Förlöjligad och förkastad av alla var jag och föraktad för att ni, genom att tänka på mig och uppmärksamt hålla mig i minnet, skulle fatta kärlek till mig, er Gud, och så fly bort ifrån de djävulens snaror som ni så ömkligt har blivit bundna av.

Sannerligen, allt detta har ni glömt och drivit bort från era ögon och hjärtan. Ni gör som skökor som älskar njutningen och köttets lustar men inte vill ha någon avkomma. När de alltså känner att de har ett levande barn i sitt moderliv, försöker de genast att med örter och andra ting abortera det, så att de inte skall behöva avstå från den köttsliga njutningen utan ständigt kunna tillfredsställa sitt begär. På så sätt kan de alltid ägna sig åt otukten och det köttsliga umgänget. Så gör ni, ty jag, er Skapare och Återlösare, besöker alla med min nåd då jag klappar på era hjärtan, eftersom jag älskar alla. Men då ni känner att min helige Ande klappar på för att gjutas in i era hjärtan, eller känner hur det blir förkrossat, eller hur en god viljeföresats där föds då det hör mitt ord, då liksom införskaffar ni genast andligen ett abortmedel: Ni ursäktar era synder och gläder er i dem, ja ni vill till och med till er fördömelse framhärda i dem. Ni gör alltså djävulens vilja då ni tar emot honom i era hjärtan och föraktfullt driver bort mig. Därför har ni inte mig hos er och jag är inte hos er. Ni är inte i mig utan i djävulen, ty det är hans vilja och ingivelser ni lyder.

Jag har talat om domen; nu vill jag tala om min barmhärtighet. Min barmhärtighet består i att ingen av dessa mina ovänner är en så väldig och stor syndare att min barmhärtighet skulle förvägras honom, om han bara bad om den med ett ödmjukt och fullkomligt hjärta. Mina ovänner bör alltså göra tre ting, om de i nåden och vänskapen vill bli försonade med mig. Må de, för det första, göra bot och av allt hjärta ångra att de har förolämpat mig, sin Skapare och Återlösare. Det andra som de bör göra är en ren, flitig och ödmjuk bekännelse inför sin biktfader. Så må de alltså göra sig kvitt alla sina synder: genom att göra bot och gottgörelse i överensstämmelse med biktfaderns råd och omdöme. Då skall jag närma mig dem och djävulen drivas bort från dem. Sedan de fullgjort detta med andakt och fullkomlig kärlek bör de, för det tredje, gå till kommunionen och ta emot min kropp och därvid ha viljan att aldrig återfalla i de tidigare synderna, utan stå fasta i det goda ända till slutet.

Var och en som bättrar sig på detta sätt skall jag genast gå till mötes som en god fader sin felande son. Jag skall ta upp honom i min nåd med större glädje än han kunde bedja om eller tänka sig. Och då skall jag vara i honom och han i mig och han skall leva med mig och glädja sig för evigt.«

Kapitel 30

Jesus klagar över människornas otacksamhet

»Lyssna, ni alla mina fiender som lever i världen, ty jag talar nu inte till mina vänner som följer min vilja. Lyssna, alla klerker, ärkebiskopar, biskopar och alla av lägre rang i kyrkan! Lyssna, alla klostermänniskor, vilken orden ni än må tillhöra! Lyssna, jordens kungar och furstar och domare och alla som utför någon tjänaresyssla! Lyssna, kvinnor, härskarinnor och alla husfruar och tjänarinnor och alla, av vilka villkor och stånd ni än är, stora och små, ni som befolkar jorden! Lyssna till dessa ord som jag nu talar till er, jag som har skapat er!

Jag klagar över er, att ni har lämnat mig och skänkt er tro till djävulen, min ovän. Ni har övergett mina bud och följer djävulens vilja och lyder hans ingivelser. Ni bryr er inte om att jag, den oföränderlige och evige Guden, er skapare, har stigit ner från himmelen till Jungfrun, antagit kött av henne och levt tillsammans med er. Genom mig själv har jag öppnat en väg för er och givit råd genom vilka ni kan gå vägen till himmelen. Jag kläddes av och gisslades och kröntes med törnen och spändes ut så hårt på korset, att det var som om alla senor och leder i min kropp hade lossnat. Jag fick höra alla möjliga smädelser och utstå den mest föraktliga död och hjärtats bittersta sorg för er räddnings skull. [...]

O mina ovänner, förvända och otacksamma och vansläktade! Ni håller mig för en mask som är död om vintern. Ni gör vad ni vill och ni lyckas väl. Därför skall jag resa mig upp om sommaren, och då skall ni förstummas och inte kunna fly ur min hand. Ändå är det så, ni mina ovänner, att jag har återlöst er med mitt blod och inte söker något annat än era själar. Vänd därför åter till mig med ödmjukhet och jag vill med glädje ta emot er som söner! Skaka av er djävulens tunga ok och dra er till minnes min kärlek, och i ert samvete skall ni då bli varse att jag är ljuvlig och mild!«

Kapitel 31
Inför Birgittas, Kristi bruds, död

Fem dagar före fru Birgittas, den mångomtalade Kristi bruds dödsdag, hände det sig att vår herre Jesus Kristus uppenbarade sig för henne framför det altare som fanns i hennes rum. Han visade sig med glädje i sitt ansikte och sade till henne: »Jag har handlat med dig som en brudgum brukar göra, som döljer sig för sin brud för att hon ännu mera brinnande skall längta efter honom. Så besökte jag under denna tid inte dig med någon tröst, ty det var din prövotid. Men sedan du nu prövats må du träda fram och göra dig beredd, ty nu är tiden inne att uppfylla vad jag lovat dig, nämligen att du inför mitt altare skall klädas och vigas till nunna. Och hädanefter skall du inte bara räknas som min brud utan även som nunna och moder i Vadstena. Men du skall veta att du skall lämna din kropp här i Rom, ända till dess att den kommer till den plats som är beredd åt den, ty det behagar mig att skona dig från mödorna och räkna det du velat som vore det fullbordad gärning.«

Och vänd mot Rom sade han förebrående: »O mitt Rom, o mitt Rom, påven föraktar dig och bryr sig inte om mina ord utan tar det tvivelaktiga för det säkra. Därför skall han inte mera få höra min flöjt, ty han menar sig kunna förfoga över min barmhärtighets tid.«

Därefter sade han till bruden: »Men säg du till priorn att han överlämnar alla mina ord i alla mina uppenbarelser till bröderna och till min biskop. Åt honom skall jag ge min Andes glöd och jag skall fylla honom till brädden med min nåd. Och du må veta att när det behagar mig skall de människor komma som med förtjusning och glädje skall ta emot orden i dessa himmelska uppenbarelser, som hittills har riktats till dig. Då skall allt det som sagts till dig bli uppfyllt. Och fastän jag har undandragit många min nåd för deras otacksamhets skull, skall andra komma och träda fram i deras ställe och de skall få min nåd. Sist bland alla ord som uppenbarats för dig skall man sätta den allmänna och allmängiltiga uppenbarelse som jag gav dig i Neapel. Ty min dom skall, såsom jag har visat dig, gå i uppfyllelse över alla folk som inte med ödmjukhet vänder tillbaka till mig.«

Sedan detta och mycket annat som inte upptecknats här hade blivit sagt, nämnde och utfärdade sagda Guds brud föreskrifter för några personer i sin omgivning, vilka hon sade sig före döden ha sett stå inför Gud.

Efter det att detta blivit mottaget, tillfogade Herren: »På den femte dagens morgon skall du, sedan du mottagit sakramenten, var för sig kalla till dig de personer som är i din omgivning och som jag nämnt för dig och säga dem vad de skall göra. Och så skall du, omsluten av deras ord och buren av deras händer, komma till ditt kloster, dvs. in i min glädje, och din kropp skall flyttas till Vadstena.« När så den femte dagen var inne uppenbarade sig Kristus i gryningen återigen för henne för att trösta henne. Sedan mässan blivit läst och sakramenten med den största fromhet och vördnad blivit mottagna, gav hon i de nämnda personernas armar upp sin anda.

Ur
De bifogade uppenbarelserna
(Extravaganterna)

Kapitel 3

Skapelsens befrielse

»Den bok som ni kallar för Bibeln och som vi kallar för Den gyllene boken, säger att en fattig man genom sin visdom befriade den stad som hade intagits av en mäktig, men att ingen sedan mera kom ihåg denne fattige. Denna stad är den mänskliga skapelsen som djävulen på fyra sätt härskar över, ty med en fyrfaldig synd härskar han över människan: genom olydnad för det gudomliga budet, genom överträdelse av den naturliga lagen, genom den fördärvliga begärelsen och genom sinnets förhärdelse.

Denna skapelse befriade på visst sätt min allraheligaste moder, när hon lade hela sin vilja i mina händer och hellre ville utstå all smälek om bara själarna kunde räddas. Detta är nämligen den gudomliga visheten: att överlämna all vilja och all förmåga åt Gud och att vara glad, även när man för Guds skull har motgångar. För denna viljas skull blev jag, Gud och av evighet Guds son, människa i Jungfrun, och hennes hjärta var liksom mitt eget hjärta. Därför kan jag med fog säga att min moder och jag liksom med ett enda hjärta har räddat människan: jag genom att lida i mitt hjärta och i mitt kött, hon genom smärtan och kärleken i sitt hjärta. Denna jungfru var i sanning fattig, ty hon hade ingen längtan efter rikedomar och i hennes ande fanns inte den minsta synd. Några är fattiga på ägodelar, men i sin ande fulla av begärelse och högmod. Dessa är inte de som jag i mitt evangelium kallade för fattiga. Andra är rika på ägodelar, men utblottade i sin ande. De betraktar sig som stoft och som döda. Deras längtan är att vara tillsammans med Gud och de har bara de ägodelar de behöver och som kan bli till nytta för medmänniskorna. Dessa är de som verkligen är fattiga, men rika i Gud, och min moder var en av dem. Men denna Jungfruns, min moders, visdom och fattigdom är nu som bortglömd, ty även om man prisar henne med munnen, så är det få som ropar till henne av allt hjärta och följer i hennes kärleks spår.«

Kapitel 17

Nunnorna – Guds brudar

De som vill vara eller bli Guds brudar må veta att de bör vara mera angelägna om att förverkliga Guds vilja än sina egna behov och än att tillfredsställa sin egen vilja. De bör vara som brudar som befinner sig långt borta från sina egna ägodelar och på vandring för att gästa sin brudgums fädernegård. De äger den kroppsliga friheten och umgänget med världen med allt vad som hör till det. Men från dessa ›ägodelar‹ bör de nu med hela sin vilja definitivt skilja sig. De bör ikläda sig bröllopskläderna, dvs. den ödmjukhet, det tålamod och den lydnad som är en prydnad för själen och gör den vacker inför Gud. De bör även stå upp och gå framåt, så att de kan träda fram inför brudgummen och dem som han har inbjudit.

Hur höviskt och lydigt i ord och gärningar bör de inte träda fram inför deras blickar, då de ser vilka som inbjudits till bröllopet: Jungfru Maria, Guds moder, tillsammans med hela den himmelska härskaran, och den brudgum, den sanne Guden, som längtar efter dem, han som är Konungarnas konung och Herren över alla herrar, den mäktige över allt vad han har skapat. Då har de stigit upp, när de har gjort sin syndabekännelse med en förnuftig ånger och med en fast vilja att inte mera synda. Då har de gjort framsteg, när de av fri vilja har lämnat allt världsligt och inte fikar efter att äga något av det slaget och inte efter att fritt vilja råda över sin egen vilja. Då har de i sanning vigt sig åt sin brudgum, när de lovar att obrottsligt rätta sig efter regeln och löftet. Och då går de den säkra och rätta vägen till brudgummens kammare, när de efter förmåga håller regeln och löftet. Sedan de avlagt löftet börjar den första bröllopsdagen och den slutar när själen går ut ur kroppen. Det är därför tillbörligt att de ägnar den dagen åt tre ting, nämligen åt en klok fruktan, en from glädje och en brinnande kärlek.

Kapitel 31

De tre portarna

Guds son talar: »Några bilder får inte finnas på klosterkyrkans väggar, annat än av mitt lidande och till erinran av mina helgon. Ty det händer ofta att de som träder in i en kyrka gläder sig mera över att betrakta väggprydnaderna än över Kristi välgärningar.

Vidare: Denna kyrka skall ha tre portar. Den första skall kallas Förlåtelsens port. Genom den må alla världsmänniskor gå in, ty var och en som går in genom den porten med förkrossat hjärta och med viljan att bättra sig skall få hjälp i frestelserna, styrka till att göra det goda, andakt i sin bön, förlåtelse för sina synder och vishet i sitt handlande. Därför skall denna port ligga åt öster, ty den gudomliga kärleken skall gå upp för dem som träder in genom den och trons ljus skall stärka dem.

Den andra porten skall kallas Försoningens och benådandets port. Genom den må bröderna gå in i sitt kor, ty genom deras böner och tro kan syndarna nalkas Gud och rikets tillstånd förbättras och Guds vrede mildras. Därför skall denna port ligga åt väster, ty genom deras böner skall djävulens makt dödas och utrotas hos många människor, så att han inte längre förmår att fresta så mycket han vill.

Den tredje porten skall kallas Nådens och härlighetens port. Genom den må systrarna gå in, ty varje syster som går in genom den porten med förkrossat hjärta och med den enda avsikten att behaga Gud skall i detta livet få nåden att gå från dygd till dygd, hon skall få svalka under frestelserna och i det kommande livet härligheten. Därför skall denna port ligga åt norr, ty liksom ondskans köld väller fram från djävulen, så skall överflödande välsignelse och den Helige Andes hetta gjutas över dem som går in genom denna port och den gudomliga kärlekens glöd mer och mer strömma över dem.«

Kapitel 37
Kärlet med den oförgängliga skatten

Jesus Kristus, Guds son, talar: »Liksom den kallas fader som genom att förena sig med ett annat kött föder en son och denne är son, eftersom han är född av faderns kött, så är jag, Gud, allas fader, eftersom jag är den som ingjuter själen i kroppen och föder den på nytt genom mitt lidande och genom kraften i den gudomliga andningen och så förnyar den vanställda. Liksom jag alltså är allas deras fader, som har blivit skapade och nyskapade genom dopet, så är jag allas deras fader, som efterliknar min mänskliga naturs väg och följer mina budords stig. Därför kan Maria, min mänskliga naturs moder, kallas både moder och dotter: moder därför att hon födde min kropp och dotter därför att hon efterliknade min vilja. Ty en bild av hennes kropp strålade på visst sätt fram i min kropp, och en bild av alla fullkomlighetens dygder var också synlig i hennes hjärta och gärningar.

Eftersom alltså min moder vill utvälja döttrar åt sig, vilkas uppdragsgivare och ledare jag är och för vilka jag genom dig har uppenbarat en ny livsordning, vill jag vara och kallas deras fader, och som ett tecken härpå vill jag skänka dem två särskilda privilegier. Det första är att de ständigt får ha min kropps sakrament i ett därför passande kärl, prytt med safirer och kristaller, uppställt på sitt altare, så att de som dagligen kan skåda mig i denna främmande gestalt ännu mera brinnande måtte längta efter mig, intill den dag då de skall mättas av verkligheten själv. Det andra är att när någon syster plågas av en så svår sjukdom, att hon på grund av risken för kräkning inte kan motta min kropps sakrament och hon kan dö under natten utan vägkosten, så tillåter jag som är allas Gud att abbedissan eller den som hon förordnar, beledsagad av konventet, bär kärlet med sakramentet till den sjuka och, utan att låta henne komma i beröring med Herrens kropp, visar det för henne och säger till henne: ›Må din tro lända dig till frälsning och evigt liv.‹«

Fru Birgitta svarar: »O Herre, du som är den som skänker all nåd, bli inte förorättad om jag talar! Med en överflödande frikostighet gjuter du ut dig själv i oss, ja, om man får säga så, slösar du mera på oss än vi kan begära. Vem kunde väl tro att det funnes en sådan godhet och ljuvlighet, om han inte vore berusad av din ande? Det är ju skrivet att de som under Mose lags tid berörde och såg den heliga arken, som bara var ett tecken på dig, skulle dö. Nu tillåter och lovar du att man får beröra dig, som är själva den verklighet som alla tecknen utlovade. O hur ren måste inte den vara som får nalkas den Högste!«

Gud svarade: »Varför förundras du, min dotter, över att *ett* kärl får nalkas ett annat kärl, över att ett jungfruligt kärl får nalkas det kärl som innehåller den oförgängliga skatten? Liksom nämligen murarna av jord rasade och avgudabilden krossades då Mose ark bars in, så kommer djävulens högmod på skam genom den jungfruliga kärleken, veknar hjärtats hårdhet och förintas köttets orenhet. Ty vad är det att förundras över att han låter sig beröras av en jungfru, han som till och med ville födas av en jungfru? Tillsammans med Gud förmår den jungfruliga kärleken allt, om den verkligen är förenad med ödmjukheten.«

Kapitel 52

Bruden ber om ett betsel

»Välsignad vare du, himmelens drottning, som inte föraktar någon syndare som ropar till dig av allt hjärta! Lyssna till mig, fast jag är ovärdig att öppna min mun för att ropa till dig! Jag vet ju att om jag inte hålls uppe av din hjälp kan jag inte styra mig själv, eftersom min kropp är som ett otämjt djur. Om man inte lägger ett betsel i dess mun löper det till alla ställen där det har vant sig vid att få det som är angenämt. Min vilja är som en fågel som alltid vill följa de flyktiga tankarna och flyga med dem vart de än flyger. Därför ber jag dig att du ville lägga ett betsel på min kropp, så snart den vill löpa åt något håll som inte behagar din son och leda den dit där den kan utföra din sons vilja. Må du även lägga band på den fågel som min vilja är, så att den inte flyger längre bort än det behagar din käraste son.«

Jungfrun svarade: »Den bön som utgjutes av ett from hjärta till Guds ära förtjänar att höras och uppfyllas. Då du därför ber om att ett betsel måtte läggas på din kropp, så att den kommer att styras efter Guds vilja, så gagnar det den att en börda läggs på den, så att den inriktas mot att utföra något till den styrandes heder. Eftersom nu din vilja är sådan att du hellre vill tiga än tala med världsligt folk, och det tycks dig angenämare att tåla fattigdom i ditt eget hus än att beskåda alla rikedomarna i de härskandes hus, och du inte fäster dig vid deras ovänskap, om du därmed kan förtjäna Guds vänskap, så lägger jag den bördan på dig att du talar några ord som blir Gud till behag.«

Kapitel 60

Lydnad är bättre än offer

När den saliga Birgitta bad, visade sig Kristus för henne och sade: »Du vet att de som under den gamla lagens tid såg ut att vara andliga människor kallades för fariséer. Tre saker utmärkte dem: De tvättade sig jämt och ständigt för att de skulle framstå som rena, de bad offentligt för att de skulle kallas för fromma, de undervisade och utfärdade många bud, men de uppfyllde dem inte själva. Inför Gud var allt detta dem till ingen nytta, ty deras avsikt var falsk och deras ande oren.

Liksom det alltså inte är till någon nytta för en oren själ att man tvättar kroppen om inte samvetet är rent, så skadar det inte en ren själ att man tvättar kroppen om det bara sker av klok omsorg om den och inte för njutnings skull. Därför behagade det mig mera att du mot din egen vilja löd din lärare än om du, mot hans råd, skulle ha följt din egen vilja. Ty jag har haft många utvalda som varken hade några läkemedel eller något annat som innebar en lättnad för deras kropp, men de behagade mig ändå mycket. Andra däremot har, alltefter vad tiden och platsen och sjukdomarnas art fordrat, brukat läkemedel, men ändå inte misshagat mig, ty de gjorde allt detta för att kunna tjäna mig. Den lydnad som inte bestäms av egenviljan behagar mig alltså mera än ett stort offer.«

Kapitel 82

Alla Guds välgärningar

Kristus talar: »Jag är allas Gud. Min röst var det som Mose hörde i busken, Johannes vid Jordan, Petrus på berget. Av barmhärtighet ropar jag till dig, o människa, jag som under gråt för din skull ropade på korset. Lyft upp dina öron och lyssna till mig! Öppna dina ögon och se på mig! Se på mig, ty jag som talar till dig är den allra mäktigaste och starkaste, visaste och kraftfullaste, den mest rättfärdige och barmhärtige och – tillsammans med allt detta – den allra skönaste!

Se på mig och fråga i den gamla lagen efter min makt, och du skall finna att den i alla skapade varelser är underbar och fruktansvärd! Du skall finna min styrka i kungar och rebelliska furstar, min vishet i den mänskliga avbildens skapelse och värdighet och i profeternas vishet. Fråga efter min ojämförliga styrka och du skall finna den i laggivningen och i mitt folks befrielse. Se på min rättfärdighet i den första ängeln och den första människan, se på den i syndafloden, se på den i förstörelsen av andra samhällen och städer! Se vidare på min mildhet, när jag undsatte och visade tålamod mot mina fiender, se också på den i mina förmaningar genom profeterna! Se och betrakta till sist min skönhet, såsom den framträder i elementens skönhet och i Moses förhärligande! Tänk då på hur värdigt det är att du väljer mig och att du bör älska mig!

Tänk vidare på att jag är densamme som talade i den nya lagen, den allra mäktigaste – och den allra fattigaste: den allra mäktigaste, när jag tillbads av kungarna och när stjärnan visade vägen, den allra fattigaste, som sveptes i lindor och lades i krubban! Se vidare på mig, ty jag är den allra visaste – och den allra mest oförståndige: den allra visaste, som motståndarna inte kunde bemöta, och den allra mest oförståndige, som beskylldes för lögn och dömdes som skyldig! Se också på mig, ty jag är den allra kraftfullaste – och den allra mest föraktade: den allra kraftfullaste, när jag botade de sjuka och drev ut demonerna, den allra mest föraktade, när alla mina lemmar gisslades! Se på mig, den allra rättfärdigaste – och den som ansågs som den allra orättfärdigaste: den allra rättfärdigaste, när jag hävdade sanningen och rättfärdigheten, och den som ansågs som den allra orättfärdigaste, när jag dömdes till en neslig död! Se vidare på mig, ty jag är den allra barmhärtigaste – och den som behandlats som den allra obarmhärtigaste: den allra barmhärtigaste, när jag återlöste mänskligheten och fördömde synderna, och den som behandlades som den allra obarmhärtigaste, ty jag korsfästes tillsammans med rövare! Se till sist på mig, ty jag är den allra skönaste – och den allra fulaste: den allra skönaste på förklaringsberget, den allra fulaste på korset, ty jag hade då varken någon glans eller någon skönhet!

Se på mig och tänk på att jag som led för din skull är den som nu talar till dig! Se på mig, inte med de kroppsliga ögonen utan med hjärtats! Tänk på vad jag har givit dig, vad jag kräver av dig, vad du skall ge mig tillbaka! Jag gav dig ju en själ utan fläck; ge mig den tillbaka utan fläck! Jag led för dig, för att du skulle följa mig. Jag lärde dig att leva efter mina bud, inte efter din egen vilja. Lyssna till min röst, som under mitt kötts dagar ropade till dig: ›Gör bot‹! Lyssna till rösten, som ropade till dig från korset: ›Jag törstar‹! Lyssna nu, ty om du inte gör bot skall olycka komma över dig: Ditt kött skall torka ut, din själ lösas upp av skräck och ditt inre förtvina, din kraft försvagas, din skönhet förblekna, ditt liv bli dig en leda, du vill fly men skall inte finna någon tillflykt! Fly därför skyndsamt till min barmhärtighets gömsle, så att den olycka som hotar dig inte kommer, ty den hotar för att du skall fly undan! Om du vill tro, så tro! Om inte, skall det som sker bekräfta mina ord. Fråga de visa: vad jag har lovat skall jag inte göra om intet, även om jag i mitt tålamod tålmodigt väntar på frukten av mitt tålamod.«

Kapitel 85

Råd till en biskop

Maria talade: »Tre ting utmärker änglakonungens här: det första är att den flödar över och inte förminskas, det andra är att den står fast och inte kastas över ända, det tredje är att den strålar klart och inte förmörkas. Så bör också tre ting utmärka kroppen och tre ting själen. För det första: Må själen flöda över och inte förkrympa; jag talar om den Helige Andes gåva som ges åt själen. Fast den nämligen i sig själv och på grund av sin egen kraft flödar över, förkrymper den likväl för syndens skull. För det andra: Må den vara fast i god gärning, så att den inte kastas över ända av den onda viljan. För det tredje: Må den stråla av skönhet och genom en ständig tillväxt av goda gärningar, så att den inte förmörkas av den onda böjelsens och begärelsens färg.

För kroppens behov bör finnas tre ting: för det första mat, för det andra arbete, för det tredje motståndskraft mot den köttsliga begärelsen och åtrån. Jag menar: för det första tillräckligt med sömn och vakor och föda med måttfullhet, varken för litet eller för mycket, utan så att kroppen har krafter kvar för att kunna tjäna Gud. För det andra: ihärdigt arbete, men dock med allt omdöme. För det tredje: en glad vilja att tjäna Gud och motståndskraft mot den onda viljan, ty så får själen ljus.

Eftersom min vän har bundit sina händer genom ett löfte, för att inte hans kropp skall sätta sig upp mot själen, löser jag, som är Himmelens drottning och den för min son allra käraste och allra mest förtrogna, honom från hans löfte, ty det behagar min son. Jag är ju den som var det första ämnet för hans predikan. Genom min förbön går jag, liksom stjärnan före solen, före honom fram till min son och följer jag efter honom med mina råd. Jag ger honom alltså tillstånd att ge sin kropp vad naturen fordrar och vad som är nyttigt för honom; han får äta kött på köttdagar och fisk på fiskdagar. Men jag ger honom ytterligare tre ting: för det första åt hans goda gärningar en form, för det andra åt hans förstånd en större vishet, för det tredje åt hans predikan av de gudomliga orden en större kraft och hängivenhet. Dessutom förvandlar jag den fruktan han har för att äta alltför mycket till något som är gott för honom, så att den mat han skall äta bidrar till hans kroppsliga och andliga styrka och främjar själens framåtskridande.«

Därefter uppenbarade sig Sonen och sade: »Denne man har insatts i det apostoliska ämbetet. Därför tillåter jag honom att äta den mat som tillkommer en apostel. Apostlarna åt ju det som man bjöd dem. Må han alltså nära sin kropp som en apostel. Jag sänder ju honom, inte som mina andra vänner till hedningarna, utan till de onda kristna. Ty liksom en brud som trotsigt drar sig undan umgänget med sin man är svårare att kalla tillbaka till samlevnaden med mannen än en som inte har smakat en mans åtrå, så är det svårare för onda kristna att återvända till Gud än för sådana som ännu inte smakat Guds ord och ljuvligheten i hans godhet. Eftersom denne är min vän och jag innerligt älskar honom lägger jag på honom, såsom på en vän, en tyngre börda. Men allt som han ger sig i kast med skall genom min nåd sannerligen bli lätt för honom. Må han, när påsken nu nalkas, se till att han är beredd att uträtta mitt uppdrag. I den bördiga jorden skall han lägga en nötkärna. Den skall gro och bära frukt i många. Denna nötkärna är mina ord, jorden i sanning den heliga kyrkan, som skall bli fruktbärande eftersom den plöjts av visa människor. Må han därför trygg gå till verket. Jag skall vara med honom, i hans hjärta och i hans mun.«

Kapitel 91

Bibelns alla ord är från Gud

Gud Fader talade till Sonens brud och sade: »Lyssna, du som förundrar dig över de ord som du läser skrivna i Bibeln. Må du vara alldeles viss om att varje ord som är skrivet i den härrör från mig och har sin särskilda kraft och verkan. Liksom du ser att de ädla stenarna i världen har sina naturliga krafter, liksom magneten har en dragningskraft så att den drar till sig järnet, att vissa stenar mal korn och förvandlar dem till mjöl, att andra förvandlas till murbruk med kraft att förena andra stenar med varandra, att åter andra, exempelvis slipstenen, vässar järn, så har varje sten sin särskilda kraft. På samma sätt har varje ord som kommer från mig sin särskilda kraft och lyser de alla med en evig skönhet i himmelen, där de glänser inför hela min himmelska härskara som de dyrbaraste stenar med den vackraste färg i det klaraste guld. Och var och en som är i himmelen känner till den särskilda kraft som vart och ett av dem har.«

Ur
Frälsarens Regel
(Regula Salvatoris)

Prologen, kapitel 3

Den nya vingården

»Jag är alltings skapare och den av inget skapade. Bland allt det jag gjort har jag inte gjort något till en så stor värdighet som människan, som jag förordnade till herre över allt som var skapat på jorden. Jag gav henne också förstånd, så att hon skulle bruka detta till sin nytta och sitt gagn och lovprisa mig för den nåd som givits henne. Men bland allt det jag skapat finns det inget som så uppväcker mig till vrede som människan. Allt annat rättar sig efter mitt bud.

Jag har tidigare sagt dig att jag var lik en kung som planterade goda vingårdar, som under lång tid gav god frukt. Vad var dessa vingårdar annat än de heliga fädernas klosterordnar och stiftelser, där de törstande kunde hämta ny kraft, de frusna få värme, de uppblåsta ödmjukas, de blinda upplysas? Men nu klagar jag över att vingårdsmurarna är förstörda, väktarna sover och tjuvar tränger sig in, rötterna undergrävs av sorkar, vinstockarna vissnar av torka och druvklasarna blåser bort av vinden och trampas ner.

För att det inte alldeles skall saknas vin skall jag plantera en ny vingård åt mig. Dit in skall du bära mina ords vinstockar, min vän skall sätta dem i jorden och jag själv, Gud, skall gödsla dem med min nåd. Till denna vingård vill jag skicka väktare som inte sover om natten, jag skall bygga en mur omkring den med min kärlek, jag skall sätta ner den goda viljans rötter i den och de skall inte undergrävas genom djävulens frestelser. Jag skall breda ut dess gärningars vinrankor, jag skall göra dess goda ryktes och dess fromma hängivenhets vinrankor ljuvliga för många. Du som skall bära in dessa vinstockar bör därför vara stark och uthållig i ditt bärande, beredd och vaksam när det gäller att ta emot dem, trogen och försiktig när det gäller att skydda dem, så att inte djävulen lurar dig. Den som skall placera ut vinstockarna bör vara eftertänksam, så att han sätter dem på rätt ställe, och varsam och kärleksfull när det gäller att skydda dem från köld och hetta.

Stå därför fast och älska mig av allt hjärta, fly allt högmod och ta på dig all ödmjukhet! Vakta till min ära över din mun och alla dina lemmar, lyd mig enligt vad jag har befallt dig, rannsaka varje ögonblick ditt samvete, hur mycket och på vilket sätt du överträder mina bud! Stå genast upp om du faller, bekymra dig inte om världslig ära eller om världsliga vänner, ty då du har mig blir allt ljuvligt för dig, och då du älskar mig fullkomligt blir allt som inte är jag, allt som tillhör världen, bittert som gift för dig.«

Kapitel 10–11

Hur en syster skall upptas i klostret

»Om någon har bett att få bli upptagen i klostret, så må hon aldrig upptas förrän ett helt år har gått, utan må man första gången säga till henne: ›Kom tillbaka till oss om tre månader och under tiden skall vi överlägga om din sak.‹ Då hon efter överenskommen tid återvänder skall abbedissan fråga henne vad det är som driver henne när hon ber att få upptas i klostret, och vilka de band är som binder henne vid världen. Efter att ha hört vilka som är hennes skäl och vad som är hennes föresats skall abbedissan säga till henne: ›Min dotter, ibland döljer sig falskhetens snara under godhetens mask och obetänksamhet om vad som kan komma lägger krokben för många. Kom därför tillbaka till oss efter några månader och visa oss om du har hållit fast vid din längtan efter det goda!‹ Om hon återvänder och ödmjukar sig som tidigare, skall man berätta för henne om klosterlivets svåra och stränga sidor, om nödvändigheten av att vända världen ryggen och att glömma föräldrarna. Om hon lovar att hålla allt detta skall hela klosterförsamlingen, när året har gått till ända, ge sitt samtycke till att hon upptas. Om hon är en sådan person att något tvivel om hennes liv inte finns, så kan alla ge sitt samtycke redan vid hennes första begäran, men hon skall ingalunda intas i klostret, avlägga löftena och motta nunnedräkten förrän året har gått till ända. Sedan man har samtyckt till hennes upptagande, må man sända bud efter biskopen och be honom komma för att viga henne.

När biskopen har kommit, skall han gå ner till kyrkans port och fråga henne som vill träda in i klostret och som väntar utanför porten: »Är du fri från alla kyrkans band, det vill säga från äktenskapets, löftets och exkommunikationens band?« Om hon svarar: »Jag är verkligen fri«, tillfogar biskopen: »Driver möjligen skammen eller sorgen över någon världslig motgång dig till klostret? Eller är du kanske belastad av stora, oinlösta skulder?« Om hon då svarar: »Nej, varken någon sorg eller någon skam driver mig till detta utan en brinnande kärlek till Kristus, och alla mina skulder har jag efter min förmåga löst«, då må biskopen tillägga: »Ber du att få bli intagen i detta kloster i Jesu Kristi namn och till hans heliga moders, jungfru Marias, ära?« Om hon då svarar: »Ja, därom ber jag«, må biskopen föra in henne i kyrkan och säga: »Se, nu går hon värdigt in i detta kloster!«

Då hon träder in i kyrkan må man före henne bära ett rött standar, på vars ena sida skall vara målad en bild av min lidande kropp och på den andra en bild av min moder Maria, så att den nya bruden, då hon ser tecknet på sin nye brudgum lidande på korset, lär sig vad tålamod och fattigdom är och, då hon ser den jungfruliga modern, lär sig vad kyskhet och ödmjukhet är. Sedan hon letts in i kyrkan må hon ställa sig nära kyrkdörren och biskopen ställa sig ett stycke därifrån, och sedan skall han välsigna hennes ring. Sedan två facklor tänts skall de bäras framför standaret vid hennes intåg och de skall brinna så länge mässan pågår. Må biskopen så bedja denna bön: »Allsmäktige, evige Gud, du som i din barmhärtighet och ditt förbarmande har förmält dig med denna nya brud: Välsigna denna ring, så att liksom denna din tjänarinna i utvärtes måtto bär den nye brudgummens tecken på sin hand, hon också i sitt inre måtte bära tron på dig och kärleken till dig. I Faderns och Sonens och den Helige Andes namn. Amen.«

Sedan biskopen välsignat ringen går han fram till Guds tjänarinna och säger: »Du skall lova Gud och mig i hans ställe att lyda dina överordnade och efter dina krafter hålla denna regel ända till ditt livs slut.« Sedan hon lovat att göra detta, tillfogar biskopen: »Med en sådan avsikt bör du skänka Gud din tro och avge ditt löfte till honom, att du inte älskar något så mycket som Gud och med hela din längtan ger honom ditt samtycke.« Då må hon svara: »Av allt mitt hjärta och av all min själ ger jag mitt samtycke till Gud, i det att jag med hela mitt odelade hjärta frambär mig som ett offer till honom.« Må då biskopen svara henne: »Och i Guds den allsmäktiges och i hans enfödde Sons, vår Herres Jesu Kristi ställe samtycker jag till dig.« Och han skall recitera denna bön: »Må Gud allsmäktig, Jesus Kristus, sann Gud och sann människa, som värdigades stiga ned i Jungfruns sköte, befästas i din själ och du i honom. I Faderns och Sonens och den Helige Andes namn. Amen.« Därefter må han sätta ringen på hennes högra hands ringfinger och säga: »Jag välsignar dig till att vara en Guds brud och hans förblivande egendom. I Faderns och Sonens och den Helige Andes namn. Amen.«

Därefter träder biskopen fram till altaret och börjar mässan genom att sjunga introitus om den Heliga Treenigheten och under tiden skall Guds tjänarinna stå längre ner vid ingången till koret. Då offertoriet börjar skall hon träda fram till altaret och frambära sin offergåva och därefter genast återvända till sin plats. Sedan offertoriet reciterats skall de kläder som hon enligt vad regeln föreskriver skall bära och som förberetts av systrakonventet bäras fram till altaret inför biskopen. Må han välsigna dem genom att recitera följande bön: ›Herre Jesus Kristus, du som inte vill syndarnas död utan att de skall göra bot, vi åkallar din mildhet, att du ville välsigna dessa kläder som denna din tjänarinna som ett ödmjukhetens och botens tecken vill bära, så att hon lämnar denna världens fåfänglighet och förtjänar att genom den sanna ödmjukheten ikläda sig dig. I Faderns och Sonens och den Helige Andes namn. Amen.‹

Sedan alltså kläderna välsignats skall en av prästerna kalla fram Guds tjänarinna till altaret inför biskopen. Med bara fötter skall hon träda fram, och sedan hon klätt av sig de yttre kläderna framför altaret skall hon stå där i sin särk för att motta den välsignade dräkten. Medan hon av biskopen kläds i klosterdräkten ber han: ›Må Gud allsmäktig skänka dig en sann bot i ditt samvete och en fullkomlig ånger i ditt hjärta. I Faderns och Sonens och den Helige Andes namn. Amen.‹ Sedan skall hon sätta skorna på sina fötter under det att biskopen reciterar bönen: ›Må vår Herre Jesus Kristus skänka åt dina fötter en rätt gång och nu låta dig gå framåt på frälsningens väg, så att du aldrig mera ger ditt samtycke till synd, och må han ge dig en sann bättring från de synder du begått och aktsamhet inför framtiden. I Faderns och Sonens och den Helige Andes namn. Amen.‹

Då hon iklädes kukullan skall biskopen recitera bönen: ›Må Herren Jesus Kristus, han som är alla kristnas hopp, ge din ande hopp och förtröstan, så att du så hoppas på Guds barmhärtighet att du inte glömmer hans rättvisa och så fruktar hans stränghet att du inte glömmer hans mildhet och godhet. I Faderns och Sonens och den Helige Andes namn. Amen.‹ Sedan hon därefter satt på sig kappan må biskopen recitera bönen: ›Må Herren Gud allsmäktig, som är den sanna trons begynnelse, styrka och befästa din själ i den sanna tron, så att du tror det som man bör tro och intill ditt livs slut framhärdar i det goda du begynt. I Faderns och Sonens och den Helige Andes namn. Amen.‹ Därefter fästes kappan med ett spänne av trä, under det att biskopen reciterar bönen: ›Må vår Herre Jesus Kristus, som för den stora kärleks skull varmed han älskade oss blev fastnaglad vid korsets trä och dömdes till den bittraste död, spikas fast vid din själ och genomborra den genom åminnelsen av hans lidande, så att din kärlek glöder endast för Gud, och den gudomliga kärlekens eld omsluter dig och skänker dig vilan i hans välsignade famn, där alla de heliga finner sin vila. I Faderns och Sonens och den Helige Andes namn. Amen.‹

Därefter skall hon täcka sitt huvud med doket, och då biskopen fäster det med nålen skall han recitera denna bön: ›Må vår Herre Jesus Kristus vara din själs skydd och svalka, så att inget skadligt kan drabba den. I Faderns och Sonens och den Helige Andes namn. Amen.‹ Sedan slöjan har fästs skall biskopen recitera denna bön: ›Må Herren Jesus Kristus åt ditt förstånd skänka andligt ljus och vishet, så att allt jordiskt och allt som kan vara till skada för din själ inför dig måtte vara dött, och vägen som leder till det himmelska upplysas inför din själ, så att du lär känna honom som har utvalt dig. I Faderns och Sonens och den Helige Andes namn. Amen.‹

När detta har skett må Guds tjänarinna återvända till den plats där hon tidigare stod och biskopen fortsätta sin mässa. När han kommer till det ställe i mässan, där prästen under brudmässan brukar vända sig om och välsigna brudgum och brud, må biskopen vända sig om och en präst kalla fram Guds tjänarinna till altaret och sätta kronan över slöjan i det att biskopen reciterar denna bön: ›Må vår Herre Jesus Kristus befästa sitt tecken i dig, det som jag nu sätter på ditt huvud, och leda din vilja i allt som du nu har lovat, så att du blir fast och uthållig och han efter sin goda vilja låter dig krönas med glädjens krona, så att din själ oupplösligen förenas med honom som är en enda Gud i tre personer. I Faderns och Sonens och den Helige Andes namn. Amen.‹ Därefter sätter han fast kronan med en nål, i det att han reciterar denna bön: ›Må Jesus Kristus i sin kärlek nagla sig fast vid ditt hjärta och din själ, så att du inte förskräcks av någon frestelse. I Faderns och Sonens och den Helige Andes namn. Amen.‹

Sedan detta är fullgjort skall Guds tjänarinna återvända till sin tidigare plats och vara kvar där ända till mässans slut. När den har avslutats skall en av prästerna kalla fram henne till altaret, i det att han säger: ›Träd fram, du Kristi brud, till Kristi altare!‹ Må hon då gå fram och ödmjukt falla ner på sitt ansikte och må så biskopen, knäböjande tillsammans med sina präster, recitera litanian och ropa till alla helgon för Guds tjänarinna. Sedan litanian avslutats reser sig biskopen och träder fram till Guds tjänarinna, som lagt sig raklång på golvet, och så må han över henne uttala syndaförlåtelsen, och sedan hon mottagit avlösningen skall hon resa sig upp och motta min kropp. Sedan hon mottagit den, må den dörr genom vilken Guds tjänarinna skall träda in i klostret öppnas, och fyra systrar skyndsamt gå ut och hämta in den bår med jord som före mässans början ställts där.

Därefter skall biskopen gå fram till dörren, åtföljd av Guds tjänarinna tillsammans med två fackelbärare. Under det att prästerna sjunger hymnen *Veni, creator Spiritus* skall han överlämna henne till abbedissan, som tillsammans med konventet väntar vid dörren, och biskopen säger då dessa ord till abbedissan: ›Se, inför Gud och alla helgon och inför denna heliga kyrka anförtror jag denna bruds själ i dina händer. Om hon genom din försummelse skulle gå förlorad, skall hennes brudgum, Jesus Kristus, utkräva henne av dig. Bevara och vaka alltså över denna Guds skatt, så att du, när räkenskapens dag är inne, kan överlämna henne heligare än hon var när du mottog henne.‹ Må abbedissan då svara honom: ›Käre Fader, en stor skatt är detta och svår är uppgiften och mina krafter för detta är otillräckliga. Men med stöd av dina böner och i förtröstan på Guds hjälp vill jag göra vad du bjuder.‹

Sedan Guds tjänarinna blivit förd in i klostret, skall dörren stängas och hon genast föras till kapitelsalen. Därefter skall hon under de första åtta dagarna inte åläggas någon särskild uppgift, men hon skall ha sin plats nederst i koret. Sedan de åtta dagarna har gått till ända skall hon liksom de övriga systrarna vara förpliktad att iaktta klostrets ordning, och i koret och vid bordet skall hon ha sin plats bredvid den senast inträdda systern.«

Kapitel 27

Den öppna graven

»Må en grav på ett bestämt ställe i klostret ständigt hållas öppen. Till den skall systrarna gå efter tersen varje högtidsdag och varje vardag. Och medan abbedissan med två fingrar kastar litet jord i graven, skall de recitera psalmen ›Ur djupen ropar jag till dig‹ med kollektbön av följande lydelse: ›Herre, helige Fader, du som uppreste oskadad den kropp som du hämtat åt din Son från jungfrun Maria och som du bevarat oförstörd i graven, vi beder dig: Bevara våra kroppar rena och obefläckade i din heliga tjänst och styr vår väg under denna tiden, så att, då domens stora och fruktansvärda dag är inne, de må stå upp bland dina heliga och våra själar för evigt får glädja sig med dig och förtjänar att förenas med dina utvalda. I Faderns och Sonens och den Helige Andes namn. Amen.‹

Må också en bår, som man lagt litet jord på, ständigt stå vid ingången till kyrkan, där den alltid kan synas av dem som går in, så att de som ser denna påminnelse om döden må tänka på och läsa i sina hjärtan att de är jord och skall vända åter till jorden.«

Kapitel 28

De förödda vingårdarna

»Med de förödda vingårdar som jag talade med dig om innan du fick höra Regeln, menar jag de regler som nu inte iakttas på det sätt som en gång mina vänner, inspirerade av sanningens ande, dikterade dem. På grund av yppigt och världsligt leverne har man vikit bort från den rätta vägen. De av mina vänner som lever under dessa regler och är medvetna om hur deras bröder har vikit bort från dem men inte själva har kraft att förbättra situationen, de ropar nu dag och natt till mig ur djupet av sitt hjärta ut sin ängslan och ber mig under tårar, att de som inte vill låta sig rättas snarast måtte kastas ut och att de som vill låta sig rättas måtte göras fruktbärande i goda gärningar.

Om jag, som utforskar allas hjärtan och som lyssnar till allas ord, kan finna några som försöker att rätta till sitt klosters villfarelse och hålla regeln i allt vad den påbjuder, närmare bestämt i fråga om ödmjuk och regelrätt dräkt, tillbörlig försakelse, avvisande av privategendom, iakttagande av kyskhet och sann lydnad och alla goda sedvänjor, då skall jag samarbeta med dem och omsluta dem med min kärlek, på samma sätt som en vingård brukar vara omgärdad av en mur, och jag skall ge dem min nåd så att de villigt nöjer sig med att ha endast det för livet nödvändiga och försakar allt överflöd. Härigenom dödas den sork som gnager sönder rötterna, det vill säga det djävulska lockrop som med fördärvliga begärelser vill slita sönder de goda avsikterna. Väktarna skall väckas upp. Det betyder: Samvetena hos dem som inte beaktar vad som hör till deras själars frälsning skall väckas upp genom att de ständigt betraktar sig själva. Dessutom skall jag fylla dem med min andes sötma, som skall stärka dem till att tjäna mig, jag som har skapat dem och återlöst dem med mitt dyra blod.«

Ur
Ängelns Predikan
(Sermo Angelicus)

Fredagens första läsning

Rosen i Jeriko

Vi läser att den ärorika jungfrun Maria bävade när ängeln talade till henne. Hon fruktade då inte för att något farligt skulle hända med hennes kropp utan för att det svek som människosläktets fiende gjort sig skyldig till skulle vara till skada för hennes själ. Därför kan man begripa att när hon hade kommit till den ålder då hennes sinne och förstånd kunde fatta vad Guds vilja var, då började hon genast att med sitt förnuft älska Gud och även att på ett insiktsfullt sätt frukta honom. Denna jungfru kan därför med rätta kallas en blomstrande ros, ty liksom en ros brukar växa bland törnen, så växte denna vördnadsvärda jungfru mitt ibland bedrövelser. Och på samma sätt som törnet blir kraftigare och vassare ju mera rosen breder ut sig genom sitt växande, så blev denna utvalda ros, Maria, desto smärtsammare stungen av de tunga bedrövelsernas törnen ju mera hon växte till i ålder. [...]

Då hon hade kommit till den åldern att Guds Son blivit hennes son och hon blev varse att han i hennes moderliv, ja från henne hade antagit den kropp som skulle uppfylla de profetiska skrifternas ord, då var det som om denna milda ros blev ännu större och tillväxte i sin skönhet och som om de bedrövelsernas törnen som smärtsamt stack henne dag för dag blev allt kraftigare och vassare. Ty liksom en stor och outsäglig glädje steg upp i henne när Guds son avlades, så plågades hennes själ på många sätt vid tanken på det grymma lidande som i framtiden skulle drabba honom. Jungfrun gladde sig över att hennes son med sann ödmjukhet skulle föra sina vänner tillbaka till himmelrikets härlighet, de som på grund av den första människans högmod hade förtjänat gehennas straff. Hon sörjde, ty liksom människan i paradiset genom sin onda begärelse syndade i alla sina lemmar, så visste hon att hennes son genom sin egen kropps bittra död här i världen skulle göra bot för denna människas överträdelse. Jungfrun gladde sig, ty hon hade avlat sin son utan synd och köttets lust och hon hade fött honom utan smärta, men hon sörjde, ty hon visste att hon skulle föda denne käre son till en plågsam död och att hon själv med hjärtats djupaste ängslan skulle åse hans lidanden. Jungfrun gladde sig, ty hon visste att han skulle stå upp från de döda och för sitt lidandes skull evigt upphöjas till den högsta ära. Likväl sörjde hon, ty hon visste att han skulle pinas mycket svårt genom de smädelser och plågor som skulle föregå denna upphöjelse.

Man bör alltså tveklöst tro att liksom man kan se att rosen står stadigt fast på sin plats, fastän de törnen som omger den blir allt kraftigare och vassare, så hade denna välsignade ros, Maria, en så fast själ att, hur bedrövelsernas törnen än plågade hennes hjärta, så kunde de likväl inte rubba hennes vilja utan hon visade sig redo att lida och göra allt vad som behagade Gud. Med rätta kan man alltså likna henne vid en blomstrande ros och allra mest vid rosen i Jeriko, ty liksom rosen på den platsen på grund av sin skönhet sägs överträffa alla andra blomster, så överträffade också Maria på grund av skönheten i sin ärbarhet och sina dygder alla dem som levat i denna världen, med undantag av sin välsignade son. Liksom Gud och hans änglar i himmelen fröjdade sig över fastheten i hennes dygder, så gladde sig även människorna i världen på det högsta, då de såg hur tålmodigt hon utstod bedrövelserna och hur klokt hon tog emot den tröst som gavs henne.

Lördagens tredje läsning

Livets träd och dess frukt

Med vilken makt visade inte Gud sin rättfärdighet, då han drev ut Adam ur paradiset, eftersom denne förbrutit sig mot lydnaden och ätit av den förbjudna frukten från kunskapens träd i paradiset. Med vilken ödmjukhet uppenbarade inte Gud sin barmhärtighet i denna världen genom jungfrun Maria, hon som med rätta kallas för livets träd. Betänk med vilken snabbhet rättfärdigheten drev dem som under olydnad ätit av frukten från kunskapens träd ut i eländet! Tänk också på hur ljuvligt barmhärtigheten inbjuder och kallar dem till härligheten som genom en Gudi välbehaglig lydnad längtar efter att bli mättade av frukten från livets träd! Lägg dessutom märke till, mina älskade, att när den ärbara Jungfruns kropp, den som kan liknas vid livets träd, växte i denna världen, så längtade änglarnas alla körer inte mindre efter det trädets frukt och gladde de sig inte mindre över att den skulle födas än över den nåd som kommit dem själva till del; de visste sig ju vara odödliga i den himmelska glädjen. Och särskilt gladde de sig över att Guds stora kärlek skulle stråla fram för människosläktet och deras himmelska samfund därigenom skulle förökas. Så skyndade Gabriel snabbt och med glädje till Jungfrun och hälsade henne kärleksfullt med ord av stor värdighet. Eftersom Jungfrun, hon som är ödmjukhetens och alla dygders lärare, så ödmjukt besvarade ängelns hälsning, gladde han sig, ty han förstod att det som han och de andra änglarna längtade efter skulle bli verklighet.

Eftersom vi nu vet att Jungfruns välsignade kropp tillsammans med hennes själ blivit lyft till himmelen, är det nyttigt och tillrådligt för dödliga och mot Gud upproriska människor att de genom en sann bot för sina synder skyndar sig att stiga upp till henne. [...] Om de längtar efter att vederkvickas av detta träds frukt, som är Kristus, må de först söka att med alla krafter böja ned detta träds grenar. Må de – som ängeln gjorde – med kärlek hälsa hans moder och, för att kunna undvika synd, styrka sin vilja och insiktsfullt styra alla sina ord och gärningar så att de blir till Guds ära. Då skall Jungfrun villigt böja sig mot dem och räcka dem sin hjälp, så att de kan ta emot av frukten från livets träd, den som är Kristi allra värdigaste kropp. Genom människors händer helgas den åt er, den som för er syndare i världen liksom för änglarna i himmelen är livet och maten. Och eftersom Kristus med en brinnande åstundan längtar efter de själar som han återlöst med sitt eget blod, för att hans älskade kyrka skall bli fulltalig, så må ni, mina älskade, bemöda er om att uppfylla hans längtan genom att med all vördnad och kärlek ta emot det som samme Jesus Kristus, hennes son, på vår Jungfru Marias mäktiga förböner värdigas skänka er, han som med Fadern och den helige Ande lever och råder, Gud, i evigheters evighet. Amen.

Ur
Fyra Böner
(Quattuor Oraciones)

[illegible] med [illegible]

[illegible] dig [illegible]

[illegible]

Vasighets [illegible] Krist[illegible]

som på en [illegible]

och tillåt att din fiende, när [illegible]

[illegible] de dig, med din [illegible] vig.

[illegible] min Herre [illegible] de som [illegible]

[illegible]

Nummer 2

En lovprisning av Jesu liv

Välsignad vare du, min Herre, min Gud och min kärlek, min själs allra käraste, du som är en enda Gud i tre personer.

Ära och lov vare dig, min Herre Jesus Kristus, du som av Fadern sändes in i en jungfrus kropp och dock alltid var kvar tillsammans med Fadern i himmelen, och Fadern med sin gudom oskiljaktigt var kvar i din mänskliga natur i världen.

Heder och ära vare dig, min Herre Jesus Kristus, du som av den Helige Ande kroppsligen avlades och växte i Jungfruns sköte och ödmjukt bodde där ända till tiden var inne för födseln, och efter din glädjerika födelse av samma din moders allra renaste händer värdigades beröras, lindas i bindor och läggas till vila i krubban.

Välsignad vare du, min Herre Jesus Kristus, du som ville att din rena kropp skulle omskäras, att du skulle kallas Jesus och av din moder frambäras i templet.

Välsignad vare du, min Herre Jesus Kristus, du som i Jordan lät dig döpas av din tjänare Johannes.

Välsignad vare du, min Herre Jesus Kristus, du som med din välsignade mun själv predikade livets ord för människorna och inför deras ögon själv utförde många under.

Välsignad vare du, min Herre Jesus Kristus, du som genom att uppfylla profeternas ord på ett så tydligt sätt uppenbarade dig för världen som sann Gud.

Välsignelse och ära vare dig, min Herre Jesus Kristus, du som på ett underbart sätt fastade i öknen under fyrtio dagar och tillät att din fiende, djävulen, frestade dig, honom som du, när det behagade dig, med ditt blotta ord drev bort ifrån dig.

Välsignad vare du, min Herre Jesus Kristus, du som innan tiden ännu var inne förutsade din död och vid den sista måltiden på ett underbart sätt av vanligt bröd konsekrerade din dyrbara kropp och så av kärlek överlämnade den åt dina apostlar till en åminnelse av ditt allra värdigaste lidande, och som genom att med dina heliga och dyrbara händer ödmjukt tvätta deras fötter visade dem din stora ödmjukhet.

Heder vare dig, min Herre Jesus Kristus, du som av fruktan för lidandet och döden lät blod – och inte svett – rinna från din oskyldiga kropp och inte desto mindre fullbordade vår återlösning, den som du ville genomföra, och på det sättet öppet och tydligt visade den kärlek som du hade till människosläktet.

Ära vare dig, min Herre Jesus Kristus, du som såldes av din lärjunge och köptes av judarna och så blev en fånge för vår skull, och med ett enda ord kastade dina fiender till marken och sedan av fri vilja överlämnade dig i deras orena rövarhänder.

Välsignad vare du, min Herre Jesus Kristus, du som fördes till Kaifas och, fastän du är allas domare, i din ödmjukhet tillät att man överlämnade dig till att dömas av Pilatus.

Välsignad vare du, min Herre Jesus Kristus, du som av domaren Pilatus blev sänd till Herodes och tillät att han smädade och förhånade dig och samtyckte till att han återigen sände dig tillbaka till samme Pilatus.

Ära vare dig, min Herre Jesus Kristus, för den smälek som du utstod, då du kläddes i purpur och kröntes med de allra vassaste törnen. Du uthärdade med största tålamod att man spottade på ditt ärorika ansikte, täckte över dina ögon och med sina skändliga händer på det grymmaste sätt slog dig på huvud och hals.

Lov vare dig, min Herre Jesus Kristus, du som med största tålamod tillät att man band dig vid pelaren, barbariskt gisslade dig och blodig förde dig inför Pilatus' domstol för att där beskådas likt ett oskyldigt lamm.

Välsignad vare du, min Herre Jesus Kristus, du som med det

största tålamod inför Pilatus med dina välsignade öron ville lyssna till de förebråelser och lögner som man tillvitade dig och till folkets rop som begärde att man skulle lösa den rövare som var skyldig och döma dig som var oskyldig.

Ära vare dig, min Herre Jesus Kristus, du som med hela din ärorika och blodiga kropp blev dömd till korsets död och på dina skuldror med smärta bar korset och av den rasande hopen fördes till lidandets plats och berövad dina kläder där ville fästas vid korsets trä.

Väldig ära vare dig, min Herre Jesus Kristus, ty för vår skull har du ödmjukt uthärdat att judarna med rep sträckte ut dina vördnadsvärda händer och fötter och med järnspikar grymt fäste dem vid korsets trä, och även kallade dig förrädare och genom en förvirrad överskrift, uppsatt över dig, på mångfaldigt sätt och med smädande ord förhånade dig.

Evigt lov och tack vare dig, min Herre Jesus Kristus, du som med ett så stort saktmod utstod så grymma lidanden för vår skull. När din välsignade kropp uttömde alla sina krafter på korset, då fördunklades dina vänliga ögon, ditt sköna ansikte bleknade genom förlusten av allt blod, din välsignade tunga blev het och torr och din mun fylldes av den bittra drycken av galla, ditt hår och skägg dränktes av blod från såren på ditt allra heligaste huvud, benen i händer och fötter och i hela din dyrbara kropp slets med stor och våldsam smärta loss från sina fästen, ådror och senor i hela din välsignade kropp blev grymt avslitna, och så omänskligt blev du gisslad och sargad av smärtsamma sår att ditt kött och hela din obefläckade hud blev outhärdligt sönderslitna, och plågad och pinad på detta sätt stod du, o min ljuvaste Herre, på korset och inväntade du under stor smärta, med tålamod och ödmjukhet, dödsstunden.

Evig heder vare dig, min Herre Jesus Kristus, du som i denna nödens stund med dina milda och kärleksfulla ögon ödmjukt såg till din allra värdigaste moder, hon som aldrig någonsin syndat eller på minsta sätt samtyckt till någon synd, och gav henne tröst genom att anförtro henne åt den älskade lärjungen.

Evig välsignelse vare dig, min Herre Jesus Kristus, du som mitt under dödskampen skänkte alla syndare hopp om förlåtelse, då du barmhärtigt lovade paradisets härlighet åt den rövare som omvände sig till dig.

Evigt lov vare dig, min Herre Jesus Kristus, för varje timma som du på korset för oss syndare utstod bittra plågor och kval. De häftiga smärtorna från dina sår trängde brutalt in i din saliga själ och trängde grymt in i ditt allra heligaste hjärta, tills ditt hjärta brast och du saligt och med nedböjt huvud överlämnade din ande i Guds, din Faders, händer och endast den döda och kalla kroppen fanns kvar där.

Välsignad vare du, min Herre Jesus Kristus, du som med ditt dyra blod och din allra heligaste död återlöste själarna och barmhärtigt förde dem från landsflykten åter till livet.

Välsignad vare du, min Herre Jesus Kristus, som, då du död hängde på korsets trä, genast och kraftfullt befriade dina vänner från dödsrikets fängelse.

Välsignad vare du, min Herre Jesus Kristus, du som för vår frälsning tillät att man med en lans öppnade din sida och ditt hjärta och för att återlösa oss lät ditt dyra blod och vatten i överflöd strömma ut ur samma sida och inte ville att din allra heligaste kropp skulle tas ner från korset, förrän domaren givit sitt tillstånd.

Ära vare dig, min Herre Jesus Kristus, för att du tillät att din välsignade kropp skulle tas ner från korset av dina vänner och läggas i din sörjande moders armar, svepas av henne och läggas i graven och där bevakas av krigsmännen.

Evig heder vare dig, min Herre Jesus Kristus, du som på den tredje dagen stod upp ifrån de döda och visade dig som den levande för dem du ville, och som efter fyrtio dagar steg upp till himmelen i mångas åsyn och där ärofullt samlade dina vänner, dem som du hade befriat ur dödsriket.

Jubel och evig ära vare dig, min Herre Jesus Kristus, du som utgöt den Helige Ande i dina lärjungars hjärtan och förökade den väldiga, gudomliga kärleken i deras själar.

Välsignad och lovprisad och ärorik i evighet vare du, min Herre Jesus Kristus, du som i ditt himmelska rike sitter på tronen i din gudoms härlighet, kroppsligen levande med alla dina allra heligaste lemmar, dem som du antog från Jungfruns kropp, och så skall komma på domens dag för att döma alla levandes och dödas själar, du som lever och regerar med Fadern och den Helige Ande i evigheters evighet.

Amen.

Kommentarer och ordförklaringar

Profetkallelsen

En konkret och livfull bild av hur Birgittas egen samtid kunde se på henne kan vi hämta från Alvastra kloster. Den fromme brodern Gerekinus där hade, liksom andra bröder i klostret, blivit ganska betänksam. En kvinna hade slagit sig ner alldeles i närheten, hon deltog ivrigt i gudstjänsterna i deras kyrka och hon förde gärna samtal med olika medlemmar av konventet – inte bara med dess prior – och det var då inte alltid hon som var den lyssnande och lärande parten i samtalen. Kanske stred hennes närvaro inte uttryckligen mot de gällande bestämmelserna rörande de cisterciensiska klostren, men den stod otvivelaktigt vid gränsen till det passande.

Men brödernas oro stillades av Guds egen röst som förkunnade för dem, att »denna kvinna är en Guds vän och hon har kommit till klostret för att vid foten av detta berg [Omberg] plocka blommor, från vilka alla folk, också de på andra sidan havet och vid jordens ändar, skall hämta läkedom«. Kvinnan var nybliven änka. Maken, den förre lagmannen Ulf Gudmarsson, hade som en av klostrets välgörare nyss blivit begraven i klostret och nu hade alltså hon, Birgitta Birgersdotter, själv slagit sig ner i dess omedelbara närhet. Hon hade i sitt änkestånd fått ett nytt och högre uppdrag: att med profetisk auktoritet tala Guds kärleks och rättfärdighets ord till omvändelse och förnyelse i den kyrka som, menade hon, på olika nivåer hyste så många ovärdiga tjänare. Bara några dagar efter Ulfs död hade det som brukar kallas för hennes kallelsevision kommit till henne. Platsen kan ha varit hennes hem på Ulvåsa, det som hon snart skulle lämna för gott, och kapellet som det talas om i så fall det egna huskapellet där, men platsen kan också ha varit kungsgården i Vadstena, det blivande nunneklostret. Det är inte gott att säkert veta. Men så berättas det i varje fall:

> Efter några dagar, när Kristi brud var oroad över sin [genom makens död] förändrade ställning och vad det kunde betyda för hennes tjänande av Gud och när hon befann sig i bön i denna sak i sitt [hus]kapell, då blev hon hänryckt i anden och medan hon var i extas såg hon en ljus sky och ur skyn hörde hon en röst som sade till henne: »Kvinna, lyssna på mig!« Hon greps av fruktan att det var fråga om en bedräglig villa och hon flydde därför till sin kammare. Hon biktade sig genast och mottog Kristi kropp. När hon några dagar därefter befann sig i bön i samma kapell visade sig återigen den ljusa skyn för henne och ur skyn hörde hon återigen rösten som uttalade samma ord som tidigare: »Kvinna, lyssna på mig!« Och då den förskräckta kvinnan återigen flydde till sin kammare, biktade och mottog hon kommunionen som tidigare, av fruktan för att rösten var en villa. Efter några dagar då hon återigen bad på samma ställe blev hon hänryckt i anden och såg återigen den ljusa skyn och i den en som liknade en människa och som sade så: »Kvinna, lyssna på mig, ty jag som vill tala till dig är din Gud.« Då hon ändå blev förskräckt och menade att det var fråga om en villa, hörde hon återigen: »Frukta inte, ty jag är alltings Skapare och ingen bedragare. Jag talar inte till dig bara för din egen skull utan för att andra skall frälsas [genom dig]. Lyssna till vad jag säger och gå till Magister Mathias, din biktfader, som har förmågan att skilja mellan de två slagen av andar. Hälsa honom från mig att jag säger dig att du skall vara min brud och min kanal (*sponsa mea et canale meum*) och att du skall höra och se andliga ting och att min ande skall förbli hos dig ända intill döden.«

Det var alltså denna Birgitta, kallad till att vara Guds 'brud' och 'kanal', som nu skulle tillbringa några år vid det cisterciensiska klostret. I den äldre litteraturen om Birgitta översatte man vanligen ordet *canale* med 'språkrör'. Detta är ur språklig synpunkt diskutabelt. Birgitta skulle förvisso bli en förmedlare av verbalt formade meddelanden, men en 'kanal' är ändå något annat och mera än ett 'språkrör', ty genom vattenförande kanaler bevattnas torra marker och förvandlas öknar och uttorkad jord till bördiga, fruktbärande landskap. Att den tolkningen av *canale* är den riktigaste när det gäller Birgitta bekräftas av en annan uppenbarelse, given åt den inledningsvis nämnde broder Gerekinus. I en syn hade han, berättas det nu, »sett Fru Birgitta upphöjd i luften och en flod strömmade ut ur hennes mun. Och när han bad hörde han i anden en röst som sade så: ›Denna kvinna som kommer från jordens yttersta gräns skall ge oräkneliga folk visdom till att dricka.‹« Visdomens gudomliga ord flödade som Andens levande vatten ur Birgittas mun; de hade inte bara ett klart och tydligt sakinnehåll utan en kraft till liv och växande och frukt, de var gudomlig visdom. Sådana budskap med ande och kraft var alltså Birgitta – redan av de samtida vittnesbörden att döma – kallad att förmedla.

Uppenbarelsernas text

De budskap Birgitta förmedlade hade ur språklig och litterär synpunkt i allmänhet formen av uppenbarelser och dessa gör, utmanande nog, anspråk på att komma från Gud själv, hans Son eller hans Moder eller från andra heliga i Guds himmel. Men vad som i de bevarade texterna har kommit utifrån – eller ovanifrån – till Birgitta, vad som präglats av hennes egen litterära talang och vad den slutliga latinska formgivningen tillfogat – eller förändrat – är inte lätt för någon att avgöra. Vi har, i stort sett, inte tillgång till någon annan 'Birgitta' än den som möter oss i den latinska texten, den som blev resultatet av hennes biktfäders och sekreterares översättning från hennes svenska diktamen. Det som finns kvar av Birgittas svenska originaltexter är bara några obetydliga rester av hennes uppenbarelser och dessutom några meditativa böner. Men försök att komma bakom den givna latinska texten till en förment 'äkta' eller 'ursprunglig' Birgitta är ändå på det hela taget dömda att misslyckas. Den 'Birgitta' som gjort sig känd runt om i den västliga kristenheten under många århundraden och lockat så många till studium, eftertanke och efterföljelse är i varje fall de latinska uppenbarelsernas Birgitta. När vi talar om 'Birgitta' är det alltså den textens Birgitta vi får hålla oss till.

Denna latinska Birgittatext – som återöversattes till svenska första gången redan under hennes Vadstenaklosters äldsta tid, liksom snart också till andra europeiska folkspråk – är en stor textmassa, till största delen ordnad i 'böcker' av hennes medarbetare i Sverige och i Rom. Uppenbarelserna – med en latinsk term ofta kallade Revelationerna – är, genom Birgitta, adresserade till många olika personer, förutom till Birgitta själv. De behandlar också en lång rad olika ämnen och temata. Men också klosterregeln – *Regula Salvatoris* – i dess ursprungliga form och läsningarna – *Sermo angelicus* – för den blivande systraliturgin (*Cantus sororum*) har formen av uppenbarelser. Det var förstås ägnat att ge alltsammans en särskild tyngd och auktoritet: om man alls ville kalla sig för en troende motsatte man sig inte så lätt sådant som sades vara »Himmelska uppenbarelser«.

Urval och presentationsordning

Den här boken innehåller bara ett litet urval – kvantitativt sett väl ungefär en åttondel – av Birgittas skriftligt fixerade och åt eftervärlden bevarade ord, och inget urval kan tillfredsställa alla läsare och alla önskemål. Inga försök har här gjorts att ge en allsidig bild av det svenska helgon som nyligen av påven Johannes Paulus II har blivit gjort till en av Europas skyddspatroner. Urvalet duger heller inte för den som vill få en i alla enskildheter nyanserad och historiskt allsidig bild av Birgitta som människa, som profetisk samtidskritiker, som kristen eller som teolog. Översättaren har främst tagit fasta just på det profetiska elementet i hennes framträdande och från den utgångspunkten gjort sitt personliga urval. Men det profetiska hos Birgitta vilar förvisso på en mycket solid grund av normal senmedeltida katolsk teologi, där läran om Treenigheten, Kristi människoblivande av jungfrun Maria och hans lidande, uppståndelse och andeutgjutande utgör de ständigt synliga och bärande hörnstenarna. Allt detta innebär att här talar en – menar nog många – ganska otidsenlig Birgitta, som knappast passar in i våra trender. Men de gammaltestamentliga profeterna, som Birgitta i så många avseenden liknar, var i sin tid inte heller moderiktiga i sina budskap. De ansågs av de träffade för obarmhärtigt dömande och föga positiva. Det var de falska profeterna, lyckoprofeterna, som betraktades som tidsenliga.

När det gäller ordningen för presentationen av de valda styckena har översättaren valt en salomonisk lösning: eftersom texterna själva sällan har en enhetlig eller lättfångad tematik har inget försök gjorts till tematisk eller systematisk gruppering utan styckena presenteras helt enkelt i den ordning de finns i de latinska originalutgåvorna. De mestadels mycket långa rubriker – tillfogade av de medeltida redaktörerna – som varje uppenbarelse där har, har här ersatts med kortare och pregnantare överskrifter.

För dem som önskar att tränga djupare in i Birgittas liv och tankevärld än vad text och kommentar kan göra förtecknas nedan ett urval av nyare Birgittalitteratur. Men inför 700-årsfirandet av helgonets födelse 2003 kan väntas en ström av ny litteratur kring henne.

Ett urval nyare Birgittalitteratur

Almazán, Vicente. *Santa Brígida de Suecia. Peregrina, politica, mistica, escritora.* Santiago de Compostela 2000.

Bergh, Birger. *Heliga Birgitta. Åttabarnsmor och profet.* Lund 2002.

Birgitta, hendes værk og hendes klostre i Norden. Red. Tore Nyberg. Odense 1991.

Fogelqvist, Ingvar. *Apostasy and Reform in the Revelations of St. Birgitta*. Stockholm 1993.

Furuhagen, Hans. *Furstinnan av Närke som blev heliga Birgitta*. Stockholm 1990.

Gilkær, Hans Torben. *The Political Ideas of St. Birgitta and her Spanish Confessor, Alfonso Pecha*. Odense 1993.

Heliga Birgitta – budskapet och förebilden. Föredrag vid jubileumssymposiet i Vadstena 3–7 oktober 1991. Red. Alf Härdelin och Mereth Lindgren. Stockholm 1993.

Kilström, Bengt Ingmar. *»Hennes röst skall höras«. Birgittinska perspektiv*. Stockholm 1991.

Maria i Sverige under tusen år. Utg. av Sven-Erik Brodd och Alf Härdelin. Skellefteå 1996.

Morris, Bridget. »Four Birgittine Meditations in Medieval Swedish«. *Birgittiana* 2 (1996), s. 167–186.

Nordahl, Helge. *Den hellige Birgitta. Beåndet visjonær – begavet politiker*. Oslo 1997.

Nyberg, Tore. *Birgittinsk festgåva. Studier om Heliga Birgitta och Birgittinorden*. Uppsala 1991.

Sahlin, Claire L. *Birgitta of Sweden and the Voice of Prophecy*. Woodbridge 2001.

Använda utgåvor av den latinska texten

Bok I: *Sancta Birgitta, Revelaciones. Lib. I*, cum Prologo Magistri Mathie, edidit Carl-Gustaf Undhagen. Stockholm: Kungl. Vitterhets Historie och Antikvitets Akademien, 1977 [tr. 1978] (även utgiven som bd VII:1 i Samlingar utg. av Svenska Fornskriftsällskapet, Ser. 2: Latinska skrifter).

Bok II: *Sancta Birgitta, Revelaciones. Lib. II*, ediderunt Carl-Gustaf Undhagen † et Birger Bergh. Stockholm: Kungl. Vitterhets Historie och Antikvitets Akademien, 2001 (även utgiven som bd VII:2 i Samlingar utg. av Svenska Fornskriftsällskapet, Ser. 2: Latinska skrifter).

Bok III: *Sancta Birgitta, Revelaciones. Lib. III*, edidit Ann-Mari Jönsson. Stockholm: Kungl. Vitterhets Historie och Antikvitets Akademien, 1998 (även utgiven som bd VII:3 i Samlingar utg. av Svenska Fornskriftsällskapet, Ser. 2: Latinska skrifter).

Bok IV: *Sancta Birgitta, Revelaciones. Lib. IV*, edidit Hans Aili. Stockholm: Kungl. Vitterhets Historie och Antikvitets Akademien, 1992 (även utgiven som bd VII:4 i Samlingar utg. av Svenska Fornskriftsällskapet, Ser. 2: Latinska skrifter).

Bok V: *Sancta Birgitta, Revelaciones. Lib. V: Liber Questionum*, edidit Birger Bergh. Stockholm: Kungl. Vitterhets Historie och Antikvitets Akademien, 1971 (även utgiven som bd VII:5 i Samlingar utg. av Svenska Fornskriftsällskapet, Ser. 2: Latinska skrifter).

Bok VI: *Sancta Birgitta, Revelaciones. Lib. VI*, edidit Birger Bergh. Stockholm: Kungl. Vitterhets Historie och Antikvitets Akademien, 1991 (även utgiven som bd VII:6 i Samlingar utg. av Svenska Fornskriftsällskapet, Ser. 2: Latinska skrifter).

Bok VII: *Sancta Birgitta, Revelaciones. Lib. VII*, edidit Birger Bergh. Stockholm: Kungl. Vitterhets Historie och Antikvitets Akademien, 1967 (även utgiven som bd VII:7 i Samlingar utg. av Svenska Fornskriftsällskapet, Ser. 2: Latinska skrifter).

»De bifogade uppenbarelserna«: *Sancta Birgitta, Revelaciones Extravagantes*, edidit Lennart Hollman. Stockholm: Kungl. Vitterhets Historie och Antikvitets Akademien, 1956 (även utgiven som bd V i Samlingar utg. av Svenska Fornskriftsällskapet, Ser. 2: Latinska skrifter).

»Frälsarens regel«: *Sancta Birgitta, Opera minora. Vol. I: Regula Salvatoris*, edidit Sten Eklund. Stockholm: Kungl. Vitterhets Historie och Antikvitets Akademien, 1975 (även utgiven som bd VIII:1 i Samlingar utg. av Svenska Fornskriftsällskapet, Ser. 2: Latinska skrifter).

»Ängelns predikan«: *Sancta Birgitta, Opera minora. Vol. II: Sermo Angelicus*, edidit Sten Eklund. Stockholm: Kungl. Vitterhets Historie och Antikvitets Akademien, 1972 (även utgiven som bd VIII:2 i Samlingar utg. av Svenska Fornskriftsällskapet, Ser. 2: Latinska skrifter).

»Fyra böner«: *Sancta Birgitta, Opera minora. Vol. III: Quattuor Oraciones*, edidit Sten Eklund. Stockholm: Kungl. Vitterhets Historie och Antikvitets Akademien, 1991 (även utgiven som bd VIII:3 i Samlingar utg. av Svenska Fornskriftsällskapet, Ser. 2: Latinska skrifter).

Alf Härdelin

Läsanvisningar

För varje översatt avsnitt anges först och främst vilken latinsk text översättningen bygger på. När endast delar av ett kapitel e.d. i Uppenbarelserna har översatts har de översatta delarnas paragrafnummer i den latinska utgåvan angetts inom parentes. Dessutom anges paragrafnummer för samtliga utdrag ur »Frälsarens regel«, eftersom denna i den moderna utgåvan har en löpande paragrafnumrering som är avsedd som alternativ till kapitelindelningen.

Efter källangivelsen kommer upplysningar om historiska omständigheter, såvitt kända, samt då och då en kommentar till textavsnittet som helhet.

Därefter följer i tur och ordning kommentarer till enskilda ord och fraser. Dessa är av två olika slag: källhänvisningar och förklaringar. Det följer av Uppenbarelsernas natur att förklaringarna i första hand tar upp teologiska begrepp och idéer, medan källhänvisningarna till helt övervägande del gäller Bibelns böcker.

Bibelböckernas namn förkortas på samma sätt som i »Bibel 2000«, med undantag av Psalt. för Psaltaren, och samma indelning i böcker, kapitel och verser används. En naken bibelhänvisning anger ett ordagrant citat medan ett 'Jfr' före hänvisningen anger en allusion. I de fall då ett annars ordagrant citat innehåller tillagda ord placeras dessa inom hakparentes. Om en allusion gäller något i evangelierna och kan syfta på mer än ett evangelium görs hänvisning endast till Matteusevangeliet. De många allusionerna till evangeliernas passionsberättelser har som regel inte identifierats, utom i det sista textstycket i antologin, bön nr 2 ur »Fyra böner«, som med sina rika anspelningar på Jesu lidandes historia kan fungera som ett slags register till alla sådana allusioner.

Det bör understrykas att Uppenbarelsernas tankevärld är djupt präglad av Bibeln. När man försöker förstå dem har man därför ofta stor hjälp av att slå upp de angivna bibelställena och läsa dem i deras sammanhang. Observera dock att eftersom bibelcitat och -allusioner i Uppenbarelserna följer den latinska bibelöversättningen, *Vulgata*, kan de skilja sig mycket från motsvarande ställen i »Bibel 2000« och andra moderna bibelöversättningar.

Litteratur som anförs i förkortad form i kommentarerna

Härdelin, Alf. *Kult, kultur och kontemplation. Studier i medeltida svenskt kyrkoliv*. Skellefteå 1998.

Klockars, Birgit. *Birgitta och böckerna. En undersökning av den Heliga Birgittas källor*. Stockholm–Göteborg–Uppsala 1966.

Klockars, Birgit. *Birgitta och hennes värld*. Stockholm 1971. (En lätt bearbetad pocketupplaga utan den vetenskapliga apparaten utgavs 1973 med titeln *Birgittas värld*.)

Klockars, Birgit. *Birgittas svenska värld*. Stockholm 1976.

Morris, Bridget. *St Birgitta of Sweden*. Woodbridge 1999.

1 UR UPPENBARELSERNAS FÖRSTA BOK

Innehållet i Bok I har tillkommit i Sverige mellan 1344, då Birgitta fick sin första uppenbarelse, och 1349, då hon begav sig till Rom.

3 *Kapitel 1: Rövaren och den rätte Herren*

Ed. Undhagen, s. 241–244.

Jag är: Sjutton av de sextio kapitlen i Bok I börjar med att Kristus tilltalar Birgitta med dessa ord. I samtliga fall (utom möjligen kap. 15 och 55) ryms en tydlig anspelning på hur Gud uppenbarade sig för Mose och gav honom hans uppdrag: »Gud sade: ›Jag är den jag är. Säg dem att han som heter »Jag är« har sänt dig till dem‹« (2 Mos. 3:14). Härmed antyds inte bara Kristi gudomliga majestät utan också att Birgitta är en profet och laggivare i Moses efterföljd.

himmelens och jordens skapare: Citat ur Nicenska trosbekännelsen, där det dock är Gud Fadern som beskrivs med denna fras. Det betyder inte att Birgitta begår något misstag när hon kallar Kristus för 'himmelens och jordens skapare'. Enligt kristen tro är ju Gud treenig, dvs. samtidigt en och tre: en till väsendet men tre till personerna. Samtidigt som de tre personerna har var och en sitt särskilda namn – Fadern, Sonen och Anden – och samtidigt som vissa egenskaper och aktiviteter särskilt förknippas med var och en av dem, är deras enhet sådan att nästan allt som sägs om en lika väl kan sägas om de båda andra; det består mellan dem, som teologerna säger, en *communicatio idiomatum*. (Det enda absoluta undantaget från denna 'egenskapernas delaktighet' är de attribut som beskriver gudomspersonernas inbördes relationer: Sonen 'föds' av Fadern, Anden 'utgår' av både Fadern och Sonen, Fadern varken 'föds' eller 'utgår'.) Birgitta anknyter ofta och till synes mycket medvetet till den traditionella läran om Treenigheten, samtidigt som hon ibland formulerar sig på mer överraskande sätt – se nedan, komm. till s. 34.

utan synd och begärelse: Enligt traditionell kristen uppfattning är samlaget visserligen gott och oskuldsfullt i sig, men kan i praktiken p.g.a. syndafallet knappast äga rum utan självisk njutningslystnad (åtminstone hos någondera parten). I motsats till detta betonas här hur rent och osjälviskt Jesus blev avlad.

ifrån fotbladet ända till hjässan: 5 Mos. 28:35, Job 2:7, Jes. 1:6.

offras den nu på altaret: Dvs. i mässan, där bröd och vin dagligen förvandlas till Kristi kropp och blod och bärs fram inför Gud.

den tro som hon lovade mig i dopet: I det katolska dopritualet har alltid ingått högtidliga löften att lyda Gud och omfatta kyrkans tro. När ett spädbarn döps avges löftena av faddrar i barnets ställe, men när barnet vid omkring sju års ålder mognar moraliskt (varom mer nedan, komm. till s. 103) förväntas det börja ta eget ansvar för att hålla löftena.

4 *är [verkligen] en rövare:* Joh. 10:1.

Ty denne djävul [...] straffa de onda: Jfr Syr. 39:33–37.

Ve, att vi någonsin blivit födda: Jfr Matt. 26:24.

älska du mig av allt hjärta: Jfr Matt. 22:37.

härlighetens [och änglarnas] Konung: Psalt. 24:7–10.

blev klädd i enkla bindor: Luk. 2:7.

naken fick jag stå bunden vid en pelare: Syftar på hur Jesus gisslades före korsfästelsen. Att han stod naken vid en pelare nämns inte i evangelierna men var etablerad tradition.

5 *Är det inte skrivet* etc.: Jfr 1 Kung. 17:14–16, 18:41–45.

Kapitel 2: »Till min brud har jag utvalt dig«
Ed. Undhagen, s. 244–247.

gudar av sten eller guld: Jer. br., vers 38.

6 *ville lämna allt för min skull:* Jfr Matt. 19:27–29.

arvet: Jfr Psalt. 16:6, 1 Pet. 1:3–4.

7 *om du tar avstånd [...] skatt:* Jfr Matt. 19:29.

Inte guld eller silver: Jfr Apg. 3:6.

härlighetens Konung: Psalt. 24:7–10.

ty mig övergav tjänare och vänner på jorden: Jfr Matt. 26:56.

Kapitel 3 (§ 1–3): Magister Mathias' exempel

Ed. Undhagen, s. 247–248.

8 *han som i sig erfor en kamp:* Den person som åsyftas är Mathias Ovidi (Övidsson) (ca 1300–ca 1350). I ett tillägg till föreliggande kapitel förklarar nämligen prior Petrus Olavi från Alvastra (d. 1390): »Denne var en helig man som hette Magister Mathias från Sverige, teologie magister och kanik i Linköping. Han skrev en utmärkt förklaring till hela Bibeln. Djävulen frestade honom på det listigaste sätt med många heresier mot den katolska tron, men han övervann dem alla med Kristi hjälp och lät sig inte besegras av demonen, såsom det berättas mer utförligt i legenden om fru Birgittas liv.« Prior Petrus gjorde år 1380 en rad sådana förklarande tillägg till Uppenbarelserna; om detta se Undhagens utgåva av Bok I, s. 113–114.

de två andarna, lögnens och sanningens: Jfr Joh. 8:44, 16:13, 2 Thess. 2:8–10.

Kapitel 5 (§ 1–19a, 21): Den förödda borgen

Ed. Undhagen, s. 252–255.

härlighetens Konung: Psalt. 24:7–10.

alltings Skapare: Syr. 24:12. Lägg märke till att det här – såsom oftast hos Birgitta när det talas om 'Gud', 'Herren' eller 'Skaparen' – inte i första hand är hela Treenigheten som åsyftas, och inte heller Gud Fadern, utan Gud Sonen, dvs. Jesus Kristus. Det förekommer till och med att Jesus kallas 'Gud, allas fader' av Birgitta (»De bifogade uppenbarelserna«, kap. 37). Jfr komm. till s. 3 ovan.

Åt dig är given all dom: Jfr Joh. 5:22.

10 *Mitt baner:* Korset eller krucifixet. Jfr det baner som beskrivs i Bok II, kap. 13 (s. 55 med komm.).

med ett enda ord kan jag utplåna dem: Jfr 2 Mack. 8:18.
mina ord, de som gått ut ur min mun: Jfr Matt. 4:4.

11 *Kapitel 7: Barmhärtighet och rättvisa*

Ed. Undhagen, s. 257–259.

Jfr till kapitlet som helhet Jes. 61:10 och Ef. 6:13–17, samt följande uppenbarelser där klädesplagg tolkas: Bok II, kap. 13; Bok IV, kap. 58; »Frälsarens regel«, kap. 10–11.

Du bör vara klädd i anständiga kläder: Den utläggning av brudens (Birgittas) klädesplagg som följer kan schematiskt sammanfattas så:

ånger och bekännelse = linnet (*camisia*)
viljan att gottgöra synder och hädanefter handla rätt = skorna (*calcei*)
hopp till Guds barmhärtighet och tanke på hans rättvisa = klänningen (*tunica*)
tro som omsluter allt = kappan (*pallium*)
att betänka Kristi goda gåvor = kappans 'tecken' (*signa*)
att betrakta Kristi lidande = kappans smycke eller brosch (*monile*)
kysk hängivenhet = kronan (*corona*)

Utläggningen är i sak mycket lik tolkningen av nunnedräkten i »Frälsarens regel«, kap. 10–11, även om plaggen där är något fler och har andra namn.

återlöste: 'återköpte'. Enligt en fornkristen tanke som har levt vidare i kyrkan ända till i dag blev människan genom syndafallet förslavad under synden och djävulen. Jesu död på korset tolkas i detta perspektiv som lösepenningen för människans befrielse.

anbefallde sin ande i Faderns händer: Jfr Luk. 23:46.

12 *Kapitel 8: Hur Himmelens drottning bör prisas*

Ed. Undhagen, s. 259–260.

den som vanhedrar honom vanhedrar mig: Jfr Joh. 5:23.

utan att betunga henne: Syftar på att Jungfru Marias graviditet (och därefter Jesu födelse) inte orsakade henne något fysiskt lidande. Jfr komm. till s. 196.

tagit upp Jungfru Marias [...] kropp och själ till himmelen: Om

Marias kroppsliga upptagande till himmelen, se komm. till Bok VI, kap. 12 och Bok VII, kap. 26.

13 *Kapitel 11: Kroppens alla lemmar*
Ed. Undhagen, s. 271–272.
konsekreras: 'invigs', dvs. i mässan. Enligt katolsk tro förvandlas brödets substans till Kristi kropp.
Må dina fötter […] vara korsfästa: Jfr Rom. 6:6, Gal. 5:24.

14 *Kapitel 14 (§ 3–5): Tre slags människor*
Ed. Undhagen, s. 277.
intill det sista öret: Jfr Matt. 5:26.
inte av fruktan för något straff utan med gudomlig kärlek: Jfr 1 Joh. 4:18.

Kapitel 20: Bröllopsgåvorna
Ed. Undhagen, s. 293–296.
härlighetens Konung: Psalt. 24:7–10.
herren över alla herrar: Jfr Upp. 17:14, 19:16.
skapat himmelen och jorden och allt som är i dem: 2 Mos. 20:11.
må [all] din vilja ske: Matt. 6:10.
15 *vad en ung man lär i sin ungdom, det bevarar han i sin ålderdom:* I den fornsvenska översättningen lyder ordspråket (som väl är svenskt): »Thet som ungir nimbir i ungdomenom thet hallir han i allirdomenom.«
mitt hjärta brast […] smärtan: Uppfattningen att Jesu smärta liksom samlas i hans hjärta och där når sin högsta intensitet dyker upp flera gånger i Uppenbarelserna; se i denna antologi Bok I, kap. 53; Bok IV, kap. 89; Bok VII, kap. 15; »Fyra böner«, nr 2. När det här sägs att hans hjärta brast på grund av smärtan blir den bakomliggande tanken tydlig: det är fr.a. med sitt hjärta som Jesus återlöser världen, ty där koncentreras hans kärlek och oskyldiga lidande. Betraktandet av Jesu hjärta och dess betydelse för frälsningen har sina rötter i 1200-talet; senare, från 1600-talet och framåt, utvecklades det till ett mycket populärt tema i den kristna spiritualiteten.
de oförståndiga jungfrurna: Jfr Matt. 25:1–13.
jag är sanningen: Joh. 14:6.

16 *Sakarias och Elisabet:* Jfr Luk. 1:5–25, 57–80.
Johannes var lik ett rör fullt av ljuv honung: Jfr Matt. 3:4, 11:7.

17 *Kapitel 30: Missbruket av skapelsen*
Ed. Undhagen, s. 326–328.
älskar honom mindre än skapelsen: Jfr Rom. 1:25.
ättiksdrycken som de gav mig att dricka: Jfr Psalt. 69:22, Matt. 27:48, Joh. 19:29.
ett enda ord: 'en enda smädelse'.
18 *skulle deras ögon inte uthärda att se mig:* Jfr 2 Mos. 33:20.

19 *Kapitel 31: Ädelstenarna i Gudsmoderns krona*
Ed. Undhagen, s. 329–331.
20 *änglarnas bröd:* Uttrycket används i Psalt. 78:25 och syftar där på det 'manna' som föll från himlen och gav Israels barn föda i öknen, 2 Mos. 16. Jesus tolkade mannat som en förebild för honom själv, han som »kommer ner från himlen och ger världen liv«, Joh. 6:30–35. Under medeltiden utvecklades en rik reflexion kring detta tema, med tonvikt på att den kropp som vilade i Jungfru Marias moderliv och det bröd som invigs och offras och utdelas i mässan är ett och samma 'änglars bröd', Kristi kropp.

21 *Kapitel 33 (§ 1–7): Kunskapens rätta bruk*
Ed. Undhagen, s. 336–337.
klerker: Egentligen 'medlemmar av det andliga ståndet', men eftersom åtminstone den lägsta kyrkliga vigningen, tonsuren, var en förutsättning för att få bedriva högre studier under medeltiden kom ordet ofta att, som här, betyda 'akademiker'.
jag hade ingen plats där jag kunde vila mitt huvud: Jfr Matt. 8:20.
jag blev dömd av Pilatus och förhånades av Herodes: Jfr Luk. 23:6–25.
jag är mild: Matt. 11:29.
Den som ber mig om bröd skall få det: Jfr Matt. 7:7–11.

22 *Kapitel 35: Ett enda hjärta*
Ed. Undhagen, s. 343–344.
Liksom Birgitta var en tidig företrädare för devotionen till

Jesu hjärta (se komm. till kap. 20 ovan) visar hon sig i detta kapitel som en tidig och originell företrädare för devotionen till Marias hjärta.

Johannes, hans kusin: Aposteln Johannes var son till Sebedaios enligt Matt. 4:21 m.fl. Under medeltiden var det en vanlig uppfattning att »modern till Sebedaios söner« som nämns i Matt. 27:56, den Salome som nämns i Mark. 15:40 och den syster till Jungfru Maria som nämns i Joh. 19:25 var samma person. Därmed skulle Johannes och Jesus ha varit kusiner.

Ordet blev kött: Joh. 1:14.

23 *Kapitel 38: Brudens tålamod och lydnad*

Ed. Undhagen, s. 353–355.

Denna uppenbarelse uttrycker storheten i Birgittas kallelse såsom hon själv uppfattade den. Det är tydligt att den har tillkommit i början av hennes profetiska gärning, år 1344 eller 1345.

är du i mig och jag i dig: Jfr Joh. 10:38, 14:10–11. I dessa inledande meningar likställs på ett märkligt sätt enheten mellan Fadern och Sonen med enheten mellan den gudomliga och den mänskliga naturen i Kristus. Se vidare komm. till s. 34 nedan.

24 *världen:* Ordet *världen* står hos Birgitta liksom i Nya testamentet ofta i negativ kontrast till *Guds rike*, men så är inte fallet här. Här åsyftas snarare den mänskliga världen i dess utsatthet, som föremål för Birgittas moderliga omsorg.

Mina ord som går ut ur min mun: Kristi ord som förmedlas av Birgitta.

mina ord, som de hört: Även här handlar det givetvis om de ord från Kristus som Birgitta förmedlar. De 'vänner' som liksom dricker orden är de personer som låter sig inspireras av Birgittas uppenbarelser och för dem vidare till andra.

25 *mina ord och min kärlek mättar människorna* etc.: Fortfarande är det inget annat än Kristi ord genom Birgitta som åsyftas och som alltså skall spridas för att ge ro och tröst åt människor.

Kapitel 42: Ödmjukhet, lydnad och kärlek

Ed. Undhagen, s. 368–370.

I denna uppenbarelse uttrycks Jungfru Marias innerliga förening med Gud på ett drastiskt och slående, om än bitvis dunkelt sätt. Som tidigare nämnts (komm. till s. 8 ovan) använder Birgitta ofta ordet *Gud* om Kristus, men i denna uppenbarelse är det inte alltid klart om *Gud* syftar på Kristus eller Gud Fadern eller hela Treenigheten.

26 *Kapitel 48: Dom över svekfulla präster*
Ed. Undhagen, s. 391–396.

Mose var med Herren på berget under fyrtio dagar och nätter: Jfr 2 Mos. 24:18, 5 Mos. 9:9.

Då folket såg att han var borta så länge [...] lät Gud sig blidkas: Jfr 2 Mos. 32:1–14.

27 *från foten och ända till hjässan:* 5 Mos. 28:35, Job 2:7, Jes. 1:6.

all dom är överlämnad till dig: Jfr Joh. 5:22.

som är i världen men ändå inte är i världen: Jfr Joh. 17:11–18.

›Vi vet inte vad som har hänt honom‹: 2 Mos. 32:23.

28 *Beelsebul:* Jfr 2 Kung. 1:2–6, Matt. 10:25, 12:24–27. En del av vad som här sägs om Beelsebul tycks komma från det på Birgittas tid flitigt konsulterade bibliska uppslagsverket »Historia Scholastica« av Petrus Comestor, där man kan läsa (i avd. Historia Evangelica, cap. 63) att *Beelsebul* betyder 'flugornas man' och att israeliterna gav en hednisk gud detta nedsättande namn eftersom rester av offerblod kring dess altare drog till sig flugor. Uppenbarelsen handlar dock mest om Beelsebuls präster, och varifrån uppgifterna om deras agerande kommer är oklart.

29 *›Ske din vilja såsom i himmelen, så ock på jorden!‹:* Matt. 6:10.

30 *Men vad var det som sades åt Mose? [...] men dock inte alla:* Jfr 2 Mos. 32:9–14, 25–28.

frukten från en törnbuske etc.: Förmodligen menas nyponet. Samma bild i Bok IV, kap. 67.

börja min dom med prästerna och utifrån mitt altare: Jfr Hes. 9:6, 1 Pet. 4:17.

31 *Kapitel 50: Sonens makt, visdom och kraft*
Ed. Undhagen, s. 398–402.

makt, visdom och kraft: På 1100-talet blev det vanligt att förknippa tre huvudegenskaper med de tre personerna i gudomen: makt med Fadern, vishet med Sonen och godhet med Anden. I Uppenbarelserna möter andra trefalder av gudomliga egenskaper, t.ex. makt, visdom och rättvisa (Bok I, kap. 18, § 8); makt, kärlek och fasthet (Bok I, kap. 26, § 4); makt, visdom och kärlek (Bok I, kap. 47, § 20); eller makt, visdom och kraft, som här. Man måste dock beakta översättningsproblematiken: Birgitta har lyssnat till predikanter som har utgått från texter på latin men predikat på svenska, och själv har hon formulerat sina uppenbarelser på svenska men sedan fått dem översatta till latin. Således kan man inte förvänta sig någon strikt terminologisk överensstämmelse mellan Uppenbarelserna och eventuella latinska källor.

Du är som morgonrodnaden som går upp: Jfr Höga V. 6:9.

32 *bar frukt hundrafalt:* Jfr Matt. 13:8.

etthundra som betyder fullkomlighet: Detta var den etablerade tolkningen av talet 100, grundad på uttalanden av kyrkofäderna Hieronymus, Augustinus och Gregorius den store.

33 *lysande och brinnande låga:* Jfr Joh. 5:35.

34 *Kapitel 53: Maria – arken med staven, mannat och lagens tavlor*
Ed. Undhagen, s. 409–414.

Du är med din gudomliga och mänskliga natur och med den Helige Ande en enda Gud: Traditionellt säger man att Gud är ett enda 'väsen' men tre 'personer', nämligen Fadern och Sonen och den Helige Ande. På motsvarande sätt säger man att Kristus är en enda 'person' – densamma som Sonen i Treenigheten – men har två 'naturer', den gudomliga och den mänskliga. Uppenbarelserna ansluter sig i regel till dessa definitioner, men ibland möter uttryckssätt som tycks blanda ihop läran om Treenigheten med läran om Kristi två naturer. Ett exempel på detta är föreliggande mening, som säger att den gudomliga naturen, den mänskliga naturen och den Helige Ande är en enda Gud; andra är de första meningarna i Bok I, kap. 38 (s. 23 med komm.), ett avsnitt i Bok II, kap. 5 (s. 51 med komm.) och ett par fraser i Bok IV, kap. 78. Om Birgittas tanke på dessa ställen har varit oklar eller om hon har velat uttrycka en originell insikt är svårt att säga. Det är möjligt att de likalydande svenska orden 'gudomen' för Guds treeniga väsen och 'mandomen' för Kristi mänskliga natur har vållat Birgitta och hennes samtid svårigheter. En ingående prövning av frågan förhindras av att många av Birgittas formuleringar som varit oklara eller stötande okonventionella i sin ursprungliga fornsvenska form säkert har normaliserats när de översattes till latin. Så tycks vara fallet i Bok I, kap. 28 (ej översatt här), där den latinska texten har *vox Patris [...] vox Filii*, medan den s.k. Birgittinnorska texten, som förmodligen återger en fornsvensk text som är mer ursprunglig än den latinska, har *Min fadhir sagde [...] thärnäst sagdhe mandomen.*

den ark som fanns under lagen [...] tavlorna: Jfr Heb. 9:4.

förvandlades den till en orm: Jfr 2 Mos. 4:2–4, 7:8–12.

delades med den havet: Jfr 2 Mos. 14:21.

framkallade den vatten ur klippan: Jfr 2 Mos. 17:6.

Jag skyndar till dem likt modern till en förlorad son som blivit återfunnen: Jfr Luk. 15:20, 24.

35 *mina lemmars smärta [...] hjärtat brast:* Se komm. till Bok I, kap. 20.

de gjorde sig en avgudabild och tillbad den: Jfr 2 Mos. 32:1–6.

de åtrådde det kött de hade i Egypten: Jfr 2 Mos. 16:3.

de ville, utan att Gud ville det, träda upp för att kämpa mot fienderna: Jfr 4 Mos. 14:39–44.

›Där människans skatt är, där är också hennes hjärta‹: Matt. 6:21.

36 *änglarnas [...] bröd:* Psalt. 78:25. Se vidare komm. till kap. 31 ovan.

Magdalena: Maria från Magdala. Denna Maria omnämns på flera ställen i evangelierna (Matt. 27:56 och 61, Matt. 28:1, Luk. 8:2, Joh. 19:25 och 20:1) men fr.a. identifierades hon på medeltiden med den synderska som smorde Jesu fötter, Luk. 7:36–50.

Matteus: Apostel, tidigare tullindrivare, Matt. 9:9 (densamme som kallas Levi i Luk. 5:27).

37 *de, med vilka mina ord sänds:* De som anförtros uppdraget att förmedla Birgittas uppenbarelser till omvärlden. Möjligen åsyftas den grupp under ledning av biskop Hemming av Åbo (biskop 1338, d. 1366) och prior Petrus Olavi från Alvastra (d. 1390) som omkr. år 1347 begav sig till påven Clemens VI

i Avignon med en samling uppenbarelser som bl.a. uppmanade England och Frankrike att sluta fred och påven att återvända till Rom; se vidare Morris (1999), s. 79 f.

Jag gör ju inte någon större orätt mot djävulen än mot änglarna etc.: Tankegången är här att både änglarna och djävulen traktar efter människornas själar. Eftersom Gud är rättvis främjar han inte den ena parten mer än den andra. Han sänder visserligen sina ord till människorna genom Birgitta, vilket främjar änglarnas sak, men han visar inte sig själv och sin makt på ett så påträngande sätt att han kunde sägas missgynna djävulen. Som framgår av fortsättningen handlar det också om att Gud lämnar utrymme för människans eget val och moraliska ansvarstagande.

med goda gärningar vill göra sig förtjänta av att komma till himmelriket: Här menas inte att människan ensam, utan Guds hjälp, kan förtjäna himmelriket (en heretisk åsikt som kallas pelagianism) utan att de människor som av Gud fått nåden att 'vilja' komma till himmelriket också med Guds hjälp måste 'förtjäna' detta. Som det står några rader högre upp: Det är Guds ord (här: genom Birgitta) som gör »så att de goda ... blir ännu mera brinnande och de onda omvänder sig från det onda«.

livets bok: Upp. 21:27.

38 *Kapitel 54 (§ 1–29a): De tre andarna*
Ed. Undhagen, s. 414–418.

Den oskapade: Med den oskapade anden menas den Helige Ande, den tredje personen i Treenigheten.

Den andre anden, som är skapad: Här menas djävulen, såsom motsats till den Helige Ande. Som framgår längre ned finns det många skapade andar varav flertalet, dvs. änglarna, inte är onda.

39 *var vackrare än de andra:* Djävulen var en gång Lucifer, morgonstjärnan, den främste bland änglarna (jfr Jes. 14:12–15).

40 *Guds son [...] frestades:* Jfr Matt. 4:1–11, Luk. 4:1–13.

41 *Kapitel 59 (§ 1–5a, 12a, 27, 29a, 31–39a, 39c): Bonden och hans herdar*
Ed. Undhagen, s. 434–435, 437–439.

Denne herde, som var god [...] en annan och sämre: Jfr Joh. 10: 11–12.

42 *[hustru och man anses vara] ett enda kött:* Matt. 19:6.
är den kristne min lem: Jfr 1 Kor. 6:15 och 12:27, Ef. 5:30.
jag är i honom och han i mig: Jfr Joh. 6:56, 15:5 och 17:21–23, 1 Joh. 3:24.

43 *är i Fadern och Fadern i mig:* Joh. 14:10–11.

45 UR UPPENBARELSERNAS ANDRA BOK

Bok II tycks, liksom Bok I, innehålla uppenbarelser som tillkommit i Sverige åren 1344–1349. Karakteristiskt för Bok II är de många uppenbarelser som riktar sig till eller handlar om 'riddarna' eller adeln.

47 *Kapitel 4: De gamla och de nya vännerna*
Ed. Undhagen & Bergh, s. 39–40.
rikets barn skall kastas ut: Matt. 8:12; jfr Matt. 21:43.
en drottning [...] utom sig av beundran: Jfr 1 Kung. 10:1–5.
jag är långt rikare och visare än han: Jfr Matt. 12:42.
skall främlingar, dvs. hedningarna, få det: Jfr Matt. 21:43.
krukmakaren [...] slog sönder den: Jfr Jer. 18:1–6, Rom. 9: 20–23.

48 *Kapitel 5 (§ 1–7, 10–35): Davids tre söner*
Ed. Undhagen & Bergh, s. 40–43.
inte en av sten eller trä: Jfr Jes. 37:19.
kung David, som hade tre söner: David hade egentligen fler söner (jfr 2 Sam. 3:2–5, 5:14, 11:27 och 12:24) men det är tre som fokuseras i Bibeln. Se till det följande 2 Sam. 13–19 och 1 Kung. 1.
›*Absalom, min son*‹: 2 Sam. 19:4.

49 *Som en höna [...] kärlekens vingar:* Jfr Matt. 23:37.
Tillsammans med några av Davids tjänare gick han upp till lunden: Jfr 1 Kung. 1:9. Här nämns ingen lund, men det står att Adonia begick ett offer och kanske har Birgitta förknippat detta med en offerlund.

de sju sakramenten: Ett sakrament är ett synligt tecken som förmedlar en osynlig gudomlig gåva. Den katolska kyrkan räknar sedan 1100-talet med sju sakrament: dopet, konfirmationen, eukaristin (nattvarden), boten, de sjukas smörjelse, ordinationen (vigningen till diakon, präst eller biskop) och äktenskapet.

50 *Batseba:* Kung Davids favorithustru, mor till Salomo.

trädde hon in till David och sade etc.: Jfr 1 Kung. 1:15–53.

51 *dessa tre är inte tre gudar utan en enda Gud:* Här antyds en ovanlig 'treenighet' bestående av Jesu gudomliga natur, hans mänskliga natur och hans ande (ev. den Helige Ande). Se vidare komm. till s. 34 ovan.

Kapitel 12 (§ 31–59): Riddarna förmanas
Ed. Undhagen & Bergh, s. 63–65.

52 *skynda dem till mötes med kärlek:* Jfr Luk. 15:20.

mitt baner: Korset eller krucifixet. Samma uttryck i Bok I, kap. 5. Jfr det baner som beskrivs i följande kapitel.

53 *skall lovsången till Gud aldrig vika från er mun:* Jfr Psalt. 34:2.

54 *Kapitel 13 (§ 7–35): Riddarvigning*
Ed. Undhagen & Bergh, s. 66–68.
Ett förklarande tillägg säger att uppenbarelsen syftar på riddar Karl, Heliga Birgittas son (angående dylika tillägg se komm. till Bok I, kap. 3). Karl kallas riddare för första gången i ett dokument daterat 8 september 1348. Möjligt är att han dubbades vid en kunglig sammankomst i Örebro påsken 1348 (så Klockars, 1976, s. 136f.) och uppenbarelsen kan då ha tillkommit i detta sammanhang.

som med min kraft uppehåller allt: Jfr Heb. 1:3.

Jag som tillsammans med Fadern etc.: Denna mening utgör en kortfattad bekännelse till Kristus som Gud och frälsare, uppenbart inspirerad av den Nicenska trosbekännelsen.

Jag har tidigare talat med dig om riddarståndet: Syftar förmodligen på Bok II, kap. 10 (ej översatt här).

55 *följande ordning:* Det är oklart om den ordning för riddarvigning som följer någonsin har använts. En regelrätt birgittinsk riddarorden går inte att belägga under medeltiden. Där-

emot finns i dag en sådan orden i Italien som hävdar medeltida ursprung (*Ordine Militare del Santissimo Salvatore e di Santa Brigida di Svezia*).

en diakon tar på sig stolan som ett tecken på lydnad och gudaktigt tålamod: Stolan är ett band av tyg som bärs i gudstjänsten av diakoner, präster och biskopar (på olika sätt). När en diakon vigs ikläds han stolan av sin biskop. I samband härmed läser biskopen ungefär följande ord, som kan ha inspirerat Birgittas tydning av stolan: »Mottag den vita stolan ur Guds hand, utför din tjänst, ty Gud har makt att föröka sin nåd i dig.« Om diakonen och andra kyrkliga ämbeten se vidare nedan, komm. till s. 93–94.

försvaret av Kristi kors: Här görs en tydlig anknytning till korsriddaridealet. Birgitta har säkert inspirerats av de riter och ideal som gällde inom t.ex. Tempelherreorden och Johanniterorden.

kyrkans baner: Jfr det baner eller standar som föreskrivs för nunnevigning i »Frälsarens regel«, nedan s. 223.

›O Guds lamm‹: Lat. *Agnus Dei*, den sista av de fasta sångerna i mässan. Sjungs medan hostian (det invigda brödet) bryts, strax före utdelandet.

56 *Jag skall så vara i honom och han i mig:* Jfr Joh. 6:56.

Kapitel 15 (§ 1–16, 19–35): Kristus i världens öken
Ed. Undhagen & Bergh, s. 75–78.

57 *›Yxan är redan riktad mot trädet‹:* Matt. 3:10, Luk. 3:9.

från solens uppgång till dess nedgång: Psalt. 50:1, 113:3.

Herodes som förföljde mig: Jfr Matt. 2:13–18.

58 *de goda till ett mörker:* Enligt traditionell kristen tro fanns det ingen salighet efter döden innan Kristus kom, bara ett 'dödsrike' (hebr. *sheól*, grek. *hádes*) där de avlidnas själar förde ett slags skuggtillvaro; jfr 1 Mos. 37:35, Psalt. 88:11–13 m.fl. ställen i Gamla testamentet. Under tiden mellan sin död och uppståndelse steg Kristus ned i dödsriket och befriade alla de rättfärdiga som dvaldes där; jfr Ef. 4:8–9, 1 Pet. 3:18–19 och 4:6.

min väg har blivit så smal och världens väg så bred: Jfr Matt. 7:13–14.

59 *törnena och tistlarna:* 1 Mos. 3:18.
›Saliga de som inte har sett mig och tror‹: Joh. 20:29.
en moder som går en felande son till mötes: Här görs en anspelning på liknelsen om den förlorade sonen (Luk. 15:11–32, särskilt v. 20), men intressant nog har liknelsens fader bytts ut mot en moder. I sammanhanget handlar det om den barmhärtighet som Kristus visar människorna när han på nytt kallar på dem genom sina uppenbarelser för Birgitta, och man får väl tänka sig att modersmetaforen grundar sig på Birgittas identifikation med sitt uppdrag som kanal för Kristi barmhärtighet: det är i viss mening hon själv som har rollen av en kärleksfull moder.
inte mat och dryck, utan bara gudomlig glädje: Jfr Rom. 14:17.

Kapitel 22: Två slags vishet
Ed. Undhagen & Bergh, s. 98–101.
›den som vill vara vis, må lära sig vishet av den vise‹: Jfr Ords. 13:20.

63 UR UPPENBARELSERNAS TREDJE BOK

Bok III består till stor del av förmaningar och varningar till prästerskapet. Några av uppenbarelserna har tillkommit i Sverige 1344–1349, de flesta kan dateras till Birgittas första år i Italien, 1349–1351, och några är odaterbara. De tidiga uppenbarelserna från Italien är troligen nedtecknade av magister Petrus Olavi från Skänninge (d. 1378).

65 *Kapitel 3: En biskops plikter*
Ed. Jönsson, s. 92–96.
Uppenbarelsen gäller troligen biskop Thomas Johannis av Växjö (biskop 1343, d. 1375 eller 1376) och torde härröra från perioden 1344–1349. Kapitlen 1–3 och 12 i Bok III utgör ett slags vägledning för biskopar som i bearbetad form återfinns i Bok IV, kap. 126.
mitran: Den huvudbonad som hör till den biskopliga dräkten. Om medeltida tolkningar av biskopens dräkt, se Härdelin (1998), s. 62–78.

ordinera klerker, välsigna krisma: Här nämns två saker som bara en biskop kunde göra, nämligen viga kyrkliga ämbetsbärare och välsigna den särskilda smörjelse som användes vid dop, konfirmation, präst- och biskopsvigning samt invigning av kyrkor och heliga kärl.

en fader för de fattiga: Job 29:16.

bör, som Paulus säger, vara dubbel: Jfr 1 Tim. 5:17.

66 *en simonist:* 'en som köpt sitt ämbete'. Termen *simoni* kommer av trollkarlen Simon, som av apostlarna försökte köpa förmågan att förmedla den Helige Ande; jfr Apg. 8:9–13, 18–24. Att skaffa sig ett högt kyrkligt ämbete genom mutor var ganska vanligt under medeltiden men var i princip ett allvarligt brott.

68 *härlighetens Konung:* Psalt. 24:7–10.

Kapitel 5: Styrmännen

Ed. Jönsson, s. 100–101.

Denna uppenbarelse mottogs i Milano 1349/1350. Se vidare komm. till nästa kapitel.

bad honom låta himlen rämna och stiga ner: Jfr Jes. 64:1.

69 *Kapitel 8 (§ 1–7): Nöten*

Ed. Jönsson, s. 107–108.

Denna uppenbarelse härrör från Birgittas ganska långa uppehåll i Milano 1349/1350 på väg från Sverige till Rom. Den riktades ursprungligen till en till namnet okänd munk och teologie magister som var biktfader åt ärkebiskop Giovanni Visconti av Milano (d. 1354). Unikt är att den finns bevarad i sin ursprungliga form: ett pappersblad som skickades till munken i fråga och som har hans korta svar på baksidan. Här återges dock endast ett utdrag ur den lätt redigerade version av texten som står i den officiella samlingen av Birgittas uppenbarelser.

förlåtlig eller dödlig synd: Medeltida själavård räknade med två huvudtyper av synd: den 'förlåtliga' (*peccatum veniale*) som, om den inte biktades, ledde till ett begränsat straff i skärselden, och den 'dödliga' (*peccatum mortale*) som, om den inte ångrades och (om möjligt) biktades, ledde till evigt straff i helvetet. All synd var alltså allvarlig och borde biktas, men bikten var strängt taget inte nödvändig för frälsningen om man inte hade begått dödssynd.

70 *sin budbärare:* Ängeln Gabriel (jfr Luk. 1:26).

›Må det ske med mig som du har sagt‹: Luk. 1:38.

Kapitel 20: Den helige Benedictus

Ed. Jönsson, s. 151–153.

Denna uppenbarelse kan troligen sättas i samband med Birgittas besök i benediktinklostret i Farfa en kort tid efter hennes ankomst till Rom år 1350.

den som fick fem talenter tjänade ytterligare fem: Matt. 25:20.

71 *den gode abboten Benedictus:* Benedictus av Nursia (ca 480–ca 547), klostergrundare och helgon.

honom som, innan han ännu var född, med jubel hälsade etc.: Johannes Döparen (jfr Luk. 1:41, 44). Likheten mellan Benedictus och Johannes består i att även Johannes höll till i öknen (jfr Matt. 3:1).

kalla Benedictus upp på berget: Förmodligen menas Subiaco, där Benedictus levde som eremit i tre år och dit unga män som ville leva som munkar under hans ledning flockades. Alternativt menas Benedictus' senare och mer berömda klostergrundning, Monte Cassino.

en regel: Benediktinregeln, det västerländska klosterväsendets viktigaste dokument.

72 *Kapitel 23: Den nya födelsen*

Ed. Jönsson, s. 158–159.

Var och när denna uppenbarelse mottogs är osäkert. Allmänt tycks dock uppenbarelserna i senare delen av Bok III härröra från Birgittas allra första tid i Rom.

›Det är tre som vittnar på jorden: Anden, vattnet och blodet, och tre i himmelen: Fadern och Sonen och den Helige Ande‹: Jfr 1 Joh. 5:7–8. I den latinska bibelöversättningen (Vulgata) står ordagrant: »Det är tre som vittnar i himmelen: Fadern, Ordet och den Helige Ande, och dessa tre är en. Och det är tre som vittnar på jorden: Anden och vattnet och blodet, och dessa tre är en.« I moderna bibelöversättningar saknas orden

»i himmelen [...] på jorden« eftersom de inte står i de äldsta och bästa grekiska handskrifterna.

du är Kristi mänskliga naturs dotter genom den nya födelse som gottgjorde den första överträdelsen: Adams och Evas överträdelse ledde till ett syndafall för hela människosläktet, men Kristus har genom sin födelse, död och uppståndelse gottgjort syndafallet. Denna gottgörelse förmedlas till människor i dopet. Eftersom dopet skänker helig Ande och barnaskap hos Gud kallas det redan i Nya testamentet för ett 'bad som återföder' (Tit. 3:5; jfr Rom. 6:1–11). Birgitta för dock dessa tankar ett steg längre än vad som är brukligt när hon säger att dopets nya födelse har gjort henne till 'Kristi mänskliga naturs dotter'.

73 *Kapitel 29: Maria – Salomos tempel*

Ed. Jönsson, s. 176–179.

Uppenbarelsen går inte att datera men skulle möjligen kunna sättas i samband med att Birgitta besökt någon av Roms Mariakyrkor en kort tid efter sin ankomst till Rom 1350.

Salomos tempel, vars väggar var förgyllda: Jfr 1 Kung. 6:20–22.

i vilket han förde in härlighetens ark och ljusstaken: Jfr 1 Kung. 8:1–6, 7:49. Förbundsarken och ljusstaken (eller lampstället) beskrivs närmare i 2 Mos. 25.

denne Salomo som slöt fred: Namnet *Salomo* är besläktat med det hebreiska ordet för 'fred'. Därför har Salomo i kristen tradition betraktats som en förebild för Kristus, han som stiftade fred mellan människor och mellan Gud och människa (jfr Ef. 2:14–22).

befriade de fattiga från fogden: Räddade de skyldiga människorna från djävulen.

74 *sin besökelses sötma:* Termen *besökelse* (*visitatio*) används ofta i medeltida mystik om erfarenheten av Guds ljuva närvaro. Här används den i förstärkt bemärkelse om Jesu närvaro i Marias moderliv.

vilkens födelse inte har någon början eller något slut [...] Melkisedek: Jfr Heb. 7:1–3.

Om honom är det ju skrivet att han var präst: Jfr 1 Mos. 14:18.

Konungarnas konung: Dan. 2:37, 1 Tim. 6:15, Upp. 17:14, 19:16.

75 *I mitt tempel klädde han sig andligen:* I Marias moderliv iklädde sig Kristus mänsklig kropp.

I den kungliga staden blev han krönt: I Jerusalem fick Kristus törnekronan.

Där utanför behärskade han som den starkaste kämpe stridsfältet och striden: Kristus korsfästes utanför Jerusalem (Heb. 13:12). Korsfästelsen som en hjältekamp är motivet för Venantius Fortunatus' (ca 530–ca 600) berömda hymn »Pange, lingua« (sv. övers. »Upp, min tunga, att lovsjunga«, Den svenska psalmboken 1986, nr 147) som bör ha varit välkänd för Birgitta.

Simonin härskar nämligen hos deras överhuvud: Påven var indragen i handel med kyrkliga ämbeten. Se vidare komm. till s. 66 ovan.

förbundsarken är flyttad: Eftersom stentavlorna med Guds bud förvarades i förbundsarken (jfr 2 Mos. 25:21) menas förmodligen att Guds lag inte respekteras.

fromhetens bord: Då detta står i en serie av jämförelser med det gammaltestamentliga templet bör det vara bordet för skådebröden (jfr 2 Mos. 25:23–30) som utgör jämförelseobjekt här. Att fromhetens bord är övergivet betyder i så fall att prästernas fromhet ständigt borde ligga som skådebröd inför Gud men inte gör det.

77 UR UPPENBARELSERNAS FJÄRDE BOK

Bok IV är med sina 144 kapitel den mest omfångsrika. Innehållet är disparat. Majoriteten av uppenbarelserna tycks dock härröra från tiden 1350–1370. Denna datering kan förutsättas om inget annat anges nedan.

79 *Kapitel 4 (§ 1–16, 37–43): Den gode och den onde andens råd*
Ed. Aili, s. 69–71, 73–74.

Denna uppenbarelse är riktad till drottning Blanka (Blanche) av Namur, drottning av Sverige och Norge 1336, död 1363. Birgitta hade varit den unga drottningens *magistra* (hovdam med undervisningsansvar) i slutet av 1330-talet och kände henne väl. Uppenbarelsen har troligen tillkommit i Rom.

plågaren: Den som straffar dem som fördöms vid yttersta domen, dvs. djävulen.

81 *den plats där himmel och död möts:* Troligen är det Rom som avses; i alla händelser en plats där det fanns riklig avlat att få. Det originella uttrycket *där himmel och död möts* betyder att en sådan plats tack vare sina avlater erbjuder möjligheten att komma direkt till himmelen efter döden, utan att passera genom skärselden.

avlater: Avlat innebär efterskänkt botgöring. Enligt katolsk teologi måste varje synd som begås efter dopet gottgöras, antingen genom botgöring i det nuvarande livet eller genom en vistelse i skärselden (reningselden) efter döden. Men den som ångrar sina synder kan få botgöring (och därmed tid i skärselden) efterskänkt på vissa villkor, som kyrkans biskopar och i synnerhet påven har rätt att fastslå. Detta sker under hänvisning till att helgonen på ett ställföreträdande sätt har fullgjort vad andra kristna brister i och därmed har samlat en skatt av nåd åt kyrkan. Det är vanligt att avlat knyts till ett besök på en helig plats, såsom denna uppenbarelse förutser (se även Bok VII, kap. 14 med komm.). Då blir kopplingen till ett lokalt helgon och dess förtjänster särskilt tydlig. Men avlat kan också ges för andra aktiviteter som kan tänkas befordra dygd och fromhet. Under en period i slutet av medeltiden kunde avlat ges för penninggåvor till kyrkan, vilket ledde till många missbruk som i sin tur bidrog till att sätta igång reformationen; denna möjlighet avskaffades därför 1567.

Kapitel 12: Guds vänners prövning och tröst
Ed. Aili, s. 94–95.

82 *på ett rättfärdigt sätt, med den rätta tyngden och det rätta måttet:* Jfr Jes. 28:17.

bekymra dig över Guds långmodighet: Bakgrunden till uppenbarelsen tycks vara att Birgitta har bekymrat sig över stillestånd i sitt andliga liv och, faktiskt, över brist på svårigheter och prövningar.

ingen kommer till Gud om inte Fadern drar honom: Joh. 6:44.

83 *Kapitel 13: Om de tårar och allmosor som behagar Gud*
Ed. Aili, s. 96–98.

tårarnas son: Jfr Augustinus, »Bekännelser«, 3. 12. 21. En annan möjlig allusion är till 1 Mos. 35:18, där Rakel strax innan hon dör i barnsäng ger sin nyfödde son (som senare skulle kallas Benjamin) namnet Ben-Oni, 'smärtans son'.

genom sådana tårar vinner man inte det eviga livet etc.: Jfr 2 Kor. 7:10.

84 *Gregorius:* Gregorius I, även kallad 'den store', påve 590–604. Det berättas om honom att han en gång bad om frälsning för den hedniske kejsaren Trajanus (ca 53–117) och sedan i en uppenbarelse fick höra att hans bön blivit hörd och att Trajanus blivit skonad ifrån eviga straff. Detta skildras i den stora legendsamlingen »Legenda Aurea«, kap. 46, där det även framgår att episoden väckt livlig diskussion: Kunde man verkligen rädda hedningar från helvetet genom bön? Vilket slags straff blev Trajanus räddad från, och vilket tillstånd uppnådde han? Birgitta undviker som synes att precisera sig i dessa frågor.

85 *Kapitel 18: De heligas exempel*
Ed. Aili, s. 112–114.

jungfru innan du födde etc.: Det var allmän uppfattning redan i fornkyrkan inte bara att Maria var jungfru när Jesus avlades utan också att hennes mödomshinna på ett mirakulöst sätt bevarades intakt under hans födelse och att hon förblev jungfru till livets slut.

även när din brudgum tvivlade: Jfr Matt. 1:19. Josefs tvivel på Marias kyskhet uttrycks starkt i »Jakobs protevangelium« (utgivet på svenska i »Apokryferna till Nya testamentet«, urval och övers. av Bertil E. Gärtner, 1972), en skrift som mycket väl kan ha varit känd för Birgitta.

›Salig är du, Simon, ty kött och blod har inte uppenbarat detta för dig‹: Matt. 16:17.

öppna din mun och jag skall ge dig ljuvlig mat att äta: Jfr Hes. 2:8–3:3.

86 *Johannes, som betyder Guds nåd:* Detta är en vanlig medeltida uttolkning och den är sakligt korrekt. Det hebreiska namnet *Johannes* betyder ordagrant 'Gud har förbarmat sig'.

Med Petrus betecknas den heliga tron: Även detta är en vanlig medeltida uttolkning. Den bygger på Matt. 16:16, där lärjungen Simon bekänner: »Du är Messias, den levande Gudens son« och då av Jesus får ett nytt namn: »du är Petrus, Klippan«. Enligt medeltida uppfattning bar alltså Petrus sitt namn (som är grekiskt och betyder 'klippa') på grund av sin fasta tro på Jesus som Guds son.

den nya lagen och den gamla: Evangeliet kallades under medeltiden ofta för den nya lagen, i kontrast till den gamla, mosaiska lagen; jfr uttrycken Gamla och Nya testamentet.

87 *Barmhärtighetens moder:* Ett traditionellt Maria-epitet.

Ingen kan därför rycka henne ur hans hand: Jfr Joh. 10:28.

Israel: Patriarken Jakob (jfr 1 Mos. 32:28).

Kapitel 19: Maria, den nya skönheten

Ed. Aili, s. 114–116.

ledans tunga börda: Begreppet 'leda' (lat. *acedia*) syftar specifikt på andlig tröghet: ovilja mot bön och bibelläsning, brist på inre värme och rörelse, en känsla av att ansträngning är meningslös m.m.

88 *förmedlarinna:* Eftersom Maria enligt katolsk tro förmedlar nåd och bistånd från Gud får hon ofta denna titel (lat. *mediatrix*).

Därför säger jag dig etc.: De tre 'skönheterna' i denna sats är Fadern, Sonen och den Helige Ande.

89 *Kapitel 21: Moderns gåvor är Sonens gåvor*

Ed. Aili, s. 119–121.

genom vilken allt är till, lever och består: Jfr Apg. 17:28.

Hieronymus: Kyrkofader, född ca 340 i Strido nära Aquileia, död 420 i Betlehem, skapare av den latinska standardöversättningen av Bibeln, Vulgata. Att han 'övergav den falska visdomen' syftar på att han, efter att i en vision ha fått höra att han följde Cicero mer än Kristus, vände humaniora ryggen och hängav sig åt Bibeln. Att han 'älskade änkorna' anspelar på att han blev andlig vägledare för några damer ur den romerska senatsadeln, bland dem änkan Paula och hennes dotter Eustochium, vilka följde honom till Betlehem och kom att leva där i ett konvent i hans närhet.

90 *Eunucken som läste Jesaja* etc.: Jfr Apg. 8:26–39.
blev Petrus sänd till Cornelius etc.: Jfr Apg. 10.
kom även Paulus till Dionysius: Jfr Apg. 17:34.

91 *Kapitel 37: »Sänd några av dina vänner«*
Ed. Aili, s. 148–149.
O Herre, bli inte förargad på mig om jag talar!: Jfr 1 Mos. 18:30.
den rike mannen i dödsriket etc.: Jfr Luk. 16:19–31.
De har Mose och profeterna: Luk. 16:29.

92 *Kapitel 58: Huset med de sju trappstegen*
Ed. Aili, s. 181–186.
i främmande land [och sedan med glädje] återvände: Jfr Rut 1:22.
Det är skrivet att de domare [...] solskenet: Jfr 4 Mos. 25:4.
alla nervtrådarna i mina händer och fötter slets av: Dvs. vid korsfästelsen. Jfr skildringen av korsfästelsen s. 193: 'så mycket sträckte de ut hans ärofulla lemmar på korset att nästan alla hans ådror och senor brast'.

93 *arken, mannat och förbundets tavlor:* Jfr 2 Mos. 25:10–22, 16:13–34 och 24:12, Heb. 9:4 m.fl.
skulle den nya människan kunna glädja sig över den nya lagen etc.: Jfr Ef. 4:24 och Joh. 13:34. Dialektiken mellan Bibelns två förbund, det gamla och det nya, var fundamental för det medeltida teologiska tänkandet. Man utvecklade med förkärlek teman som går i dagen redan i Nya testamentet: Jesus som en ny Mose och överstepräst, kyrkan som ett nytt Israel osv., och man beskrev det gamla som en skuggbild, det nya som verkligheten. Här fokuserar Birgitta, på ett sätt som är karakteristiskt för henne och hennes tid, på Kristi kropp, såväl på korset som i brödets gestalt i mässan. Kristi kropp motsvarar Gamla testamentets förbundsark eftersom den skänker både andlig näring (motsvarande mannat i arken) och en nåd som ger rättfärdighet (motsvarande lagens tavlor). Genom att utveckla denna tanke antyder sedan Birgitta att kyrkobyggnader utgör en motsvarighet till Jerusalems tempel och kristna präster en motsvarighet till de israelitis-

ka; men det 'nya' är i samtliga fall högre och mer underbart än det 'gamla'.

de sju trappstegen: I det följande anknyter Birgitta till de sju vigningar eller 'grader' (lat. *gradus* betyder just 'trappsteg') som krävdes för att en man skulle bli präst. Hennes tolkning av graderna är okonstlad men vidgar och fördjupar deras innebörd. Noteras bör hennes betoning av att de inte är stadier som man passerar, som sträckor längs en väg, utan steg i en bestående trappa: en präst skall äga alla de egenskaper som de olika vigningarna ger uttryck för.

själens och kroppens renhet: Här åsyftas främst den renhet som kyskheten ger. Att könsligt umgänge gör en präst oren och ovärdig att handha Kristi kropp var det främsta argumentet för prästernas celibat under medeltiden, och det är ingen slump att Birgitta sätter renheten först bland en prästs egenskaper. Men det karakteristiska omnämnandet av även 'själens renhet' visar att det för henne inte var fråga om att vidmakthålla en enbart yttre, rituell renhet.

tonsurerade: Tonsur är en avrakad fläck på hjässan som markerar att man vigt sitt liv åt Gud, antingen som munk eller som kyrklig ämbetsbärare. Första steget på väg mot prästvigning var en rituell tonsurering.

det andra trappsteget: Vigningen till exorcist. Det fornkyrkliga exorcistämbetet var inte så dramatiskt som namnet kanske antyder; det bestod främst i att regelbundet läsa vissa böner av exorcismkaraktär över människor som förbereddes för dopet. Under medeltiden levde det kvar endast som en vigningsgrad utan praktisk funktion.

varifrån den stolte demonen genom sitt högmod störtade ner: Djävulen var till att börja med den främste bland änglarna men föll på grund av högmod. Jfr Jes. 14:12–15, Upp. 12:4, 7–9.

det tredje trappsteget: Vigningen till lektor. Lektorns främsta uppgift var att läsa episteltexten i mässan.

94 *det fjärde trappsteget:* Vigningen till *ostiarius*, portvakt. Egentligen var detta den första vigningsgraden efter tonsuren, men Birgitta har av någon anledning låtit exorcist och portvakt byta plats. Inte heller detta ämbete hade någon praktisk funktion under medeltiden.

det femte trappsteget: Detta borde ha varit vigningen till akolyt (av grek. *akolouthos*, 'följeslagare'), men Birgitta hoppar över den graden och avser här i stället vigningen till subdiakon. Subdiakonämbetet var det första av de tre 'högre ämbetena' (*ordines maiores*), vilka innebar tjänst vid altaret i mässan och därför någon form av inkomst samt en förpliktelse till celibat.

det sjätte trappsteget: Vigningen till diakon. Utläggningen anspelar på diakonens främsta uppgift i mässan, som var att läsa evangeliet.

det sjunde trappsteget: Vigningen till präst.

På berget visade jag [...] skulle använda: 2 Mos. 28.

95 *prästens kläder är sju* etc.: Man brukar räkna sex plagg i prästens liturgiska dräkt, såsom Birgitta själv gör i Bok VI, kap. 9: halslin, alba, stola, manipel, gördel och mässhake (för en beskrivning, se kommentarerna till detta kapitel). Det sjunde är förmodligen sandalerna. Hur de dygder Birgitta räknar upp hänför sig till de olika plaggen är inte självklart, men om vi antar att plaggen kommer i samma ordning som i Bok VI, kap. 9, får vi följande, fullt rimliga korrespondenser:

ånger och bekännelse = halslinet (som 'täcker huvudet')
hängiven kärlek till Gud och kyskhet = alban
mödosamt arbete för att hedra Gud och tålamod = stolan (betraktad som ok)
att inte fästa avseende vid människors beröm och förebråelser = manipeln
kroppslig avhållsamhet och ödmjukhet = gördeln
att begrunda Guds godhet och stränghet = mässhaken
att älska Gud över allting och framhärda i det goda = sandalerna

Om den alternativa tolkning av latinet som nämns i följande kommentar är riktig, måste halslinet och alban byta plats. Överensstämmelsen skulle då bli bättre med de utläggningar som görs av brudens dräkt i Bok I, kap. 7, där kysk hängivenhet betecknas av kronan på huvudet, och av nunnedräkten i »Frälsarens regel«, kap. 10–11, där ånger och bot betecknas av ett plagg som omsluter kroppen.

Själens första dräkt är ångern och bekännelsen, och den täcker huvudet. Den andra är den hängivna kärleken [...]: Annan möjlig tolkning av latinet (vilken förutsätter en ändring av utgåvans interpunktion): 'Själens första dräkt är ångern och bekännelsen. Den andra är den som täcker huvudet, den hängivna kärleken [...]'.

Du sade ju i din gudom [...] förbarma dig över hela staden: Syftar på Sodom; jfr 1 Mos. 18:23–32.

96 *förrädaren [...] ett enda ord från min mun:* Jfr Joh. 18:5–6.

jag inte gör någon åtskillnad mellan personerna: Jfr 2 Krön. 19:7, Rom. 2:11, Ef. 6:9, Kol. 3:25.

mina fiender kroppsligen föll [...] ›Det är jag‹: Jfr Joh. 18:5–6.

›Detta är min kropp‹: Matt. 26:26, Mark. 14:22, Luk. 22:19, 1 Kor. 11:24.

97 *skall, som det är skrivet, komma sju plågor:* Jfr 3 Mos. 26:27–39, Upp. 15:5–16:21.

Kapitel 60: En god bön
Ed. Aili, s. 187–188.

Må du inte förnärmas av att jag talar: Jfr 1 Mos. 18:30.

98 *Kapitel 65 (§ 4–11): Den belägrade borgen*
Ed. Aili, s. 201–202.

99 *Kapitel 67: Själen – Guds hustru*
Ed. Aili, s. 203–204.

100 *en frukt som på utsidan är röd [...] vassa taggar:* Förmodligen är det nyponet som åsyftas.

varje träd bär en sådan frukt etc.: Jfr Matt. 7:16–18.

inte göra någon större orätt mot djävulen än mot mina änglar: Jfr s. 37 med komm.

101 *Kapitel 72: Syskonen i Betania*
Ed. Aili, s. 216–218.
I överskriften till kapitlet gissar redaktören att det är Birgitta och hennes dotter Katarina som tilltalas av Kristus och jämförs med Marta och Maria. Detta är dock långtifrån klart.

Det var två systrar [...] från de döda åt dem: Jfr Joh. 11:1–44.

102 *ett hjärta och en själ:* Apg. 4:32.

så att inte judarna dödar den: En anspelning på Joh. 12:10–11, där det står att översteprästerna bestämde sig för att döda Lasarus.

103 *Kapitel 74 (§ 77–98): Hästen och sadeln*

Ed. Aili, s. 229–231.

Uppenbarelsen dateras av Klockars (1976, s. 137 f.) till tiden strax efter midsommar 1348.

de döpta befrias från djävulen och förpliktas att följa buden: Anspelar på den första delen av dopritualet, som innehåller en exorcism, högtidliga löften att ta avstånd från djävulen och en recitation av trosbekännelsen. (Vid spädbarnsdop avlägger faddrarna löftena och läser trosbekännelsen å barnets vägnar.)

ursprungssynden: 'arvsynden', den bortvändhet från Gud som präglar hela människosläktet på grund av Adams och Evas överträdelse.

den ålder då de kan skilja mellan gott och ont: Ett viktigt begrepp i katolsk själavård och kyrkolag (lat. *anni discretionis*). När ett barn kan skilja klart mellan gott och ont, vilket anses normalt vara i sjuårsåldern, kan det börja ta ansvar och kan börja åläggas skyldigheter, bl.a. de skyldigheter som dopet medför. Det kan också begå medveten synd och kommer därmed i behov av biktens sakrament.

104 *boten:* Detsamma som biktens sakrament, men det bör betonas att detta sakrament inte bara omfattar bekännelse inför en präst utan även ånger och gottgörelse. Genom boten utplånas synder som har begåtts efter dopet varför det är vanligt att, som Birgitta här, beskriva den som ett slags dopförnyelse.

Förbarma dig, Gud, över mig för din stora barmhärtighets skull: Ps. 51:3.

dina budords väg: Ps. 119:32.

105 *skänks den Helige Ande som en förstlingsgåva:* Jfr 2 Kor. 1:22, Ef. 1:13–14 (det ord som här återges med 'förstlingsgåva' översätts med 'borgen' i Bibel 2000).

herr Karl: Karl Ulfsson till Ulvåsa, Birgittas äldste son, död 1372 i Neapel. Om honom se vidare Klockars (1976), särskilt s. 134–149.

Kapitel 76 (§ 16–27a): Kyrkans sanna rikedomar
Ed. Aili, s. 239–240.
Denna och följande uppenbarelse skall troligen dateras till den svenska tiden, 1344–1349.
en fattig fiskare och satte honom i sitt ställe: Aposteln Petrus åsyftas; jfr Matt. 4:18 (Petrus var fiskare) och Matt. 16:18–19 (Jesus ger Petrus 'nyckelmakten', varom mera nedan).
106 *fritt bekände sin Gud och inte tvekade att dö för honom:* Jfr Matt. 16:16 och 26:35. Alternativt kan det vara Petrus' frimodiga predikan under förföljelse, skildrad i de första tolv kapitlen av Apostlagärningarna, som åsyftas.
åt en lam gav förmågan att gå etc.: Jfr Apg. 3:1–8.
sjuka blev helade redan av skuggan från Petrus: Jfr Apg. 5:15.
blev hans tunga gjord till nyckeln till himmelen: Åsyftar den s.k. nyckelmakten, som Jesus gav Petrus med orden: »Jag skall ge dig nycklarna till himmelriket. Allt du binder på jorden skall vara bundet i himlen, och allt du löser på jorden skall vara löst i himlen« (Matt. 16:19). Detta tolkades som en fullmakt att binda människor vid och lösa dem från deras synder. Enligt katolsk tro har denna fullmakt ärvts av påven, samt i gemenskap med honom, men med vissa begränsningar, av kyrkans biskopar och präster.
på jorden har haft höga namn: Psalt. 49:12 (frasen översätts helt annorlunda i Bibel 2000).
rättfärdighetens bok: Uttrycket har inte gått att belägga någon annanstans. Möjligen är det en anspelning på Upp. 20:12 och 15, där det i samband med yttersta domen talas om böcker i vilka alla människors gärningar finns upptecknade, samt om 'livets bok' med namnen på dem som undgår fördömelse.

107 *Kapitel 77: »Den minsta lilla myggan i ditt välde«*
Ed. Aili, s. 241–244.
Av innehållet att döma har Birgitta mottagit denna uppenbarelse när hon stod i begrepp att lämna Sverige, vilket skedde 1349.
108 *drabant:* (lat. *lictor*) Rättstjänare som i antikens Rom beledsagade högt uppsatta personer, banade väg för dem och utförde bestraffningar på deras uppdrag.

detta rike: Sannolikt är det Sverige som åsyftas.

Därefter talade bruden och sade [...] Då sade bruden: Dessa fraser tycks vara insatta av en redaktör. Uppenbarelsen torde ursprungligen ha varit författad i första person.

110 *Kapitel 78 (§ 4–24): Den fallfärdiga kyrkobyggnaden*

Ed. Aili, s. 245–248.

Denna uppenbarelse har formen av ett brev, men ingress och avslutning har ej medtagits här. Adressaten var troligen den påvlige legaten Annibaldo Ceccano, som dog 17 juli 1350. Enligt brevets ingress mottog Birgitta uppenbarelsen i kyrkan Santa Maria Maggiore i Rom. Den kan således dateras till första halvan av år 1350. Texten är mycket lik Bok III, kap. 10, som verkar återge uppenbarelsens lydelse innan den omvandlades till ett brev.

111 *Guds Son [...] tillsammans med gudomen och den Helige Ande [...] med gudom, mandom och helig Ande:* Om detta slags beskrivning av gudomen se komm. till s. 34.

Jag var också på berget: Att Jungfru Maria var med på Olivberget vid Jesu himmelsfärd står inte nämnt i Apostlagärningarna men var en utbredd uppfattning som även kom till uttryck i konsten.

112 *Dessa tre synder:* De tre synder som något omständligt beskrevs i föregående mening, dvs. otukt, girighet och flärd.

Kapitel 82: Brudens mun, öron, ögon och hjärta

Ed. Aili, s. 262–263.

113 *Själens nedre del: Själen* (*anima*) används här synonymt med *sinnet* (*mens*) i föregående meningar. Liknelsen med munnen fortsätter alltså, så att när det här talas om själens nedre och övre del en jämförelse med munhålans golv och tak skall underförstås.

Kapitel 83: Själen – tjänare, son och brud

Ed. Aili, s. 263–264.

114 *Om Abraham kan vi ju läsa* etc.: Jfr 1 Mos. 15:2–3.

115 *Kapitel 86: Nådens honung*
Ed. Aili, s. 267.
Liksom bina har de två fötter: Birgitta har knappast varit okunnig om hur många ben ett bi har. Hur felet har uppkommit är oklart.

Kapitel 87 (§ 1–4, 10–13): Dygdernas skönhet
Ed. Aili, s. 268–269.
Jag har tidigare sagt dig etc.: Detta tycks syfta på Bok IV, kap. 82, även om överensstämmelsen inte är fullständig.
116 *Gud gladde sig över sina fullkomliga verk:* Jfr 1 Mos. 1:31–2:2, Psalt. 104:31.
fågeln Fenix: Legenden om fågeln Fenix som i slutet av sitt liv förtärs av eld och sedan återuppstår var allmänt känd, då som nu. Noteras bör att den beskrivning som här ges av hur detta går till skiljer sig från redogörelsen i »Physiologus«, den under medeltiden mest spridda samlingen av fabler och liknelser från djurvärlden, där det sägs att Fenix brinner upp och återuppstår på ett altare i staden Heliopolis.

117 *Kapitel 89 (§ 1–15): Den andlige riddarens vapen*
Ed. Aili, s. 272–273.

119 *Kapitel 94: Dagliga böner*
Ed. Aili, s. 280–281.
skapat allt väl: Jfr 1 Mos. 1:31.
människan [...] efter din bild: Jfr 1 Mos. 1:26.
gå på dina budords väg: Frasen har ingen exakt motsvarighet i Bibeln men liknande uttryck är mycket vanliga där, särskilt i Gamla testamentet.

120 *Kapitel 97: Kvarnhjulet*
Ed. Aili, s. 284–285.
en viss prelat: Vem som avses är inte känt, men då det längre ned sägs att 'du har stigit upp till hjulets högsta punkt' torde det röra sig om en biskop eller kardinal.
121 *den yttersta skärven:* Matt. 5:26. Skärv var den lägsta valören i den svenska mynträkningen, präglad i liten omfattning på

1200- och 1300-talen. Ordet har levt vidare i det svenska bibelspråket men är i Bibel 2000 ersatt av *öre*.

Kapitel 101: Vägar till Guds hjärta
Ed. Aili, s. 289–290.

122 *Kapitel 110: De två andarna*
Ed. Aili, s. 310–311.
Jfr Bok I, kap. 54 med kommentarer, samt Bok VI, kap. 38.

Kapitel 111 (§ 1–3a, 5–19): Den andliga lagen
Ed. Aili, s. 311–314.
tre lagar: Här visar sig Birgitta som den juridiskt kunniga lagmansdotter hon var. Med 'kyrkans lag' menas den kyrkliga lagsamlingen *Corpus iuris canonici*, med 'kejsarens lag' det romerska lagverk som sammanställdes av Justinianus I, *Corpus iuris civilis*, och med 'samhällets lag' (*lex communitatis*) den lokala lagsamlingen, dvs. stads-, landskaps- eller landslagen. En medeltida jurist måste vara bekant med alla dessa.
skrivna på skinn från döda djur: På Birgittas tid var pergament fortfarande vanligare än papper. För lagtexter och andra viktiga texter var pergament det självklara materialet.
123 *den dygd som med Guds finger inskrivs i hjärtat:* Jfr 2 Mos. 31:18, Jer. 31:33, Rom. 2:29.
livets bok: Upp. 3:5.
livets träd mot förbjuden föda: Jfr 1 Mos. 2:9, 2:16–17 och 3:1–22.
slet jag [...] sönder olydnadens brev: Jfr Rom. 5:19, Kol. 2:13–14.
förvärvade jag livets träd åt människan: Jfr Upp. 2:7 och 22:2.
tron på min mänsklighet: Annan möjlig översättning: 'min mänskliga naturs trohet'. I det förra fallet betonas frälsningens subjektiva sida (tron på inkarnationen), i det senare dess objektiva sida (Kristi fullgörande av människans plikt mot Gud). Båda alternativen ger lika god mening här.
genom arv: Jfr Ef. 1:14 m.fl.

125 *Kapitel 119: Sonens sju goda ting*
Ed. Aili, s. 327.

blev han gjord till en mask: Jfr Psalt. 22:7 (denna psalm tolkas traditionellt som en profetia om Kristi lidande).

bands han som ett barn i bindor: 'bands han som vore han ett lindebarn' (jfr Joh. 18:24). Möjligen ryms här även en allusion på Jesu födelse (jfr Luk. 2:7).

fick han stå naken och bunden: Syftar på hur Jesus gisslades före korsfästelsen.

Kapitel 123: Bruden och hennes syskon
Ed. Aili, s. 331–332.

126 *Kapitel 124: Dygdernas krona*
Ed. Aili, s. 332–333.

Agnes: Kristen flicka som led martyrdöden i Rom, troligen år 303; vördad som helgon med firningsdag 21 januari.

127 *ber för dem som förföljer en:* Jfr Matt. 5:44.

honom som kom till dig med falska nyheter: En kock som Birgitta hade i Rom. Episoden återberättas i »De bifogade uppenbarelserna«, kap. 112 (ej översatt här).

129 UR UPPENBARELSERNAS FEMTE BOK

Enligt prologen till Bok V, som även kallas »Frågornas bok«, utgörs den av en enda lång uppenbarelse som Birgitta mottog på hästryggen när hon var på väg till sin gård i Vadstena. När hon kom fram vaknade hon såsom ur en trans, och uppenbarelsen skall då ha varit inpräglad i hennes minne lika fast som om den varit inhuggen i marmor. Hon skrev genast ned den på svenska och prior Petrus från Alvastra (d. 1390) översatte den till latin. Till skillnad från Uppenbarelsernas övriga böcker är Bok V inte indelad i kapitel utan i numrerade Frågor, Svar och Revelationer. Somliga har menat att Revelationerna är senare tillägg, medan Bergh i inledningen till sin kritiska utgåva argumenterar för att de hör till den ursprungliga texten, vilken tillkom någon gång 1344–1349. Jfr den inledande kommentaren till Bok VI, kap. 19.

131 *Revelation 4: Maria – den krönta Drottningen över allt skapat*
Ed. Bergh, s. 121–124.
Denna säregna och vackra uppenbarelse kännetecknas av ett synnerligen originellt, tätt och växlingsrikt bildspråk.
när Gabriel bar fram till dig min vilja: Jfr Luk. 1:26–38.
132 *ljuvligare än honung och honungskaka:* Jfr Ps. 19:11.
dina dygders styrka, din visdom, rättvisa och måttfullhet: Här uppräknas de fyra s.k. kardinaldygder som den skolastiska teologin ärvde från klassisk filosofi: styrka eller tapperhet (*fortitudo*), visdom (*prudentia*), rättvisa (*iustitia*) och måttfullhet (*temperantia*).

133 *Revelation 5: Fyra frestelser*
Ed. Bergh, s. 129.
Den som gav mig rikedomar [...] tagit dem ifrån mig: Jfr Job 1:21.
134 *Bara Gud är god:* Jfr Mark. 10:18.

Revelation 6: Om frestelsers andliga nytta
Ed. Bergh, s. 134–135.
Det är skrivet att Jakob tjänade för att få Rakel etc.: Jfr 1 Mos. 29:15–30.
›Det är brukligt att man först tar till sig den äldre systern‹: Jfr 1 Mos. 29:26.

135 *Revelation 9: Världens fattigdomshus*
Ed. Bergh, s. 150–151.

137 UR UPPENBARELSERNAS SJÄTTE BOK

Bok VI är den näst efter Bok IV största till omfånget och lika disparat som denna till innehållet. Om ingen datering anges nedan är uppenbarelsen odaterbar.

139 *Kapitel 4: Visdomens förkunnare*
Ed. Bergh, s. 61–62.
Av innehållet att döma hör denna uppenbarelse hemma under de svenska åren, 1344–1349. Vem det är som Birgitta

'ber för' kan vi inte veta, men det torde vara någon av de 'vänner' som först fick i uppdrag att sprida hennes budskap – en framstående präst eller biskop.

predika mina ord: Säkerligen är det Kristi ord genom Birgitta som avses; jfr Bok I, kap. 38.

jag är i honom och han i mig: Jfr Joh. 6:56, 15:5 och 17:21–23, 1 Joh. 3:24.

Kapitel 6: Den nya brudens otålighet

Ed. Bergh, s. 64–65.

Enligt en marginalanteckning av Vadstenabrodern Johannes Johannis rör kap. 5–8 i Bok VI omständigheter i Alvastra kloster, där Birgitta ofta vistades åren 1344–1349.

svarade jag inte ett enda ord: Jfr Matt. 27:12.

140 *öppnade inte min mun:* Jfr Jes. 53:7, Apg. 8:32.

Kapitel 9: Den oomvända prästen vid mitt altare

Ed. Bergh, s. 68–70.

Enligt en förklaring till föreliggande kapitel, troligen författad av prior Petrus från Alvastra (se komm. till Bok I, kap. 3), handlar uppenbarelsen om en präst som förlorade en lukrativ ställning som juridiskt ombud (*advocatus*) genom Birgittas ingripande. I samband härmed förutsade Birgitta att han skulle dö en ovanlig död om han inte snabbt gjorde bättring, och enligt förklaringen brändes han senare till döds av flytande koppar som läckte ut när en kyrkklocka skulle gjutas.

halslinet: Halslin är en vit halsduk eller halskrage, ofta med kapuschongliknande form, som bärs till alba.

alban: Alba (lat., 'vit') är en vit, fotsid klädnad som används som underplagg till mässhake. Den har utvecklats ur den antika livklädnaden eller långskjortan.

stolan: Stola är ett band av tyg, vanligtvis broderat. Ursprungligen ett romerskt hederstecken kom stolan att symbolisera det kyrkliga ämbetsuppdraget. Den bärs över skuldrorna, arrangerad över bröstet på olika sätt av diakoner, präster och biskopar.

141 *manipeln:* Manipel är ett över vänster hand buret handkläde,

ursprungligen en torkduk, i regel tillverkad av samma material som mässhaken.

gördeln: Den gördel som brukas som gudstjänstplagg är ett enkelt rep som håller ihop alban.

mässhaken: Mässhake är en ofta vackert smyckad mantel som träs över huvudet och bärs över de övriga gudstjänstplaggen.

syndabekännelsen: Prästens syndabekännelse hade sin plats i mässans inledning och lästes på trappstegen nedanför altaret.

mässans tema: På vardagar var prästen i viss mån fri att välja bland olika uppsättningar av mässtexter med olika teman. Omnämnandet av 'mässans tema' antyder därför att Birgitta här tänker på en vardaglig läst mässa, med föga ceremoniel och få eller inga lekmän närvarande.

konsekrerar: 'inviger', dvs. åstadkommer förvandlingen av brödet till Kristi kropp.

›Detta är min kropp‹: Matt. 26:26, Mark. 14:22, Luk. 22:19, 1 Kor. 11:24.

142 *där dagligen min korsfästa kropp offras:* Ordet *offras* skall här fattas i betydelsen 'bärs fram'. I mässan förvandlas bröd till Kristi sanna kropp och bärs fram inför Gud på altaret, till åminnelse av att samma kropp en gång för alla blev offrad på korset.

den sanne pelikanen: Enligt »Physiologus«, en tidigkristen bok med allegorier hämtade från djurvärlden, under medeltiden spridd i många versioner och flitigt brukad, var pelikanen en sinnebild för Kristus eftersom den återupplivade sina döda ungar genom att hacka sig med näbben i bröstet och låta sitt blod rinna ner på dem.

den vedervärdiga örnen: Det som här sägs om örnen är, till skillnad från uppgifterna om pelikanen, inte hämtat från »Physiologus«, i varje fall inte från dess standardversion.

Kapitel 12: Bikupan

Ed. Bergh, s. 77.

innan min kropp hade förenats med själen: Enligt medeltida uppfattning (och huvudströmmen av katolskt tänkande in i modern tid) skapas varje själ direkt av Gud och ingjuts i embryot en kort tid efter konceptionen.

Även efter min död etc.: Enligt katolsk tro har Jungfru Maria upptagits med kropp och själ i himmelen. Hon dog först på normalt sätt varvid själen skildes från kroppen (i medeltida konst ses ofta hur Marias själ lämnar hennes kropp och tas emot av Kristus); någon tid därefter – enligt legenden på tredje dagen – återförenades hennes kropp och själ och hon upptogs förhärligad till himmelen.

143 *det välsignade biet – Guds Son:* Kristus framställs som ett bi även i kap. 44 nedan.

all Adams synd var borta från mig: Att Maria på ett mirakulöst sätt bevarades från arvsynden är en gammal trossats som numera går under namnet 'Jungfru Marias obefläckade avlelse'.

Kapitel 14: Den tillfångatagna dottern

Ed. Bergh, s. 79–80.

145 *fäderneslandet:* Himmelriket.

Kapitel 19 a (§ 1–16): Tre olika stämmor

Ed. Bergh, s. 89–90.

Enligt en förklaring till föreliggande kapitel, troligen författad av prior Petrus från Alvastra (se komm. till Bok I, kap. 3), handlar denna uppenbarelse om en munk från 'klostret S:t Laurentius'. Nu överensstämmer uppenbarelsen till stor del med Revelation 8 i Bok V, och hela Bok V har enligt dess utgivare, Birger Bergh, sannolikt tillkommit under Birgittas tid i Sverige (1344–1349). Om detta är riktigt bör S:t Laurentius ha varit ett på sin tid välbekant svenskt kloster. Tyvärr vet vi inte vilket – inget av de svenska kloster som vi känner namnet på hette S:t Laurentius. Om däremot Revelationerna i Bok V (eller vissa av dem) har lagts till i efterhand, som somliga forskare har hävdat, kan denna uppenbarelse ha tillkommit i Rom. I så fall ligger det närmast till hands att anta att S:t Laurentius syftar på benediktinkommuniteten vid kyrkan S. Lorenzo fuori le mura.

›Rädda mig, Herre, från onda människor‹: Psalt. 140:2. Att mannen, som enligt förklaringen var munk, sjunger denna text beror på att den regelbundet förekommer i tidegärden (kyrkans dagliga bön).

147 *tecken:* 'fälttecken'. Med Kristi 'tecken' (singularis) menas vanligen korset eller krucifixet. Jfr 'kyrkans baner' på s. 55.
hur jag stod inför dem: Av uppenbarelsens fortsättning framgår att detta syftar på Kristi lidande på korset.

Kapitel 19 b (§ 19b–33a): »Som en moder födde jag dem«
Ed. Bergh, s. 91–92.
Se den inledande kommentaren till föregående text.
148 *hopar synd på synd:* Syr. 5:5.
ger mig dessutom stenar som bröd: Jfr Matt. 7:9.

149 *Kapitel 20: Hur en kall människa blir varm*
Ed. Bergh, s. 93–95.
150 *gav upp andan:* Joh. 19:30.
151 *Förklaring:* Ett av de många förklarande tillägg till Uppenbarelserna som prior Petrus Olavi från Alvastra (d. 1390) gjorde år 1380; om detta se Undhagens utgåva av Bok I, s. 113–114.
en anförvant till fru Birgitta: Det är inte känt vem som åsyftas. Såsom framgår av förklaringen beskrivs samma person även i slutet av kap. 66 nedan.

Kapitel 29: Flitig kommunion
Ed. Bergh, s. 114–115.
vilkens röst Mose hörde i busken: Jfr 2 Mos. 3:2–4:17.
Johannes vid Jordan: Jfr Matt. 3:17.
oftare tar emot min kropp: Vid Fjärde Laterankonciliet 1215 stadgades att alla rättrogna kristna måste ta emot kommunionen minst en gång per år, i samband med påskfirandet. För de flesta människor blev det inte oftare, bl.a. eftersom det krävdes att man hade biktat omedelbart innan. I »Frälsarens regel«, kap. 17 (§ 181–182), stadgas att alla nunnor skall kommunicera på vissa bestämda dagar – ett tjugotal per år – samt att de som är särskilt hängivna med sin biktfaders tillstånd får kommunicera varje lördag. Att 'oftare' ta emot Kristi kropp betydde alltså för Birgitta knappast oftare än en gång i veckan.
Är det inte skrivet att profeten sändes till en kvinna etc.: Jfr 1 Kung. 17:7–18:1.

152 *Den maten förebildades av mannat [...] ger en evig mättnad:* Jfr 2 Mos. 16, Joh. 6:31–35. Om mannats förebildliga karaktär, se vidare komm. till s. 20.

Kapitel 30 (§ 1–17): Den fasta viljans rötter och frukter
Ed. Bergh, s. 116–118.
Denna uppenbarelse tycks höra hemma under Birgittas svenska tid, 1344–1349. Dess andra del, som inte återges här, handlar förmodligen om Ketilmund, prior i S:t Olofs dominikankonvent i Skänninge (detta betvivlas dock av Klockars, 1966, s. 54 f.).
›Ske din vilja såsom i himmelen så ock på jorden‹: Matt. 6:10.
154 *jag kan upphöja och förödmjuka dem jag vill:* Jfr Luk. 1:52.
jag kan hela och jag kan slå: Jfr 5 Mos. 32:39.

Kapitel 33: Den skändade brudkammaren
Ed. Bergh, s. 131–133.
Denna uppenbarelse hör till en grupp som tycks vara från den svenska tiden, 1344–1349.
Fadern talar till Sonen: Det är ganska sällan i Uppenbarelserna som Gud Fadern talar. För det mesta när 'Gud' talar är det Gud Sonen, Jesus Kristus, som avses. Se vidare komm. till Bok I, kap. 1 och 5.
skampålen: Korset.
156 *som vid Jordan och på berget utropade* etc.: Jfr Matt. 3:17 och 17:5.
Mina ord skall snart gå i uppfyllelse: Jfr Upp. 22:6.

Kapitel 37: En rätt Mariavördnad
Ed. Bergh, s. 146.
hälsar mig: Dvs. ber bönen »Ave Maria«, som ju börjar med ängelns hälsning till Maria i Luk. 1:28.

157 *Kapitel 38: Den gode och den onde anden*
Ed. Bergh, s. 147.
Jfr Bok I, kap. 54 och Bok IV, kap. 110.
158 *inte känner varifrån eller hur den Helige Andes ljuvlighet* etc.: Jfr Joh. 3:8.

Kapitel 42: Modern ber om gudomliga gåvor för bruden
Ed. Bergh, s. 163–164.

på ett underbart sätt fäste solen vid stoftet etc.: Här beskrivs de tre faserna i Jesu människoblivande – konceptionen, tiden i moderlivet och födelsen – med tre bilder som är delvis traditionella men ändå kanske inte var omedelbart begripliga ens för den medeltida läsaren. Kristus 'fäste solen vid stoftet' då hans gudomliga natur förenades med en mänsklig natur i Marias moderliv. Sedan vilade han i moderlivet, och det var då han 'inneslöt den eld som brann i det förtorkade utan att förtära det' (ordagrant: 'inneslöt i det förtorkade en eld som inte förtärde men satte i brand'). Detta är en anspelning på den bibliska episod i vilken Gud uppenbarade sig för Mose i en buske som brann utan att förtäras (2 Mos. 3:2–6) – en episod som mycket tidigt i kristen tradition sågs som en förebild för Marias havandeskap, då ju Gud vistades inom henne utan att förtära henne. Att busken/Maria här kallas 'förtorkad' syftar på att hon var jungfru. Den tredje bilden knyter an till sistnämnda förhållande: Kristus 'frambragte den allra ädlaste och ljuvligaste frukt utan vätska' då han föddes av en jungfru som inte blivit befruktad av manlig sädesvätska.

Konungarnas konung: Dan. 2:37, 1 Tim. 6:15, Upp. 17:14, 19:16.

159 *förebildades av det tillredda lammet:* Jfr 2 Mos. 12:1–13, Joh. 1:29, 1 Kor. 5:7, Upp. 5. Det tillredda lammet vid den judiska påskmåltiden ses som ett förebud om och en symbol för Kristus, som likt ett offerlamm offrades på korset och vars uppståndna kropp ges åt de troende till föda i mässan, i brödets gestalt.

Din gudomliga tillsammans med din mänskliga natur visar i mässan dagligen denna uppfyllelse: Efter att ha nämnt att Kristi mänskliga natur uppfyllde vad det gammaltestamentliga offerlammet förebildade (nämligen då den korsfästes för människornas skull), säger Birgitta nu att detta visas i mässan. Med det menar hon att bröd och vin i mässan förvandlas till Kristi kropp och blod, så att han med både sin gudomliga och sin mänskliga natur blir närvarande och synlig i brödet och vinet, i offrets gestalt.

en mera brinnande ande: Jfr Rom. 12:11.

160 *Kapitel 44 (§ 1–8a): Den fördärvade skapelsens räddning*
Ed. Bergh, s. 167–168.
Jag är som en god glasmästare etc.: Jfr Jer. 18:1–6.
intill dess att änglakören [...] blivit fyllda: På medeltiden ansåg man allmänt att Gud skapade människan för att fylla platserna i himmelriket sedan djävulen, som ursprungligen var den främste bland änglarna, hade avfallit och tagit en tredjedel av alla änglar med sig; jfr Jes. 14:12–15, Upp. 12:4, 7–9.

161 *Kapitel 48: Kristus – den gode läkaren*
Ed. Bergh, s. 175.
den andliga dryck som är den Helige Ande: Jfr 1 Kor. 10:4.

162 *Kapitel 56 (§ 1–9): Den sanna glädjens upphov*
Ed. Bergh, s. 197–198.
Kapitel 55–62 i Bok VI är en serie uppenbarelser om Jungfru Marias liv som förmodligen har tillkommit under Birgittas tid i Italien, 1350–1373. Denna första uppenbarelse handlar om Marias födelse och tidiga barndom.
på något annat sätt skulle inte någon födas utom min son: Det var allmän uppfattning redan i fornkyrkan att Marias mödomshinna på ett mirakulöst sätt bevarades intakt under Jesu födelse, men man spekulerade sällan över hur det konkret gick till. Birgitta har uppenbarligen tänkt mycket på detta och ger sin egen skildring i en berömd uppenbarelse, Bok VII, kap. 22.
vårt fall helas: Se komm. till kap. 44 ovan.
då trädde den kvist fram från vilken den blomma skulle komma som kungar och profeter längtade efter: Jfr Jes. 11:1, Hagg. 2:8 (Vulgata: 'han som alla folk längtade efter skall komma' – Bibel 2000 har en helt annan översättning), Luk. 10:24.

163 *Kapitel 57: Guds moders sexfaldiga smärta*
Ed. Bergh, s. 198–200.
Se den inledande kommentaren till föregående text. Denna andra uppenbarelse om Maria handlar om hur hon på fyrtionde dagen efter Jesu födelse frambar offer för sig själv och sitt barn i enlighet med den gammaltestamentliga lagen.

inte som andra kvinnor hade något behov av att renas: Enligt 3 Mos. 12 skulle en kvinna som fött barn genomgå en reningsperiod på totalt 40 dagar för en gosse och 80 dagar för en flicka, innan hon frambar ett offer i templet till försoning och rening för sig själv.

som utan någon som helst orenhet födde: Se komm. till föregående text (kap. 56).

en dag som denna: Uttrycket antyder att Birgitta har mottagit uppenbarelsen på den dag som firar minnet av Marias rening, dvs. Kyndelsmässodagen (som i enlighet med vad som ovan sagts infaller den fyrtionde dagen efter Jesu födelses dag, alltså den 2 februari).

Simeons ord, när han sade etc.: Jfr Luk. 2:34–35. Simeon var en gammal man som tillbringade sina sista dagar i Jerusalems tempel i väntan på Messias. När Maria och Josef kom dit med det nyfödda Jesusbarnet tog han det i famnen och uttalade en lovprisning.

upptagen till himmelen med kropp och själ: Enligt katolsk tro blev Jungfru Maria några dagar efter sin död upptagen till himmelen med kropp och själ; se vidare komm. till kap. 12 ovan. Firningsdagen för denna händelse har sedan 600-talet varit 15 augusti.

var min smärta sexfaldig: Marias andliga martyrium i gemenskap med sin son börjar komma i blickfånget under karolingertiden (ca 750–850) men blir på allvar föremål för meditation först på 1200-talet. Sedan denna tid har en rad olika grupper av smärtor som Maria led förekommit i andaktsövningar. Birgittas lista på sex smärtor som knyts till olika sinnen och själsförmögenheter tycks vara hennes egen.

164 *hur gärna hade jag då inte blivit begraven* etc.: Marias önskan att få begravas med Kristus förekommer i litteratur som Birgitta kan ha läst, t.ex. i cap. LXXX i »Meditaciones vite Christi« (»Meditationer över Kristi liv«), en populär uppbyggelsebok som troligen författades omkr. år 1300 av franciskanen Johannes de Caulibus.

Kapitel 65: Det aktiva och det kontemplativa livet
Ed. Bergh, s. 210–221.

Detta är en av tre uppenbarelser om den sanna ödmjukheten som Birgitta utbad sig i Alvastra någon gång under åren 1344–1349 (de båda övriga är Bok I, kap. 18 och Bok IV, kap. 91). Uppenbarelsens längd och form tyder dock på grundlig bearbetning i ett senare skede.

Det finns två livsformer [...] Martas och Marias: På Lukasevangeliets berättelse om de båda systrarna Marta och Maria (Luk. 10:38–42) baserades redan i fornkyrkan en undervisning om att det finns två grundläggande former av kristet liv, den aktiva och den kontemplativa. De båda livsformernas särart, relativa värde och växelverkan diskuterades genom hela medeltiden. Se Giles Constable, The interpretation of Mary and Martha, i dens., »Three Studies in Medieval Religious and Social Thought«, 1995.

165 *den bästa delen:* Luk. 10:42.

kost: Lat. *dieta (diaeta)* som även kan översättas 'livsstil'.

straffa de upproriska och lägga de otrogna under trons ok: Här riktar sig Birgitta uppenbarligen till riddare – en smula överraskande mitt i ett sammanhang som handlar om den kontemplativa livsformen.

166 *dem som redan är frälsta:* 'dem som redan är i himmelen'.

jag som gjorde mig fattig för att människan skulle bli rik: Jfr 2 Kor. 8:9.

har lovat lydnad: 'har avlagt klosterlöfte'.

167 *›Om man förföljer er i en stad, så fly till en annan‹:* Jfr Matt. 10:23.

hissades han ner i en korg från muren: Jfr Apg. 9:25 och 2 Kor. 11:33.

168 *välsignar dem som förföljer [henne]:* Jfr Rom. 12:14.

170 *hur han på många sätt kallar människan till mig:* Man bör förstå: 'hur Gud Fadern på många sätt kallar människan till mig, Kristus', eftersom det är Kristus som talar i uppenbarelsen. Men observera att när Gud nämns igen några rader längre ned är det Kristus som avses: 'det är förnuftigt att tjäna Gud, [...] han som i sin godhet skapat själen och med sitt blod återlöst den'. Här är det dessutom Maria som för ett kort ögonblick är subjekt, eftersom det är hennes insikt som fokuseras.

171 *Paulus, min apostel, ville ibland tala men hindrades av min Ande:* Jfr Apg. 16:6.

i välbehaglig tid: 2 Kor. 6:2.

gör de goda gärningarna öppet [...] så att de som ser dem prisar Gud: Jfr Matt. 5:16.

172 *genom de tecken som hennes gärningar är:* Det är svårt att förstå hur denna första, fördolda låga – som står för inre, osynliga dygder – kan brinna (ordagrant står att Maria *emittit*, 'avger', den) genom synliga gärningar. Förmodligen är tanken att den skall släppas ut och övergå i den andra lågan, som lyser öppet.

ett sandkorn för vinden: Psalt. 35:5.

som en jord utan vatten: Psalt. 143:6.

175 *Marias del är den bästa:* Jfr Luk. 10:42.

de evangeliska råden: Enligt katolsk lära finns det utöver Guds bud, som är förpliktande för alla, också vissa råd för dem som söker fullkomlighet (jfr Matt. 19:16–21). Dessa råd kallas 'evangeliska' eftersom de går tillbaka på Jesu undervisning i evangelierna, och de brukar sammanfattas med begreppen fattigdom, kyskhet och lydnad. De utgör basen för allt kristet klosterliv.

avhålla sin tunga från varje ont ord: Jfr Psalt. 34:14.

älska Gud över allting: Jfr Matt. 22:37.

176 *då Marta ville be för sin döde broder Lasarus, kom hon först till mig:* Jfr Joh. 11:20.

älskar sin nästa för Guds skull och över allting längtar endast efter Gud: Detta ideal är tydligt påverkat av Augustinus, som i »De doctrina Christiana« (»Om den kristna undervisningen«) formulerade principen att endast Gud är värd att älskas för sin egen skull, medan allt annat som är värt att älska skall älskas för Guds skull.

Maria har utvalt den bästa delen: Luk. 10:42.

177 *Kapitel 66 (§ 1–38): Kroppen, själen och sinnena*
Ed. Bergh, s. 221–225.

reste han bort till främmande land: Matt. 21:33.

Jag tog henne till äkta i tron: Jfr Hos. 2:20.

har del i alla elementen: Människan var enligt medeltida uppfattning en mikrokosm, ett slags sammanfattning av hela skapelsen. Kroppen var sammansatt av alla de fyra elementen: jord, vatten, luft och eld; liksom växter och djur hade människan en själ som gav kroppen liv, rörelse och sinnesförnimmelser; och med änglarna delade hon sitt förnuft och förmågan att älska. Se vidare längre fram i denna text ('tillsammans med änglarna har hon del i förnuftet och kärleken') och jämför Thomas ab Aquino, »Summa Theologiae«, pars 1, quaest. 96, art. 2.

179 *hålla kroppen för en åsna:* Franciskus m.fl. författare före Birgittas tid ger samma råd.

180 *glädje i att ständigt minnas Gud:* Jfr Psalt. 77:4 (Vulgata har 'gläds' där Bibel 2000 har 'suckar').

den döde som du ser: Det handlar om samme man – en anförvant till Birgitta – som omtalas i Bok VI, kap. 20.

181 *den nåd som vid konfirmationen givits henne av biskopen:* Endast biskopar får utdela konfirmationen i den katolska kyrkan. Det är alltså inte någon särskild biskop som avses.

Kapitel 69: Två vägar till himmelen

Ed. Bergh, s. 229.

om människan ödmjukar sig själv som ett barn: Jfr Matt. 18:3.

om människan gör våld mot sig själv: Troligen åsyftas Matt. 19:12, »Det finns [...] sådana som själva har gjort sig könlösa för himmelrikets skull« (mindre sannolikt Matt. 11:12, »Sedan Johannes döparens dagar tränger himmelriket fram, och somliga söker rycka till sig det med våld«).

står emot de oordnade rörelserna i sitt kött: Enligt katolsk moralteologi yttrade sig människans ursprungliga rättfärdighet i ordning: kroppen lydde själen, de lägre själskrafterna lydde förnuftet och förnuftet lydde Gud. Syndafallet ledde till oordning. I detta perspektiv kan dygd beskrivas som en uppövad förmåga att genomdriva den ursprungliga goda ordningen trots 'köttets' (den fallna naturens) motspänstighet.

inte tror att han kommer till himmelen på grund av sina egna rättfärdiga gärningar: Tron att människan blir frälst inte på grund av sina egna gärningar utan endast på grund av Guds nåd var, trots vad som ofta har gjorts gällande i det lutherska Sverige, grundläggande för den medeltida katolska kyrkan.

denne broder: Det är inte känt vem som avses.

182 *dem som fastade och gav tionde [...] den syndare som inte vågade lyfta sina ögon upp mot himmelen:* Jfr Luk. 18:9–14.

Kapitel 86: Eukaristin och Anden

Ed. Bergh, s. 246.

Det har föreslagits att denna slående vision ägde rum i Alvastra år 1344.

elevationen: Det moment i mässan då prästen höjer upp det nyss invigda brödet (resp. kalken).

en eld stiga ner från himmelen över altaret: Jfr 2 Krön. 7:1.

ett levande lamm: Jfr Joh. 1:29, Upp. 5:6.

steg min Helige Ande [...] ner över apostlarna: Pingstundret åsyftas; jfr Apg. 2:1–4.

en dag som denna: Pingstdagen.

elevationen av eukaristin: Tydligen är det upphöjelsen av kalken med det nyss invigda vinet som avses, eftersom detta moment följer upphöjelsen av brödet i mässan. Normalt är dock *eukaristin* en benämning på altarets sakrament som helhet.

183 *Kapitel 88: Hjärtats rörelse och glädje*

Ed. Bergh, s. 247–248.

Det har föreslagits att denna uppenbarelse liksom den föregående ägde rum i Alvastra år 1344.

gav mitt samtycke till den ängel etc.: Jfr Luk. 1:38.

fast mitt jungfruliga sköte var tillslutet: Se komm. till kap. 56 ovan.

min son har givit dig namnet ›sin nya brud‹: Jfr Bok I, kap. 2 ovan. Se även Jes. 62:2.

184 *Kapitel 106: Jordan*

Ed. Bergh, s. 267.

Denna uppenbarelse återfinns i en grupp från den italienska tiden; ett par av dem kan dateras till 1365 men det är osäkert om det gäller alla.

Han frågade bruden till råds och hoppades på ett gudomligt svar: Birgitta utnyttjades i Rom ofta som ett slags orakel, men som framgår av denna uppenbarelse inte alltid med resultat som gladde frågaren. Vem denne var i detta fall är inte känt.

om Elia är det ju skrivet etc.: Jfr 1 Kung. 17:5–9 och 19:3–18.

185 *Kapitel 120: Kärlek och lydnad*

Ed. Bergh, s. 279.

denna fru: Uppenbarelsen syftar möjligen på Birgittas dotter Katarina (1331/32–1381); helt klart är att de båda föregående uppenbarelserna (kap. 118–119) handlar om henne.

Abraham blev mig ännu kärare för sin goda viljas skull: Jfr 1 Mos. 22 (Abrahams villighet att offra sin son Isak).

Rut ännu mera lysande […] inte lydde sin egen vilja: Jfr Rut 1:16, 3:5 m.fl. Rut blev »lysande bland Guds folk« eftersom hon födde kung Davids farfar.

187 UR UPPENBARELSERNAS SJUNDE BOK

Bok VII har ett tydligare kronologiskt och geografiskt fokus än övriga böcker i Uppenbarelserna. Detta fokus är Birgittas resa till Palestina mellan november 1371 och januari 1373. De första fem kapitlen innehåller visserligen uppenbarelser från 1350- och 1360-talen men de kan alla tematiskt relateras till den stora pilgrimsresan. Från kapitel 6, i vilket Kristus befaller Birgitta att göra sig i ordning för resan, och till bokens slut märker man en klar kronologisk ordning och en tydlig anknytning till det historiska skeendet. Sista kapitlet skildrar Birgittas sista dagar och hennes död i Rom den 23 juli 1373. Orsaken till Bok VII:s karaktär av reseskildring är att den sammanställdes av Birgittas förtrogne och följeslagare på resan, Alfonso av Jaén (Alfonso Pecha da Vadaterra, född ca 1329/30, biskop av Jaén 1359–1368, därefter eremitmunk av den spanska hieronymitorden, d. 1388). För en detaljerad skildring av resan till Palestina, se sista kapitlet i Klockars (1971).

189 *Kapitel 1: Jungfruns nedkomst*
Ed. Bergh, s. 114.
gehenna: 'helvetet'.

Kapitel 3: Franciskus talar till Kristi brud
Ed. Bergh, s. 116–117.
den helige Franciskus' dag: 4 oktober.

190 *besöka honom i Assisi:* Dvs. besöka kyrkan San Francesco i Assisi (i provinsen Perugia, Umbrien) under vars altare Franciskus låg begravd. Franciskus' reliker förvarades, till skillnad från de flesta helgons, inte i ett synligt skrin förrän de grävdes fram och skrinlades 1818.
Min mat etc.: Jfr Joh. 4:34.

Kapitel 11 (§ 1–6): Den fria viljan
Ed. Bergh, s. 140–141.
På vägen till Palestina gjorde Birgitta och hennes följe ett uppehåll i Neapel från december 1371 till mars 1372. Enligt rubriken till detta kapitel, författad av Birgittas biktfader och följeslagare på resan, biskop Alfonso av Jaén (ca 1329/30–1388), utgör det början av en uppenbarelse som Birgitta mottog för drottning Johannas av Neapel (1326–1382) räkning. Resten av uppenbarelsen, som enligt samma rubrik inte togs med eftersom den handlar om drottningens person, har tillsammans med sex kortare uppenbarelser senare tillfogats i ett tillägg som inte återges här.

191 *de själar som var värdiga blev räddade och befriade:* Syftar på hur Kristus efter sin död på korset steg ned till dödsriket och räddade de rättfärdiga själar som satt fångna där; jfr komm. till s. 58.

Kapitel 14: I den heliga gravens kyrka
Ed. Bergh, s. 163.
Birgitta ankom till Jerusalem den 13 maj 1372. Då uppenbarelserna i Bok VII tycks stå i kronologisk ordning och nästa uppenbarelse kan dateras till 14 maj, bör den föreliggande ha ägt rum någon gång 13–14 maj. Sannolikast är väl att båda härrör från ett besök i Heliga gravens kyrka den 14 maj 1372.

mitt tempel, det som helgats av mitt blod: Heliga gravens kyrka i Jerusalem innesluter både Golgota och Jesu grav. Moderna undersökningar har gett vid handen att båda dessa minnesmärken förmodligen är autentiska.

blev ni så renade [...] dopets källa: Enligt katolsk (och även luthersk) tro renar dopet från all synd, såväl arvsynden som alla medvetna synder som begåtts fram till dopögonblicket.

Ty alla som kommer till denna plats etc.: Synder som begåtts efter dopet måste enligt katolsk lära ångras, bekännas och gottgöras; härav uttrycket *göra bot och bättring*. Den katolska bikten utgör en inramning av och ett stöd för denna process. Under medeltiden kunde många olika och ibland mycket stränga former av gottgörelse åläggas den biktande. Det som sägs i uppenbarelsen är att ett besök i Heliga gravens kyrka duger som gottgörelse för alla synder, förutsatt att genuin ånger och vilja till bättring föreligger, och att det även kan fungera som ställföreträdande gottgörelse för avlidna släktingars synder, så att dessa snabbare befrias från skärseldens reningseld – som ju även den är en form av gottgörelse. Allt detta är i överensstämmelse med de löften om avlat (avlat innebär efterskänkning av ålagd gottgörelse på vissa villkor) som romerska påvar knutit till besök i Heliga gravens kyrka ända sedan 1100-talet. Om avlat, se vidare komm. till s. 81.

192 *Kapitel 15: Herrens korsfästelse och Moderns smärta*

Ed. Bergh, s. 164–168.

Enligt rubriken till kapitlet såg Birgitta denna vision av Jesu lidande fredagen före pingst, dvs. 14 maj 1372. Platsen var med all sannolikhet Heliga gravens kyrka, som ju innesluter Golgota (jfr föregående text). Vissa av de icke-bibliska detaljerna går att belägga i »Meditaciones vite Christi« (se ovan, komm. till s. 164).

Då jag befann mig etc.: Lägg märke till att denna uppenbarelse för ovanlighetens skull är avfattad i första person.

Jag såg då även ett hål, uthugget i berget: Förmodligen hade Birgitta fått se det hål i Golgotaklippan som än i dag förevisas för pilgrimer såsom stället där korset var fäst.

ett fogligt lamm: Jer. 11:19.

193 *hennes systrar:* Det är inte helt klart vilka som avses. I evangelierna namnges tre kvinnor som stod vid korset tillsammans med Jungfru Maria: Salome, som under medeltiden allmänt ansågs ha varit Marias verkliga syster; den Maria som enligt Joh. 19:25 'var gift med Klopas' och enligt Matt. 27:56 'var Jakobs och Josefs mor', som ibland ansågs ha varit Jungfru Marias svägerska; samt Maria från Magdala, som ej har betraktats som syster till den heliga Jungfrun annat än i andlig mening.

anbefallde han henne [...] åt Johannes: Jfr Joh. 19:26–27.

194 *»O Fader, varför har du övergivit mig?«:* Jfr Matt. 27:46.

»O Fader, i dina händer anbefaller jag min ande!«: Luk. 23:46.

gav upp andan: Matt. 27:50.

stötte ett spjut in i hans högra sida: Jfr Joh. 19:34.

195 *smärtans vassa svärd:* Jfr Luk. 2:35.

Kapitel 16 (§ 1–4): Att betrakta Kristi lidande

Ed. Bergh, s. 168–169.

Denna uppenbarelse mottogs tydligen bara några minuter efter den föregående. Därefter står i samma kapitel sju tillagda uppenbarelser som ej medtagits här; de tycks alla härröra från något av de båda uppehåll på Cypern som Birgitta och hennes följe gjorde på resan till och från Jerusalem (i april resp. oktober 1372).

Strax därefter: Ordagrant står 'därefter, i samma timme'.

196 *Kapitel 22: Herrens födelse*

Ed. Bergh, s. 190–191.

Denna uppenbarelse kom att prägla många bildliga framställningar av Jesu födelse under senmedeltiden. För en diskussion med litteraturhänvisningar, se Morris (1999), s. 135–139.

på samma plats: Dvs. samma plats som i kap. 21, nämligen platsen för Jesu födelse i Födelsekyrkan i Betlehem.

jag i Rom lovade dig att här i Betlehem visa dig etc.: Syftar på Bok VII, kap. 1.

jag redan i Neapel har visat dig något av detta: Den åsyftade uppenbarelsen finns inte bevarad, kanske därför att den (såsom antyds i texten) avvek från den föreliggande.

jag inte förnam något obehag etc.: Eftersom smärtan vid barnafödande är ett straff för syndafallet enligt 1 Mos. 3:16, men Jungfru Maria genom sin obefläckade avlelse var befriad från syndafallets konsekvenser, födde hon (enligt många medeltida tänkares uppfattning) Jesus utan smärta.

skattskrivningen: Jfr Luk. 2:1.

Kapitel 26: Marias femton år efter Sonens himmelsfärd
Ed. Bergh, s. 195.
Av rubriken kan man utläsa att denna uppenbarelse mottogs vid Jungfru Marias (tomma) grav, belägen i Kidrondalen, den 8 september (Jungfru Marias födelses fest) 1472.

Joshafats dal: Denna dal, som i Bibeln endast nämns i Joel 3:2, såsom en plats där Gud skall samla alla folk för att döma dem, har sedan 300-talet i kristen tradition identifierats med Kidron.

197 *Sedan låg jag som död i denna grav under femton dagar:* På grund av denna utsaga har man i birgittinska kloster firat Jungfru Marias 'förhärligande' den 30 augusti, dvs. femton dagar efter den allmänt högtidlighållna dagen för hennes 'insomnande' den 15 augusti.

i himmelen finns ingen [...] min kropp: Birgitta går här emot uppfattningen att även Henok, Elia och ev. ytterligare några heliga personer har upptagits kroppsligen till himmelen redan före den yttersta domen.

Kapitel 27 (§ 1–2, 6–12, 22–37a): Låt försona er med Gud
Ed. Bergh, s. 196–201.

För en person: Birgitta avses. Detta anonyma sätt att omnämna henne förekommer då och då i uppenbarelserna. Det troliga skälet är att sådana uppenbarelser ursprungligen redigerats för spridning i sammanhang där det inte ansågs nödvändigt eller lämpligt att uppge källan.

åt vilken det är givet att höra och se andliga ting: Jfr Matt. 13:11.

198 *naken stod bunden vid pelaren:* Se komm. till s. 4.

199 *klappar på era hjärtan:* Jfr Upp. 3:20.

200 *Kapitel 30 (§ 4–8, 14–16): Jesus klagar över människornas otacksamhet*
Ed. Bergh, s. 211–212.
Denna uppenbarelse undfick Birgitta i Neapel, i början av år 1373. Den beskrivs i kap. 31 nedan som en 'allmän och allmängiltig uppenbarelse' (*communis et universalis revelatio*) och Kristus instruerar där Birgitta att den skall placeras sist i samlingen av hennes uppenbarelser. Att så inte skedde beror naturligtvis på att man ville avsluta verket med Birgittas uppenbarelser på dödsbädden och hennes död. Notisen visar i alla fall att Bok VII ursprungligen var avsedd att vara den sista i en officiell samling.
Lyssna, jordens kungar och furstar och domare: Jfr Vish. 6:2.
201 *Skaka av er djävulens tunga ok [...] jag är ljuvlig och mild:* Jfr Matt. 11:29–30.

Kapitel 31: Inför Birgittas, Kristi bruds, död
Ed. Bergh, s. 213–215.
Själva uppenbarelsen ägde rum i Rom, 'fem dagar före fru Birgittas dödsdag' den 23 juli, alltså (med dåtidens inklusiva räkning av dagar) den 19 juli 1373. Kapitlets avslutning har lagts till senare, förmodligen av Alfonso av Jaén.
202 *du inför mitt altare skall klädas och vigas till nunna:* Birgitta hyste under hela sitt liv en önskan att bli nunna men omständigheterna tillät det inte. Här beskrivs nu i stället hennes död och upptagande i himmelriket som en nunnevigning.
Men du skall veta att du skall lämna din kropp etc.: Meningen anspelar på att Birgittas kvarlevor efter hennes död skulle komma att föras tillbaka till Sverige och skrinläggas i Vadstena. Härigenom blev hon verkligen 'moder i Vadstena', dvs. fysiskt närvarande i det kloster hon hade grundat.
O mitt Rom, o mitt Rom: Jfr Jesu klagan över Jerusalem, Matt. 23:37–39.
priorn: Petrus Olavi, prior i Alvastra, Birgittas sekreterare och biktfader under senare delen av hennes liv, död 1390.
min biskop: Troligen avses Alfonso av Jaén, som fick uppdraget att redigera och publicera Birgittas uppenbarelser. Redan en kort tid efter Birgittas död fanns det dock de som hävdade att

den åsyftade biskopen var Nils Hermansson (d. 1391), biskop av Linköping och Birgittas vän sedan 1330-talet (se Klockars, 1966, s. 51).

den allmänna och allmängiltiga uppenbarelse som jag gav dig i Neapel: Bok VII, kap. 30 (se den inledande kommentaren till detta kapitel ovan).

205 UR DE BIFOGADE UPPENBARELSERNA (EXTRAVAGANTERNA)

Kapitel 1–46 i »De bifogade uppenbarelserna« är tillägg till »Frälsarens regel« och har huvudsakligen tillkommit under senare hälften av 1340-talet. Resten av boken utgörs av en brokig samling uppenbarelser som inte har mycket annat gemensamt än att de inte står någon annanstans. De sammanställdes inte i sin nuvarande form förrän i den första tryckta upplagan av uppenbarelserna, utgiven i Lübeck 1492 på uppdrag av Vadstena kloster.

207 *Kapitel 3 (§ 1–9): Skapelsens befrielse*

Ed. Hollman, s. 116–118.

Ett tillägg till kap. 5 i »Frälsarens regel«.

Bibeln [...] säger att en fattig man etc.: Jfr Pred. 9:13–15.

hennes hjärta var liksom mitt eget hjärta: Jfr Bok I, kap. 35.

de som jag i mitt evangelium kallade för fattiga: Jfr Luk. 6:20.

208 *Kapitel 17: Nunnorna – Guds brudar*

Ed. Hollman, s. 128–129.

Uppenbarelsen har anknytning till kap. 10 i »Frälsarens regel«.

Konungarnas konung och Herren över alla herrar: 1 Tim. 6:15, Upp. 19:16.

209 *Kapitel 31: De tre portarna*

Ed. Hollman, s. 145–146.

Detta kapitel är det sista av fyra med detaljerade föreskrifter för klosterbyggnaderna i Vadstena. För en utförligare kommentar, se Härdelin (1998), s. 79–94.

Några bilder får inte finnas på klosterkyrkans väggar: På grund av denna föreskrift fick Vadstena klosterkyrka aldrig några figurativa målningar på väggar och valv, till skillnad från de flesta sockenkyrkor vid denna tid. Cistercienserna hade samma restriktiva inställning till bilder i sina kyrkor.

Förlåtelsens port: Av de båda östportarna i Vadstena klosterkyrka är det förmodligen den södra som skall identifieras med Förlåtelsens port. Utanför den finns nämligen en stentavla med citat ur Bok IV, kap. 137 (= Extrav. 44), som handlar om den avlat som skall ges till dem som besöker klosterkyrkan.

Försoningens och benådandets port: Denna västliga port i Vadstena klosterkyrka – huvudingången för prästbröderna – är sedan länge igenmurad.

Nådens och härlighetens port: Denna port satt en bit upp på klosterkyrkans nordvägg men är i dag igenmurad. Den utgjorde ingång för nunnorna till deras läktare i kyrkan.

210 *Kapitel 37 (§ 1–12): Kärlet med den oförgängliga skatten*

Ed. Hollman, s. 152–154.

Ett tillägg till kap. 25 i »Frälsarens regel«.

ingjuter själen i kroppen: Se komm. till s. 142 (Bok VI, kap. 12).

föder den på nytt: Dvs. i dopet; jfr komm. till s. 72.

förnyar den vanställda: Anspelar på läran att Guds avbild i människan (jfr 1 Mos. 1:26) fördärvades genom syndafallet.

nyskapade genom dopet: Jfr 2 Kor. 5:17.

en ny livsordning: Syftar på »Frälsarens regel«.

211 *på sitt altare:* Nunnorna i Vadstena (och i birgittinorden generellt) hade ett kor som bestod av en läktare, befintlig i klosterkyrkans östra del, dit inga andra hade tillträde utom vid mycket speciella tillfällen. När mässa firades särskilt för nunnorna av en av prästbröderna i klostret firades den vid ett altare i 'Mariakoret', en smal läktare vid kyrkans östvägg, synlig från och kanske förenad med nunnornas läktare men avskild från denna medelst ett skrank. Här åsyftas emellertid ett symboliskt altare – icke avsett för mässfirande – som stod inne i nunnornas kor.

vägkosten: (lat. *viaticum*) Term för hostian (det invigda brödet) när den ges åt någon på dödsbädden.

bli inte förorättad om jag talar: Jfr 1 Mos. 18:32.

Det är ju skrivet [...] skulle dö: Jfr 4 Mos. 4:15, 2 Sam. 6:6–7.
murarna av jord rasade [...] bars in: Jfr Jos. 6(:20) resp. 1 Sam. 5:4.

212 *Kapitel 52: Bruden ber om ett betsel*

Ed. Hollman, s. 174.

Denna uppenbarelse tycks höra hemma under den svenska tiden, 1344–1349.

213 *Kapitel 60: Lydnad är bättre än offer*

Ed. Hollman, s. 183.

Denna uppenbarelse återfinns även i »Acta et processus canonizacionis beate Birgitte« (»Heliga Birgittas kanonisationsakter«), utg. av Isak Collijn (1924–31), s. 490. Där framgår att den ägde rum under det andra året av Birgittas vistelse i Alvastra, alltså sannolikt 1345.

den gamla lagens tid: 'det gamla förbundets tid'.

du mot din egen vilja löd din lärare: I kanonisationsakterna förklaras sammanhanget: Birgitta hade efter sin makes död avgett ett löfte att inte bada, som uttryck för sin sorg. Emellertid blev hon svårt sjuk och läkarna sade att det fordrades varma bad för att bota henne. Hon befalldes då av sin biktfader, magister Mathias, att överge löftet för sin hälsas skull.

Kapitel 82: Alla Guds välgärningar

Ed. Hollman, s. 204–206.

Min röst var det etc.: Jfr 2 Mos. 3, Matt. 3:17 och 17:5.

214 *den gamla lagen:* Gamla testamentet.

i laggivningen och i mitt folks befrielse: I givandet av Mose lag och i Israels befrielse från den egyptiska fångenskapen.

rättfärdighet i den första ängeln och den första människan: Rättfärdig dom över Lucifer och Adam.

syndafloden: Jfr 1 Mos. 6–9.

förstörelsen av andra samhällen och städer: Förmodligen åsyftas främst Sodom och Gomorra (jfr 1 Mos. 19) men kanske även Babels torn (1 Mos. 11:1–9), Jeriko (Jos. 6) m.fl.

Moses förhärligande: Jfr 2 Mos. 34:29–35, 2 Kor. 3:7.

den nya lagen: En vanlig medeltida term för Jesu undervisning i evangelierna; ibland åsyftar den mera precist det dubbla kärleksbudet, ibland mera allmänt hela Nya testamentet (så här).

tillbads av kungarna: Jfr Matt. 2:11.

stjärnan visade vägen: Jfr Matt. 2:2, 9.

sveptes i lindor och lades i krubban: Jfr Luk. 2:7.

som motståndarna inte kunde bemöta: Jfr Matt. 22:46.

215 *korsfästes tillsammans med rövare:* Jfr Matt. 27:38.

förklaringsberget: Jfr Matt. 17:1–2.

›Gör bot‹: Matt. 4:17.

rösten, som ropade till dig från korset: ›Jag törstar‹: Jfr Joh. 19:28. I uppenbarelsens latinska text står ordagrant »rösten, som ropade från korset: ›Jag törstar efter dig‹«, i enlighet med uppfattningen att Jesus inte uttryckte sin fysiska törst utan sin törst efter världens frälsning.

216 *Kapitel 85: Råd till en biskop*

Ed. Hollman, s. 209–211.

Denna uppenbarelse tycks vara riktad till biskop Hemming av Åbo (biskop 1338, d. 1366) och innehålla en anspelning på det uppdrag han fick av Birgitta att söka mäkla fred mellan England och Frankrike. Om detta är riktigt kan uppenbarelsen med någon tvekan dateras till fastan 1348 (jfr nedan).

min vän har bundit sina händer genom ett löfte: Dvs. ett löfte om sträng fasta. Detta passar in på vad som sägs om biskop Hemming av Åbo i »Acta et processus canonizacionis beate Birgitte«, utg. av Isak Collijn (1924–31), s. 521.

liksom stjärnan före solen: När morgonstjärnan, Venus, stiger upp i öster förebådar den solens uppgång.

217 *köttdagar:* Dagar som inte alls är fastedagar.

fiskdagar: Dagar då det är tillåtet att äta fisk och grönsaker, däremot inte kött, ägg och mjölkprodukter; kallas numera vanligen 'abstinensdagar'. På Birgittas tid var varje fredag, hela påskfastan (från askonsdag till och med påskafton) samt en rad andra dagar abstinensdagar.

det apostoliska ämbetet: Biskopsämbetet.

mitt uppdrag: Sannolikt avses uppdraget att tillsammans med en delegation finansierad av kung Magnus bege sig till påven i Avignon och överlämna uppenbarelser av Birgitta som syftade till fred mellan England och Frankrike. Troligast är att resan skedde 1348 (så Klockars, som har utrett saken ingående – se bl.a. 1976, s. 120–125), men dateringsförslagen varierar mellan 1345 och 1348. Se vidare Morris (1999), s. 79–82.

i hans hjärta och i hans mun: Jfr Rom. 10:8.

218 *Kapitel 91: Bibelns alla ord är från Gud*

Ed. Hollman, s. 216.

219 UR FRÄLSARENS REGEL (REGULA SALVATORIS)

I kapitel 29 i denna ordensregel beskriver Birgitta hur hon mottog den. Det skedde på ungefär samma sätt som med Bok V, dvs. i en enda, ganska kort vision som ledde till att hela texten präglades in i hennes minne. Hon dikterade den sedan inom några dagar för prior Petrus från Alvastra. Det står klart att regeln tillkom under den svenska tiden, dvs. 1344–1349, och snarast under den förra delen av den perioden. Klockars (1976, s. 113–116 och 122) ger skäl för en datering mellan 1 maj 1346 och april-maj 1348.

221 *Prologen, kapitel 3 (§ 25–34): Den nya vingården*

Ed. Eklund, s. 103–104.

människan, som jag förordnade till herre […] på jorden: Jfr 1 Mos. 1:26–28, Psalt. 8:7–9, Vish. 9:2–3.

Jag har tidigare sagt dig etc.: Den åsyftade uppenbarelsen tycks inte finnas bevarad.

skall jag plantera en ny vingård etc.: Jfr Psalt. 80:9–16.

min vän: Syftar på magister Mathias Övidsson (ca 1300–ca 1350), Birgittas biktfader vid denna tid.

222 *Kapitel 10–11 (§ 98–147): Hur en syster skall upptas i klostret*

Ed. Eklund, s. 111–117.

För en utförlig kommentar till den birgittinska nunnevigningen, se Härdelin (1998), s. 336–349.

må hon aldrig upptas förrän ett helt år har gått: Denna regel går tillbaka ända till fornkyrkan.

berätta för henne om klosterlivets svåra och stränga sidor: Jfr »Benedictus Regel«, 58. 8.

223 *före henne bära ett rött standar:* Jfr ordningen för riddarvigning, Bok II, kap. 13.

må hon ställa sig nära kyrkdörren etc.: Här och på andra ställen i riten finns det stora likheter med ordningen för kyrklig vigsel. Detta är naturligtvis fullt avsiktligt: den som vigs till nunna vigs till att bli Kristi brud.

224 *i din barmhärtighet […] denna nya brud:* Jfr Hos. 2:19.

introitus om den Heliga Treenigheten: Varje mässa börjar formellt med introitus, ingångssången. Den finns i många versioner med olika ämnen och melodier.

ingången till koret: Koret i Vadstena klosterkyrka var reserverat för birgittinbröderna och var därför avskilt från det övriga kyrkorummet medelst ett kraftigt skrank. Mitt i skranket satt en grind som normalt hölls låst, men nunnevigningsriten förutsätter att den står öppen.

offertoriet: Efter mässans första del, som i dag brukar kallas Ordets gudstjänst, kommer det egentliga eukaristi- eller nattvardsfirandet, som inleds med offertoriesången.

225 *du som inte vill syndarnas död […] bot:* Jfr Hes. 33:11.

klosterdräkten: En grå kjortel. Den blivande nunnan ikläds sju plagg som vart och ett har en tydningsbön. Korrespondensen mellan plagg och innebörd kan schematiskt återges så:

sann bot och fullkomlig ånger = klosterdräkten eller kjorteln (*tunica*)
bättring från synd och aktsamhet i framtiden = skorna (*sotulares*)
hopp till Guds godhet och fruktan för hans stränghet = kukullan (*cuculla*)
sann tro och framhärdande i det goda = kappan (*mantellum*)
åminnelse av Kristus som korsfäst = spännet (*nodus*) av trä
Jesus Kristus såsom själens skydd och svalka = doket (*vitta*)
andligt ljus och vishet = slöjan (*velum*)
själens förening med Kristus = kronan (*corona*)

Tolkningen av plaggen är mycket lik den av brudens plagg i Bok I, kap. 7. Som kontrast kan man jämföra tolkningen av prästdräkten i Bok IV, kap. 58, vilken mera betonar dygder som hör det aktiva, utåtriktade livet till, och tolkningen av Birgittas egen huvudbeklädnad i Bok IV, kap. 94, som gör denna till en symbol för blygsel och botgöring.

skänka åt dina fötter en rätt gång: Jfr Heb. 12:13.

kukullan: Ordet (jfr eng. *cowl*) betyder egentligen 'huva' men används här i samma betydelse som *skapular*: ett rektangulärt tygstycke som vilar på axlarna och når nästan ända ned till fötterna både framtill och baktill. Birgittinnunnans skapular är grått.

226 *kronan:* Det mest karakteristiska inslaget i den birgittinska ordensdräkten: ett ringkors av vitt linne med fem rundlar av röd filt, en i änden på varje korsarm och en i korsmitten. Rundlarna symboliserar Kristi fem sår.

227 *litanian:* En lång förbön uppbyggd av korta nämnanden av olika böneämnen samt upprepade bönerop av församling eller kör. Ofta nämns en lång rad helgon med bönen 'bed för oss' efter varje.

motta min kropp: Den nyvigda nunnan tar alltså emot kommunionen (i form av det invigda brödet) först efter mässans slut. Detta var normalt på medeltiden: endast prästerskapet brukade kommunicera i själva mässan. Jfr dock ordningen för riddarvigning, Bok II, kap. 13.

den dörr genom vilken Guds tjänarinna skall träda in i klostret: Dörren fanns i kyrkans nordvägg och var den enda ingången till nunneklostret. Den hölls normalt låst och fick endast öppnas när en ny nunna skulle inträda, när birgittinbröderna skulle förrätta sjukkommunion eller begravning hos nunnorna, samt vid biskopsvisitation.

Veni, creator Spiritus: Den kanske mest kända av alla latinska hymner, sannolikt författad av Hrabanus Maurus (d. 856); sv. övers. i Den svenska psalmboken 1986, nr 50: »Kom, Skapande, Herre god!«

228 *kapitelsalen:* Den sal i ett kloster där munkar respektive nunnor höll sin dagliga sammankomst för avhandlande av gemensamma angelägenheter, 'kapitlet'.

nederst i koret: Nunnornas kor var beläget på en läktare i östra delen av kyrkorummet. 'Nederst i koret' betyder i västra änden, närmast utgången.

Kapitel 27 (§ 264–267): Den öppna graven
Ed. Eklund, s. 132.

tersen: Bönegudstjänsten vid tredje timmen på dagen, i teorin kl. 9 men i praktiken vanligtvis tidigare.

›Ur djupen ropar jag till dig‹: Psalt. 130:1.

229 *de är jord och skall vända åter till jorden:* Jfr 1 Mos. 3:19.

Kapitel 28 (§ 273–277): De förödda vingårdarna
Ed. Eklund, s. 133–134.

231 UR ÄNGELNS PREDIKAN (SERMO ANGELICUS)

»Ängelns predikan« är en samling texter om Jungfru Maria avsedda att läsas av nunnorna i Birgittinorden under matutinen (dagens första bönegudstjänst, som skall vara fullbordad före gryningen). I prologen berättas att en ängel dikterade dessa texter för Birgitta när hon redan hade bott några år i Rom; ängeln skall ha kommit vid flera tillfällen under en period av ett antal dagar och dikterat läsningarna i tur och ordning på svenska. Vissa omständigheter tyder på att året var 1354. »Ängelns predikan« torde först ha nedtecknats av magister Petrus Olavi från Skänninge (d. 1378). Den har sedan bearbetats språkligt med stor omsorg och skicklighet, så att den uppfyller de krav på klang, rytm och formell elegans som ställdes på texter avsedda för högläsning i gudstjänsten.

233 *Fredagens första läsning (§ 1–4, 9–21): Rosen i Jeriko*
Ed. Eklund, s. 119–121.

Maria bävade när ängeln talade till henne: Jfr Luk. 1:29.

gehennas: 'helvetets'.

234 *hade fött honom utan smärta:* Se komm. till s. 196.

rosen i Jeriko: Syr. 24:14 (24:18 i Vulgata).

235 *Lördagens tredje läsning (§ 13–22a, 23–26): Livets träd och dess frukt*
Ed. Eklund, s. 135–137.

drev ut Adam ur paradiset etc.: Jfr 1 Mos. 2:15–3:23.

den förbjudna frukten från kunskapens träd: Jfr 1 Mos. 2:16–17.
livets träd: 1 Mos. 2:9, Ords. 3:18, Upp. 22:2 m.fl.
deras himmelska samfund därigenom skulle förökas: Se komm. till s. 160.
skyndade Gabriel snabbt och med glädje till Jungfrun etc.: Jfr Luk. 1:26–38.
Jungfruns välsignade kropp [...] lyft till himmelen: Se komm. till Bok VI, kap. 12 och Bok VII, kap. 26.
236 *Må de – som ängeln gjorde – med kärlek hälsa hans moder:* Dvs. må de läsa »Ave Maria« (jfr Luk. 1:28).
Genom människors händer helgas den åt er: Bröd helgas (förvandlas) till Kristi kropp i mässan genom prästernas händer.

237 UR FYRA BÖNER (QUATTUOR ORACIONES)

Ingenting är känt om när och under vilka omständigheter dessa böner tillkom.

239 *Nummer 2: En lovprisning av Jesu liv*
Ed. Eklund, s. 74–81.
lindas i bindor och läggas till vila i krubban: Jfr Luk. 2:7.
din rena kropp skulle omskäras etc.: Jfr Luk. 2:21–22.
i Jordan lät dig döpas: Jfr Matt. 3:13–17.
fastade i öknen under fyrtio dagar etc.: Jfr Matt. 4:1–11.
förutsade din död: Jfr Matt. 16:21 m.fl.
240 *konsekrerade din dyrbara kropp:* Jfr Matt. 26:26.
tvätta deras fötter: Jfr Joh. 13:4–5.
lät blod [...] rinna från din oskyldiga kropp: Jfr Luk. 22:44.
såldes av din lärjunge och köptes av judarna: Jfr Matt. 26:14–15.
med ett enda ord kastade dina fiender till marken: Jfr Joh. 18:6.
fördes till Kaifas: Jfr Matt. 26:57.
överlämnade dig till att dömas av Pilatus: Jfr Matt. 27:2.
av domaren Pilatus blev sänd till Herodes etc.: Jfr Luk. 23:6–11.
kläddes i purpur etc.: Jfr Mark. 15:17–19.
gisslade dig och blodig förde dig inför Pilatus' domstol: Jfr Joh. 19:1–5.
241 *ville lyssna till de förebråelser [...] som man tillvitade dig:* Jfr Matt. 27:12.

folkets rop som begärde etc.: Jfr Matt. 27:20–23.
på dina skuldror [...] bar korset: Jfr Joh. 19:17.
överskrift, uppsatt över dig: Jfr Matt. 27:37.
din mun fylldes av den bittra drycken av galla: Jfr Matt. 27:48, Psalt. 69:22.
såg till din allra värdigaste moder etc.: Jfr Joh. 19:26–27.
242 *lovade paradisets härlighet åt den rövare som omvände sig:* Jfr Luk. 23:42–43.
överlämnade din ande: Jfr Luk. 23:46.
befriade dina vänner från dödsrikets fängelse: Jfr Matt. 27:52–53.
med en lans öppnade din sida: Jfr Joh. 19:34.
förrän domaren givit sitt tillstånd: Jfr Matt. 27:58.
läggas i graven och där bevakas: Jfr Matt. 27:60–66.
stod upp ifrån de döda och visade dig: Jfr Matt. 28:7–9 m.fl.
efter fyrtio dagar steg upp till himmelen: Jfr Apg. 1:3–9.
243 *utgöt den Helige Ande i dina lärjungars hjärtan:* Jfr Joh. 20:22, Apg. 2:1–4.
skall komma på domens dag för att döma alla levandes och dödas själar: Jfr Matt. 25:31–46 m.fl.